Edition Paashaas Verlag

EPV

Titel: **Sturm in meinem Kopf**
Autor: Christiane Fischer
Originalausgabe März 2023
Covermotive: Pixabay
Covergestaltung: Michael Frädrich
Lektorat: Nina Sock, Manuela Klumpjan
Printed: BoD GmbH, Norderstedt

ISBN: 978-3-96174-119-9

Die Hauptfiguren, sowie sämtliche Charaktere und Handlungen in dieser Geschichte sind frei erfunden.

Die Deutsche Nationalbibliothek verzeichnet diese Publikation in der Deutschen Nationalbibliografie; detaillierte bibliografische Daten sind im Internet über http://dnb.d–nb.de abrufbar

Sturm in meinem Kopf

Von Christiane Fischer

Inhaltsübersicht

Prolog

Angespannt biss ich mir auf die Unterlippe und starrte voller Verzweiflung auf meinen Klausurbogen. Ich las die Frage, die mich gerade zum Stocken brachte, wieder und wieder durch. Bis auf zwei Aufgaben hatte ich seit etwa fünfzehn Minuten keine weiteren mehr beantworten können.

Aufgabe 3:
Differenziere zwischen den Stofftransportvorgängen Phagocytose und Pinocytose.
Das habe ich mir gestern noch durchgelesen, aber gerade fällt es mir irgendwie schwer, alles in meinem Kopf zu sortieren … Ich kann mich schon wieder nicht konzentrieren …
Ein Bein schlug ich über das andere, wippte damit nervös auf und ab, ließ meinen Blick durch das Klassenzimmer schweifen. Es war still wie auf einem Friedhof. Jeder meiner Mitschüler schien vertieft in seine Aufgaben zu sein. Mareike, die an einem Tisch direkt vor mir saß, schrieb eifrig vor sich hin. Thomas, zu meiner Linken, drehte sein Blatt um und begann die übrigen Aufgaben zu bearbeiten. Ja, der Bogen bestand tatsächlich aus zwei Seiten und ich hatte nicht einmal eine halbe Seite geschafft! Der Schädel dröhnte mir wie ein Sägewerk.
Ich bin froh, wenn ich Lucy gleich in der großen Pause sehe. Sie ist ziemlich lange krank gewesen. Schon blöd, wenn man keine anderen Freundinnen hat! Aber besser eine als keine. Reiß dich zusammen, Lena! Konzentriere dich endlich auf die Aufgaben. Du hast für diese Klausur gepaukt. Du kannst das doch.
„Nicht Löcher in die Luft starren, Lena. Schreib lieber, die Zeit wird knapp!“, mahnte mich Herr Goldberg, mein

Biolehrer. Er warf mir einen verdrießlichen Blick zu und rückte seine verrutschte Brille zurecht.
Ich nickte beklommen und sah erneut auf mein Aufgabenblatt. Es war, als ob mich irgendetwas blockierte, mich lähmte. Meine Gedanken, ich konnte sie nicht greifen. Sie zerronnen wie Sand zwischen den Fingern. Ich beschloss, mich der nächsten Frage auf meinen Bogen zu widmen.
Der Griff um meinen Stift wurde fester, so fest, dass meine Haut anfing zu kribbeln und meine Fingerknöchel weiß hervortraten.
Komm schon! Wenn ich diese Klausur wie die letzten beiden auch noch vergeige, werde ich definitiv eine 5 auf mein Zeugnis kriegen …
Verstohlen schielte ich zur Wanduhr.
Was, schon 10:45 Uhr? Dann habe ich ja bloß noch zehn Minuten. Scheiße!
Die Wände schienen näher zu kommen, so als ob sie mich zerquetschen wollten, jedenfalls fühlte es sich so an. Das Ticken der Wanduhr hörte ich plötzlich lauter als jemals zuvor: tick-tack, tick-tack. Die Zeit lief mir buchstäblich davon: tick-tack, tick-tack …

Dennis

Lena

Ein lauter Knall ließ mich zusammenzucken. Es polterte und klirrte. Glas zersprang. Reflexartig und mit pochendem Herzen sprang ich in die Ecke, suchte Schutz vor ihm. Doch es war hoffnungslos, als ob ich unter Wasser eine Kerze anzünden wollte. Unmöglich.

„Ich habe dir schon einmal gesagt, dass du mich nicht verlassen kannst. Niemand nimmt so jemanden wie dich. Du bist wertlos, ohne mich bist du nichts!"

Seine Schritte kamen näher. Schützend, wenn auch unnütz, hielt ich mir beide Arme vor den Kopf. Mein ganzer Körper zitterte.

„Mein Bruder hat mir verraten, dass du uns alle verlassen willst. Komm her!", brüllte er.

Der aggressive Tonfall seiner Stimme ging mir durch Mark und Bein. „Bitte, Dennis, lass mich endlich gehen! Das, was wir haben, ist keine Beziehung mehr und ich möchte auch nichts mehr mit Gregor und seinen Leuten zu tun haben."

Er kam näher, packte mich an den Haaren, schleifte mich über den Boden wie Vieh. Das hatte er schon viel zu oft getan. Vor Schmerzen schrie ich auf.

„Ich entscheide, wann es vorbei mit uns ist, du gehörst mir, mir allein!"

Dennis löste seinen Griff. Eine Ader hatte sich auf seiner Stirn gebildet. Seine graublauen Augen, die ich einmal so sehr geliebt hatte, waren weit aufgerissen. Kalt und fremd wirkten sie.

Dennis war nicht der, für den ich ihn einst gehalten hatte. Er war ein Narzisst und unsere Beziehung toxisch. Leider hatte ich es erst zu spät erkannt, immer wieder die Augen davor verschlossen, mir immer wieder eingeredet: Diesmal

ist es der letzte Ausraster. Jeder Tag war ein Alptraum, aus dem ich einfach nur aufwachen wollte. Doch wie stellt man das an, wenn man gelähmt und wie gefangen in sich selbst ist? Ich ließ meinen Blick durch die demolierte Küche schweifen. Pfannen und Töpfe lagen verstreut neben Glassplittern und Essensresten auf dem Boden. Die Luft war geschwängert mit Schweiß, Testosteron und blankem Hass. Mein Herz schlug einen unruhigen Takt. Einmal war das unser Zuhause gewesen, in dem ich geglaubt hatte, glücklich mit ihm werden zu können. Doch jetzt war es bloß noch ein Gefängnis, ein Ort voller Hoffnungslosigkeit und Schmerz.
Ich atmete tief durch, versuchte vergeblich die anbahnenden Tränen in Schach zu halten. Eine nach der anderen kullerte mir die Wangen herunter. Ich schluckte hart und sah zu ihm auf. Dennis fixierte mich nach wie vor mit einem düsteren Blick, der mich aufs Neue lähmte. Dem Impuls, jetzt einfach zu versuchen, schnell wegzurennen, konnte ich nicht nachgehen, denn die Kontrolle über meine Beine hatte versagt. Wie ein wehrloses Tier saß ich in der Falle.
So kann es nicht weitergehen. Ich halte das einfach nicht mehr aus!
„Ich liebe dich nicht mehr, Dennis. Ich kann das hier alles nicht mehr“, nahm ich all meinen Mut zusammen.
Ruckartig packte er mich am Nacken und stieß mein Kopf gegen die Wand. Von dem heftigen Schlag dröhnte mein Schädel wie eine ganze Baustelle. Pochende und stechende Schmerzen hielten Einzug. Instinktiv fasste ich mir mit einer Hand an die Stirn und fühlte Blut.
„Du bist nichts weiter als eine kleine Schlampe, Lena. Undankbar, so undankbar bist du! Du hast mir einfach alles zu verdanken. Ich habe dich in die Gemeinschaft gebracht, dich mit Gregor bekannt gemacht. Wenn du nicht so dumm gewesen wärst, ihnen allen den Rücken zu kehren, hättest du endlich mal was im Leben erreichen können. Alles hast

du einfach mit Füßen getreten und weggeworfen!"
Ich schluchzte auf, hatte keine Kraft mehr. Vielleicht solltest du dich einfach umbringen, erklang eine Stimme in mir. Gedanken daran hatte ich schon viele gehabt, wenn ich ehrlich war. Aber da gab es dann immer den Teil in mir, der leben, so gerne richtig leben und frei sein wollte. Genau dieser Teil hatte bisher immer überwogen. Dieser Teil war es, der sich in diesem Moment unverhofft zu Wort meldete. Ich holte tief Atem, schaute um mich. Zu meinen Füßen lag eine Bratpfanne, die ich schnell packte, ohne weiter nachzudenken. Ehe Dennis reagieren konnte, knallte ich sie ihm vor dem Kopf. Er sackte daraufhin bewusstlos in sich zusammen. Schnell begutachtete ich seine Stirn. Ich konnte keine Platzwunde erkennen. Dann tastete ich an seinem Hals nach dem Puls, der noch vorhanden war. *Er ist bloß bewusstlos.*
Rasch griff ich zum Telefon und rief den Notarzt, packte so schnell ich konnte Kleidungsstücke, Unterwäsche und Schuhe in meine Tasche und rannte aus der Wohnung.

***

Was mache ich jetzt bloß? Da stand ich mitten auf der Straße in dieser kühlen Aprilnacht und war plötzlich obdachlos. *Shit, shit, shit!*
Hecktisch schob ich den verrutschten Trägerriemen meiner Tasche zurück auf meine Schulter und keuchte unruhig vor mich hin, lief die Straße unserer Wohnsiedlung hinunter. Die dünnen Lichtkegel der Straßenlaternen wiesen mir den Weg. Zu meinem Vater würden mich keine zehn Pferde kriegen, überlegte ich weiter und spürte den zarten Wind, der mir eine Haarsträhne aus dem Gesicht blies. Die Erinnerungen daran, wie mein Vater jeden einzelnen Tag, an dem ich bei ihm gelebt hatte, gesoffen hatte wie ein Ketzer,

verursachten mir augenblicklich Übelkeit. Seine Worte hallten in mir wider: „Du bist schuld daran, dass deine Mutter uns verlassen hat!"
Ja, sie hatte uns damals verlassen, da war ich elf Jahre alt gewesen und mein Vater hatte mich jeden Tag dafür büßen lassen. Denn wenn er nicht gerade an der nächsten Flasche Korn gezogen hatte, hatte er sich darüber ausgelassen, dass meine Leistungen in der Schule schlecht waren. „Du bist dumm wie Brot", hatte er immerzu gesagt. Bei jeder schlechten Note bekam ich eine Woche Hausarrest. Und ja, ich hatte oft Hausarrest.
Er und ich hatten seit fünf Jahren keinen Kontakt mehr gehabt, obwohl er gerade einmal zwanzig Fußminuten von mir entfernt wohnte. Ein zufälliges Treffen draußen oder beim Einkaufen war dennoch so gut wie ausgeschlossen gewesen, denn durch seine kaputte Hüfte hatte er schon damals das Haus so gut wie nie verlassen und einen Nachbarn mit den Einkäufen beauftragt. Nie hatte ich es geschafft, dieses blöde Kaff in Duisburg zu verlassen. Niemals war ich woanders gewesen, noch nicht einmal im Urlaub. Jetzt befand ich mich auf der Flucht vor meinem durchgeknallten Ex. Er würde mich suchen, daran hatte ich keine Zweifel. Missmutig strich ich mir eine Haarsträhne aus dem Gesicht und bog in die nächste Kreuzung ein. Auf einer Bank, die an einen Stadtpark grenzte, ließ ich mich nieder. Den Kopf in den Nacken gelegt, schaute ich zum Sternenhimmel hinauf und betete zu Gott. Was ich brauchte, war ein Wunder.
Ich zückte mein Handy und rief meine beste und einzige Freundin Lucy an. Nach dem dritten Klingeln nahm sie bereits ab.
„Hey, Lenchen, wie geht es dir?"
Ich seufzte, ehe ich antwortete: „Gar nicht gut, um ehrlich zu sein. Ich ... ich ..." Ein plötzlicher Heulkrampf unterbrach mein Gestammel.

„Wo bist du, Süße? Ich komme und hol dich."
„Du bist nicht in Afrika?", fragte ich überrascht. Ein Hoffnungsschimmer breitete sich in mir aus.
„Nein, ich bin seit heute Abend wieder hier. Eigentlich wollte ich dich ja morgen früh überraschen, aber ..."
Lucy war also zu Besuch bei ihren Eltern. Sicherlich würde sie mich mit auf ihr Zimmer nehmen für heute Nacht. Das war meine Rettung.
„Also, wo genau steckst du?", hakte sie noch einmal nach.
Ich gab ihr die Adresse vom Park durch, und sie machte sich auf dem Weg.

Zehn Minuten verstrichen, ehe ein roter, hupender Ford Fiesta zu meiner Rechten auf der Straße zu sehen war. Lucy stieg aus. Ich erhob mich von der Bank. In schnellen Schritten kam sie auf mich zugelaufen, breitete ihre Arme aus, hielt dann aber einen Moment inne. Mit aufgerissenen Augen, eine Hand vor dem Mund gelegt, bedachte sie mich mit einem entsetzten Gesichtsausdruck. Natürlich war ihr der Anblick im Licht der Straßenlaterne nicht verborgen geblieben. Ich allerdings hatte gar nicht mehr an meine Kopfwunde gedacht. Es tat noch nicht einmal mehr weh.
„Oh Gott, Lena! Was hat er nur mit dir gemacht? Du musst dieses Schwein anzeigen, hörst du! Du musst weg von ihm!"
Bedrückt nickte ich, dann schloss sie mich in ihre Arme. Mit einem Mal setzte eine neue Portion Schmerz ein, verlangte von mir, rausgelassen zu werden. Ich fing an zu heulen und spürte, dass Lucys Griff um mich fester wurde. Eine ganze Weile hielten wir beide inne, bis wir schließlich zusammen ins Auto stiegen.
„Wir fahren jetzt erst einmal in die Notaufnahme, meine Liebe."
„Nein", protestierte ich entschieden und schüttelte den Kopf, der zu meinem Leidwesen immer noch ein wenig

dröhnte. „Ich kenn das ganze Prozedere schon und habe wirklich keine Lust über Nacht dort zu bleiben. Wenn ich keinen Schwindel oder Übelkeit verspüre, ist soweit alles in Ordnung. Ich habe sicherlich keine Gehirnerschütterung."

„Aber, Lena, was, wenn doch? Was, wenn ..."

„Bitte, erspar mir das heute Nacht. Ich lege mich sofort ins Bett und gehe auch morgen direkt zu einem Arzt, versprochen!"

Resigniert seufzte Lucy auf. „Na gut. Aber, wenn du dich irgendwie unwohl fühlst oder so, dann musst du sofort Bescheid sagen, ja?"

Ich nickte stumm.

„Du bleibst solange bei meinen Eltern", sagte meine Freundin entschlossen und startete den Motor.

Lucy hatte sich im Laufe der Jahre kaum verändert: Ihr hübsches und anmutiges Gesicht wurde von einer schwarzen, wilden Lockenmähne umrahmt. Ihre perlweißen Zähne bildeten einen Kontrast zu ihrem gebräunten Teint, den sie ihrer Abstammung verdankte. Sie war zur Hälfte Ägypterin, die andere Hälfte war deutsch. Vor sieben Jahren hatte sie Duisburg verlassen, um als Entwicklungshelferin in Afrika arbeiten zu können. Damals war eine halbe Welt für mich zusammengebrochen. Wir beide kannten uns seit der fünften Klasse und waren seitdem unzertrennlich gewesen. Dennoch hatten wir immer den Kontakt zueinander gehalten: Lange Telefonate, Skypen und drei Besuche von ihr im Jahr waren für uns das Mindeste.

„Wie läuft es in deiner Arbeit?", fragte ich nach einer Minute des Schweigens.

Lucy warf mir einen kurzen Seitenblick zu, ehe sie sich wieder der Straße zuwandte. „In Benin wurde endlich eine weitere Schule gebaut. Ich habe mitgeholfen, die Klassenräume zu gestalten", gab sie strahlend zurück.

„Oh, das freut mich so für dich." Ich lehnte mich zurück und schaute aus dem Fenster. Die Plattenbauten wirkten im Dunklen wie große Festungen. Gespenstisch und kahl. Hier in Meiderich hatte ich meine halbe Kindheit verbracht, die andere Hälfte in Rheinhausen.

Die deutlich noblere Gegend, wo ein Reihenhaus neben dem nächsten stand, war Lucys Wohnviertel gewesen. Dort besaßen ihre Eltern ebenfalls ein Haus. Wie oft ich nach der Schule dort war, mit Lucy Hausaufgaben gemacht und gespielt hatte, konnte ich gar nicht zählen. Wir passierten den großen Garten mit den Hyazinthen, die links und rechts vor sich hin blühten. Solarlampen, die in Reih und Glied in den Rabatten steckten, beleuchteten uns den Weg bis zur Haustür. Auch hier hatte sich seit meinem letzten Besuch vor etwa fünf Monaten nicht viel verändert. Ein weißer Briefkasten war an der Wand neben der stämmigen Anthrazit-Tür angebracht, eine Lampe, ebenfalls weiß, hing direkt darüber. Eine ockerfarbene Fußmatte aus Kork war am Eingang platziert, daneben links und rechts standen zwei Löwenfiguren aus Marmor.

Lucy kramte in ihrer Handtasche nach dem Haustürschlüssel und drehte ihn schließlich so geräuschlos wie möglich im Schloss. Ich hoffte, dass wir leise genug bleiben würden, um ihre Eltern nicht zu wecken. Meine Freundin trat ein, tastete zielsicher an der Wand nach dem Lichtschalter. Daraufhin wurde es hell. Ich folgte ihr durch den großen Flur, der mit einem Hochflorteppich mit schwarzen Wabenmuster ausgelegt war. Doch als wir das Wohnzimmer erreicht hatten, bemerkte ich, dass dort noch Licht brannte. Beim genaueren Hinsehen, sah ich ihre Eltern, die sich ruckartig vom Sofa erhoben, nachdem sie uns erspäht hatten.

„Kind, komm mal her!“, sagte Frau Faizan und schloss mich sogleich in ihre Arme. „Lucy hat uns erzählt, dass du nachts auf einer Parkbank gesessen hast. Da konnte ich mich natürlich nicht mehr schlafen legen“, erklärte sie und strich

mir mit den Fingerspitzen sanft durchs Haar. Anschließend gab sie mich wieder frei und begutachtete mit kräuselnder Stirn und bleistiftdünnen Lippen die Wunde an meiner Stirn. Sie schluckte hörbar. Ihre blonden Locken wippten auf ihrer Schulter auf und ab.
Herr Faizan kam ebenfalls näher und inspizierte mich mit einem schockierten Gesichtsausdruck. „Wart ihr im Krankenhaus?", fragte er heiser und strich sich mit zwei Fingern durch seinen Bart.
„Nein, Lena geht morgen", gab Lucy Antwort und setzte sich aufs Sofa.
„Kind, das ist unvernünftig und gefährlich!" Frau Faizan schüttelte missmutig den Kopf.
„Lass sie, Mama! Ich habe Lena schon zurechtgewiesen." Lucy fuhr sich mit einer Hand durchs Haar und sah ihre Mutter ernst an.
„Zuerst versorge ich die Wunde", beschloss Herr Faizan, kam nach etwa einer Minute mit einem Erste-Hilfe-Kit auf mich zugelaufen und blickte mich konzentriert an. Behutsam betupfte er die bereits verkrustete Wunde an meiner Stirn mit einem mit Desinfektionsmittel beträufelten Stück Mull. Es brannte unangenehm, so dass ich zischend die Luft einsog.
„So, fertig", sagte er zufrieden, nachdem er die Wunde mit einem Pflaster bedeckt hatte.
„Setz dich endlich hin, Lena. Ruh dich aus. Willst du einen Tee?", wollte Frau Faizan wie eine Glucke von mir wissen. Ihre mütterliche Besorgnis wärmte mein Inneres und berührte eine kleine Stelle meines Herzens.
„Nein, danke. Aber ein Wasser gerne."
„Kommt sofort!" Eilig steuerte sie auch schon die Küche an. Herr Faizan bedachte mich mit einem mitfühlenden Blick. Seine Samtaugen strahlten Güte und Wärme aus. Ihm hatte Lucy ihren braunen Teint zu verdanken. Er stammte

ursprünglich aus Ägypten, bis er vor fünfunddreißig Jahren nach Deutschland ausgewandert war, um hier Architektur zu studieren. Dort hatte er Lucys Mutter kennengelernt, eine Deutsche.
„Du wohnst jetzt erst mal bei uns, Lena. Du gehörst doch zur Familie", sprach er in einem deutlich aufheiternden Tonfall weiter. „Du kannst in Adnans altem Zimmer schlafen."
Adnan. Unweigerlich hüpfte mein Herz auf und ab und ich musste an Lucys großen Bruder denken. Er hatte uns oft in der Schule vor miesen Typen beschützt, uns nachts von Partys abgeholt, hatte hin und wieder mit uns in Lucys Zimmer abgehangen. Doch meist war er seine eigenen Wege gegangen, hatte viele Kumpels und war echt beliebt in der Schule gewesen. Ein Blick in seine samtigen Augen hatte genügt, um meine Knie in Grießbrei zu verwandeln. Er war der erste Junge, in den ich mich damals verliebt hatte. Doch uns trennten drei Lebensjahre. Als Teenager war das verdammt viel.
„Hier ist dein Wasser, Kind", riss mich Frau Faizan aus meinen Gedanken.
„Vielen Dank!" Ich nahm einen kräftigen Schluck, stellte das Glas anschließend auf dem gläsernen Couchtisch ab und schaute verstohlen zu Lucy und ihren Eltern hinüber, die sich ein paar ratlose Blicke zuwarfen.

***

Ich knautschte das Kopfkissen, kuschelte mich in das Bettzeug und schaute hoch zur Zimmerdecke. Adnan, meine Gedanken kreisten die ganze Zeit um ihn und verdrängten sogar den schrecklichen Vorfall mit Dennis. Ich erinnerte mich an einen bestimmten Moment:
Ich blicke durch den Türspalt in Adnans Zimmer. Gerade bin

ich bei Lucy und wir wollen uns gleich einen Film mit Johnny Depp reinziehen. Aber als sie eben zur Toilette gegangen ist, habe ich einfach nicht widerstehen können, auch wenn es albern ist. Ich muss ihn sehen! Seit er mich letzte Woche in der Schule gegen diesen Spacken Tommy verteidigt hat, habe ich plötzlich andauernd solche Gefühle. Adnan geht mir nicht mehr aus dem Kopf. Ja, er hat meine Ehre verteidigt, denn Tommy hat gemeint, dass ich so blöd bin und sicherlich noch ein zweites Mal sitzenbleiben werde. Adnan hat ihn am Kragen gepackt und ihn gezwungen, sich bei mir zu entschuldigen. Das war so cool!
Ich bekomme Herzrasen, als ich erkennen kann, dass er gerade nach seiner Hantel greift, um zu trainieren. Er bemerkt mich nicht. Gut so! Heavy Metal-Musik, die aus seinem Zimmer dröhnt, erfüllt den ganzen Flur. Ich schmachte ihm eine ganze Weile hinterher, seufze vor mich hin, bis ich auf einmal eine Hand an meinem Rücken spüre: „Hey, was machst du da?"
Wie ertappt fahre ich zusammen und drehe mich zu Lucy um. Sie setzt ein breites Grinsen auf. „Stehst du etwa auf meinen Bruder? Seit wann?"
„Pssst!", mache ich verlegen und ziehe sie weiter in den Flur.
Lucys Grinsen wird immer breiter. „Keine Sorge, der hat nichts gehört. Die Musik ist viel zu laut."
Ich seufze auf, zerre sie in ihr Zimmer und erzähle ihr alles über meine überraschenden und neuen Gefühle für ihren Bruder. Wir beide sitzen im Schneidersitz auf ihrem Bett. Ich gerate so dermaßen ins Schwärmen, dass sie mich daraufhin einige Male ungläubig anstarrt, so, als würde ich von einer völlig anderen Person und nicht von ihrem Bruder reden.
„Ich fass es nicht, dass du dich in meinen Bruder verschossen hast, Lena", quiekt Lucy amüsiert, während das Bett unter ihren hektischen Bewegungen anfängt zu wackeln.
„Bitte, Lucy, er darf es nicht erfahren!", sage ich bitter und

schaue sie ernst an. „Ich hätte nie eine Chance bei ihm. Außerdem geht er momentan mit Nicole."
Ich mache mir nichts vor, obwohl es weh tut.
Daraufhin schwört Lucy mir mit einem Fingerschwur hoch und heilig, dass sie ihrem Bruder niemals von meinen Gefühlen zu ihm erzählen wird.
Nein, ich hatte mir nie etwas vorgemacht. Was hätte er von der zahnspangentragenden Freundin seiner Schwester gewollt, die wirklich schon zweimal sitzengeblieben war? Das flachbrüstige und weiblich so gut wie kaum ausgereifte Mädchen, das wenig begehrenswert erschien? Ich hatte mich stets mit ein paar gemeinsamen Gespräche begnügt, mit der Tatsache, dass ich ihn jeden Tag sehen konnte. Entweder in der Schule oder bei ihm zuhause. Er war immer lieb und hilfsbereit mir gegenüber gewesen und hatte mich eher als eine zweite Schwester betrachtet, wie ich unschwer hatte erkennen können. Nie hatte ich den Mut gefunden, ihm meine Gefühle zu gestehen. Noch nicht einmal dann, als er damals nach seinem Medizinstudium nach Berlin gezogen war, um dort in einer Uniklinik zu arbeiten. Ich war am Boden zerstört. Es gab doch im Ruhrgebiet genug Krankenhäuser. Ich hatte nicht verstehen können, warum man dafür gleich das Bundesland wechseln musste.
Doch Adnan hatte erklärt, dass er und sein bester Kumpel Mike, der wie er in Düsseldorf Medizin studiert hatte, schon immer in Berlin leben wollten. Es war ihr gemeinsamer Traum gewesen, in eine Großstadt zu ziehen, die am Puls der Zeit hängt.
Nie hatte ich ihn vergessen können. Dennoch hatte ich eines Tages beschlossen, dass mein Leben weitergehen musste und ich nicht als einsame Jungfrau sterben wollte und lernte daraufhin Dennis kennen. Schöner Mist! Wenn ich die Uhr nochmal zurückdrehen könnte, hätte ich mich dann doch für Jungfrau entschieden.

Frustriert stieß ich Luft durch meine Nasenlöcher.
Wie geht es jetzt wohl weiter? Er wird mich hier doch schnell finden. Und was ist mit meiner Arbeit? Wenn ich da nächste Woche hingehe, wird er mir spätestens dort auflauern und mich in seine Höhle zurückziehen wollen. Jetzt ist erstmal Wochenende.
Ich atmete schwer aus und legte mich auf die Seite, hoffte bald einschlafen zu können. Trotz meinen Sorgen und Ängste fühlte ich mich plötzlich geborgen. Es war sein Bett, seine Bettwäsche, sein Zimmer. Sogar sein Duft schien noch in der Luft zu hängen. Wahrscheinlich bildete ich mir das bloß ein. Somit fühlte ich mich Adnan nahe. Ich fand zu meinen alten Fantasien zurück, die ich über Jahre gehegt und gepflegt hatte und die mich auf unerklärlicherweise gewärmt hatten. In diesen Filmen, die mein Kopf abspulte, gab es bloß Adnan und mich:
Ich bin in Berlin, stehe vor seiner Wohnungstür und drücke die Klingel.
Adnan macht auf und schaut mich erstaunt an: „Lena, was machst du denn hier?"
„Ich bin gekommen um dir etwas zu sagen", hauche ich, ziehe ihn plötzlich ganz nah an mich heran und küsse ihn.
Er atmet ruhig in mich hinein und erwidert zärtlich den Kuss, zieht mich vollständig in seine Arme. Dann knöpft er mir die Bluse auf. Hastig zerre ich an seiner Hose herum. Wir lassen uns schlussendlich nackt und engumschlungen auf die Couch fallen und haben hingebungsvollen Sex.
Meine Atmung wurde ruhiger, bis ich schließlich in den Schlaf glitt.

***

Mit einem unruhigen Grummeln im Bauch steuerte ich das Verwaltungsgebäude in der Innenstadt an – mein

Arbeitsplatz. Dort arbeitete ich als Empfangsdame. Nach meinem Schulabschluss konnte ich zu meinem Bedauern nicht wie Adnan und Lucy mit Spitzennoten glänzen. Hart genug war es schon gewesen, die siebte und die neunte Klasse wiederholen zu müssen, Lucy nicht mehr in der gleichen Klasse an meiner Seite zu wissen und keine anderen Freundschaften schließen zu können. Ich war eher die Außenseiterin, die stille, graue Maus in der hintersten Reihe gewesen. Mein BWL-Studium hatte ich dann auch nicht gepackt und die Offenbarung, dass meine beste Freundin dann auch noch den Kontinent wechselte, hatte mir komplett den Boden unter den Füßen weggezogen. Die Tatsache eine Versagerin zu sein, die mit dem Lernstoff nicht gut klarkam und der es so wahnsinnig schwerfiel sich zu konzentrieren, nagte heftig an mir. Zu meinem Glück hatte ich meine Ausbildung mit befriedigenden Noten als Bürokauffrau abschließen können.
Beim Eintreten in die Lobby grüßte ich nickend ein paar Kollegen, die meinen Weg kreuzten. Die Sonne schien durch die Glasfenster der Eingangshalle und flutete diese hell. Eine kleine Gänsehaut kroch mir die Arme hoch. Da es heute laut Wetterbericht warm werden würde, war die Klimaanlage bereits eingestellt und wie üblich, für meinen Geschmack ein wenig zu hoch. Ich würde gleich noch die Strickjacke, die ich in meine Tasche gepackt hatte, über meine Bluse ziehen müssen.
Sogleich steuerte ich meinen Arbeitsplatz am Empfang an. Hier stellte ich wichtige Anrufe zu meinem Chef durch, betreute die Telefonhotline und begrüßte Kunden. Es war keine sonderlich anspruchsvolle Tätigkeit, dennoch erforderte sie viel Verantwortung und genügte mir vollkommen. Ich ließ mich auf meinen Drehstuhl plumpsen und atmete tief durch.
Du musst dich heute ganz besonders konzentrieren, dir

darf kein Fehler unterlaufen, sagte ich in Gedanken zu mir selbst und ließ meinen Blick durch die Halle, vorbei an den glänzend silbernen Fahrstühlen schweifen. Zu meinem Bedauern kam es hin und wieder vor, dass ich irgendwie unkonzentriert, unachtsam wurde. Unweigerlich musste ich mich an meinen letzten Fauxpas erinnern:

Mit krausgezogener Stirn und ernstem Gesichtsausdruck mustert mich mein Chef. Er hat mich für ein ernstes Wort in sein Büro gebeten.

„Frau Höfer, so geht das nicht mehr weiter! Es kam jetzt zum wiederholten Male vor, dass Sie einen Zahlendreher beim Notieren wichtiger Telefonnummern hatten. Außerdem haben Sie vergessen, mir mitzuteilen, dass mein Meeting mit Herrn Stauß von 15:00 auf 16:00 Uhr verlegt worden war. Eine Stunde habe ich im Restaurant gewartet wie ein Depp." Seine Wangen haben einen rötlichen Farbton angenommen. Mit einer Hand fährt er sich über die Glatze, beißt sich dann auf die Unterlippe.

„Es ... es tut mir so leid! Das wird nie wieder vorkommen, Herr Alois!"

Mein Chef stößt die Luft aus und räuspert sich. „Wie oft haben Sie mir das im Laufe dieser zehn Monate, wo Sie schon bei uns beschäftigt sind, versprochen? Das ist jetzt Ihre zweite Abmahnung, Frau Höfer. Oft genug habe ich ein weiches Herz gezeigt und irgendwann ist auch meine Geduld mal am Ende. Wenn das ein drittes Mal passiert, sind Sie draußen, verstanden?"

Ich schlucke, rutsche tiefer in den Stuhl. „Verstanden!"

Meine Zerstreutheit und Verspieltheit war leider Gottes schon immer Teil meines Lebens gewesen und das machte mir Angst. Natürlich war so etwas menschlich und konnte schon einmal vorkommen. Aber es gab Phasen bei mir, wo ich wirklich das Gefühl hatte, dass diese Zerstreutheit die

Oberhand gewinnen würde. Ich musste meinen Job behalten. Bereits zwei Bürojobs hatte ich in der Vergangenheit verloren. Ich kaute auf meiner Unterlippe herum und zupfte mit einem Finger am Saum meiner Bluse.
Das Wochenende hatte ich mich halbwegs bei den Faizans erholen können. Ich hatte es sogar mit Lucys Unterstützung endlich geschafft, Dennis anzuzeigen. Die Polizei hatte ein vorläufiges Kontaktverbot verhängt, was mich erstmal hatte aufatmen lassen. Doch dann dachte ich wieder daran, wie hartnäckig und besessen er war und dass dies ihn höchstwahrscheinlich nicht einschüchtern würde. Im Gegenteil. Zu meinem Überraschen hatte er in den letzten zwei Tagen nicht versucht, mich anzurufen. Auch Nachrichten von ihm bekam ich keine zugeschickt. Dennoch fühlte es sich an, wie "Die Ruhe vor dem Sturm".
„Guten Morgen, Frau Höfer!", durchbrach Herr Alois meine Gedanken und trat näher an die Information.
„Guten Morgen, Herr Alois", erwiderte ich mit einem aufgesetzten Lächeln und straffte die Schultern. Mit gekräuselter Stirn musterte er mich oder wahrscheinlich das dicke Pflaster auf meiner Stirn.
„Oh, was haben Sie gemacht?", wollte er wissen, fuhr sich mit dem Finger über eine seiner Silberschläfen und stopfte eine Hand in die Seitentasche seines Jacketts.
Ich räusperte mich, ehe ich antwortete: „Ich habe mir bloß den Kopf gestoßen, halb so schlimm." Mit einer Hand winkte ich ab und setzte ein gequältes Lächeln auf. Mein Chef nickte langsam und wirkte einen kleinen Moment nachdenklich.
„Bis 11:00Uhr bitte keine Telefonate zu mir durchstellen, ich habe gleich ein Zoom-Meeting", erklärte er und lief auch schon zu den Fahrstühlen.
„In Ordnung, Chef." Ich sah ihm hinterher, verfolgte, wie sich die Fahrstuhltür öffnete und er einstieg.

Der Tag war nicht allzu stressig und verlief zu meiner Freude relativ ruhig. In meiner Mittagspause telefonierte ich mit Lucy, die mir versprach, heute einen Mädelsabend mit mir zu veranstalten. So wie früher: wir beide zusammen auf ihrem Zimmer, eine Liebesschnulze und Eiscreme. Ich freute mich schon sehr darauf. Den Hackbraten, den Frau Faizan mir in eine Tupper-Dose mit den Worten: „Du musst mehr essen, Lena. Du bist ganz knochig geworden", mitgegeben hatte, verschmähte ich. Keinen Hunger. Ich zog mir einen Instant-Kaffee am Automaten und ging schließlich zurück zu meinem Arbeitsplatz.

Ein Schrecken jagte wie ein Blitz durch meine Knochen. Von weitem erkannte ich Dennis. Sein dunkles, gegeltes Haar und sein gelbes Sweatshirt waren unverkennbar. Unsere Blicke trafen sich. Mein Herz setzte einen Schlag aus. Erbärmliche Angst kroch in mir hoch, lähmte mich von Neuem. Schnell hechtete er zu mir herüber, packte mich und flüsterte in mein Ohr: „Du kleine Schlampe hast mich bei der Polizei angezeigt? Das ist nun der Dank, he?"

Sein Griff um mich wurde fester. Ich fing ein paar erstaunte und neugierige Blicke von einigen Kollegen und einigen Besuchern auf, die uns passierten.

„Bitte, nicht hier, Dennis! Das ist meine Arbeitsstelle", flehte ich keuchend und versuchte mich aus seinem festen Griff zu befreien. Natürlich erfolglos.

„Ich scheiß auf deine Arbeitsstelle!", brüllte er so laut, dass seine Stimme an den Wänden widerhallte.

Alle Aufmerksamkeit war spätestens jetzt komplett auf uns gerichtet. Ich fühlte mich wie nackt an einem Pranger gestellt.

Sabine, eine Kollegin aus der Bearbeitung, sah irritiert zu mir herüber, zückte dann ihr Telefon und hielt es sich ans Ohr, fixierte uns weiterhin. Dennis schien das vollkommen egal zu sein. Ich spürte seinen vor Wut bebenden Körper.

Immer enger presste er mich an sich. Mir war, als ob ich unter den dutzenden Blicken, die die anderen Leute mir zuwarfen, verbrennen würde. Einige tuschelten miteinander. „Ich hätte dich für die Nummer mit der Bratpfanne ebenfalls anzeigen können, du kleines Miststück", zischte er an mein Ohr gepresst. „Komm heute Abend wieder nach Hause und zieh das Kontaktverbot zurück, dann vergesse ich alles", sagte er in einem schneidenden Tonfall.
Meine Atmung wurde immer flacher, alles drehte sich gerade um mich herum viel zu schnell. Ich wollte mich nur noch auflösen, verschwinden, tot sein.
„Ich habe alles mit Gregor besprochen, auch er würde dir deinen letzten Fehltritt verzeihen", sprach Dennis mit ruhiger Stimme weiter und atmete tief durch.
„Ich gehe nicht zu Gregor und den anderen zurück", stellte ich mit enger Kehle klar und merkte, wie sein Griff um mich noch fester wurde.
Zwei Securities sprinteten auf uns zu und trennten uns endlich voneinander. Einer der Männer verschränkte Dennis´ Arme hinter seinem Rücken, der andere hielt seine Schulter fest. „Sie werden jetzt auf der Stelle verschwinden! Sie haben Hausverbot", sprach einer der Männer. Resolut schleiften sie Dennis zum Eingangsbereich.
„Du bist so gut wie tot, Lena! Ich mach dich fertig, du kleine Hure!", schrie er mir erbost hinterher.
Kraftlos sackte ich auf dem Boden in mich zusammen.

***

In den nächsten Tagen folgten Drohungen von meinem Ex, entweder per Sprachnachricht, über WhatsApp, per E-Mail und auch mit der Post. Ich hatte irgendwann aufgehört zu zählen.
„Lena, du undankbares Miststück! Ich mach dich fertig!"

„Ich werde dich töten!"
„Versteck dich nur bei deiner Ersatz-Familie, irgendwann erwische ich dich und dann bist du dran!"
„Du verdammte Sau, ich werde dir alles zurückzahlen. Wir werden sehen, wer zuletzt lacht."
Es war ein Terror, dem ich nicht gewachsen war. Zu dünnheutig war ich ohnehin schon. Da mein Chef mich nach diesem heftigen Vorfall für den ich mich wohl mein Leben lang in Grund und Boden schämen würde, beurlaubt oder besser gesagt verständnisvoll heimgeschickt hatte, hatte ich Familie Faizans Haus nicht mehr verlassen. Den halben Tag verkroch ich mich in Adnans Bett, hatte sogar ein altes Shirt aus dem Schrank gefischt, dass er bei seinem letzten Besuch hiergelassen hatte. In den Jahren, als er noch studiert hatte und jedes zweite Wochenende bei seiner Familie gewesen war, hatte ich es vermieden, bei den Faizans aufzukreuzen, denn ich hatte entschieden mit dem Thema Adnan abzuschließen, wollte über ihn hinwegkommen.
Später dann, als auch noch Lucy das Nest verließ, hatte ich ohnehin kaum Anlass, die Familie zu besuchen.
Ich drückte sein Trainingsshirt fest an meinem Körper, schnupperte daran und wurde wieder ruhiger. Beide Beine hatte ich unter der Bettdecke ausgestreckt und wollte mich wieder mit Adnan davonträumen, als es plötzlich an der Tür klopfte und Lucy eintrat.
„Hey, Maus, komm in die Küche. Mama hat Mittagessen gekocht. Es gibt Königsberger Klopse." Lucy hopste aufs Bett. Schnell versteckte ich das Shirt unter die Decke und setzte mich auf.
„Danke, aber ich habe keinen Hunger." Ich zog das Zopfgummi an meinen Haaren strammer und ließ mich ins Kissen zurückfallen.
„Lena, Schatz, so geht es nicht weiter. Du darfst dich nicht kaputtmachen lassen!" Sie sah mich beschwörend an. Ihre

Lockenpracht fiel ihr glänzend über die Schulter. Ein dichter und langer Wimpernkranz zierte ihre braunen Augen. Lucy war schon immer strahlendschön wie die Sonne gewesen. Sie trug ein rotes, figurbetontes Shirt und Bluejeans, die wie eine zweite Haut saßen. Ich sah mit meiner Jogginghose, dem Nachtshirt, den spindeldünnen blonden Haaren und der blassen Haut dagegen aus wie ein Penner.
Ich seufzte tief, griff nach dem Brief, der auf den Nachttisch lag – Dennis letzte verfasste Drohung an mich – und drückte ihn Lucy wortlos in die Hand.
Diese begann mit kräuselnden Lippen laut zu lesen:
„Du kleine, dumme Schlampe wirst sterben! Ich werde mich fürs erste vor den Bullen verstecken und irgendwann zuschlagen, wenn es keiner mehr erwartet. Du kommst nicht davon!“
Lucy stöhnte auf und schluckte. „Scheiße, Lena! Wir werden gleich nochmal die Polizei benachrichtigen, dann …“
„Was bringt das schon? Er ist komplett wahnsinnig und leider auch nicht dumm. Die Polizei wird ihn nicht so schnell aufspüren können. Ich habe Angst!“
Mit zugeschnürter Kehle schluchzte ich auf.
Lucy kam zu mir ins Bett gekrochen und schmiegte sich ganz fest an mich, streichelte mir über den Scheitel.
„Weißt du, ich kann das deinen Eltern nicht mehr länger zumuten. Dennis ist ein Psychopath. Was, wenn er auch nicht davor zurückschreckt, euch etwas anzutun?“ Nervös knabberte ich an meinen Fingernägeln herum.
„Nein, du gehörst zu uns“, antwortete Lucy entschieden und schnaubte.
„Das ist wirklich sehr lieb, aber ich gehe vorerst wieder zu meinem Vater zurück. Er wird schon einverstanden sein, mich bei sich wohnen zu lassen“, schlug ich vor und beobachtete, wie Tageslicht durch die Lamellen auf dem Boden auf und abtanzte.

„Kommt gar nicht in Frage! Er hat dich doch ständig nur fertig gemacht. Mit ihm wieder unter einem Dach zu leben, würde dich nur noch mehr kaputtmachen." Lucy klappte die Bettdecke auf, zog mich mit sich aus dem Bett, sah mich entschlossen an. „Ich weiß eine Lösung für unsere Probleme. Die einzig sinnvolle sogar."
Ich wiegte nachdenklich den Kopf nach links und rechts und wartete gespannt ihre Antwort ab.
„Du gehst nach Berlin und wohnst bei Adnan."
Mir fiel gerade alles aus dem Gesicht. „Was, was hast du gesagt?" Meine Stimme erklang piepsig und dünn.
„Überleg mal, Lena, was hält dich hier in Duisburg eigentlich noch? Da gibt es deinen sich zu Tode saufenden Vater und einen Psycho, der entweder nur leere Drohungen ausspricht oder dir wirklich eines Tages auflauern und dir was antun wird." Lucy beschwor mich mit ihrem Blick, fasste mich mit beiden Händen an den Schulterblättern, um ihre Aussage noch einmal mehr Ausdruck zu verleihen.
„Die Polizei kann gar nicht überall sein. Willst du wirklich ein Leben in Angst und Schrecken führen? Da gibt es ja auch noch Gregor und seine Leute."
„Aber, ich könnte doch …", protestierte ich mit letzter Kraft.
„Süße, ich bin in wenigen Tagen wieder in Afrika. Ich kann nicht für dich da sein, leider. Aber mein Bruder kann es!"
Was soll denn der Quatsch?
Lucy fing meinen verblüfften Blick auf, strich mir versöhnlich mit dem Finger über die Wange. „Falls dieser beschissene Stalker dich doch in deinem neuen Wohnort aufspüren würde, wärst du bei meinem Bruder sicherer. Er kann viel besser auf dich aufpassen."
„Ich bin doch kein Kleinkind!" Ich schob das Kinn vor und kniff die Lippen zusammen.
„Bitte, Lena, es ist nur zu deinem Besten. Ich habe schon alles mit Adnan und mit meinen Eltern besprochen. Sie sind

einverstanden."
„Du hast was?", rief ich schrill und lauter als beabsichtigt.
„Bitte, Lenchen, ich wollte, wir wollten nicht über dich entscheiden, aber sei doch vernünftig! So ein Neuanfang würde dir sicher guttun. Es muss ja auch nicht für immer sein. Wenn sich irgendwann der Sturm gelegt hat, kannst du, wenn du es willst, ja wieder zurück."
Ich schnaufte unruhig vor mich hin, setzte mich aufs Bett.
„Das kann ich nicht, ich ... ich habe hier einen Job."
Lucy setzte sich neben mich, legte eine Hand auf meine Schulter. „Du findest auch in Berlin einen neuen Job. Adnan verdient als Arzt wirklich gut und außerdem hat er versprochen, dich bei der Jobsuche zu unterstützen. Er hat ein Gästezimmer und möchte wirklich helfen."
Ich biss mir nervös auf die Unterlippe. „Das ist doch verrückt. Ich ... ich will doch nicht deinem Bruder in meine Probleme reinziehen, ich ..."
„Nochmal: Ihm macht es nichts aus, mein Bruder ist der hilfsbereiteste Mensch, den ich kenne. Oder liegt es vielleicht daran, dass ..." Lucy ließ ihren Satz abreißen und fixierte mich kritisch. „Hast du immer noch Gefühle für ihn?"
Ich war froh, dass Lucy mein scheinbar gerötetes Gesicht im Halbdunklen nicht erkennen konnte.
„Quatsch! Nein, das war eine kleine Teenie-Schwärmerei, längst vorbei", stammelte ich schnell vor mich hin.
„Na, wunderbar. Dann steht deiner Reise nach Berlin ja nichts mehr im Weg."
„Ihr habt das wirklich schon alles geplant, oder?" Ich warf der grinsenden Lucy einen vorwurfsvollen Blick zu.
„Ja, und ich flehe dich an, diese Chance zu ergreifen, Lena!"

Berlin

Nach fünf Stunden Autofahrt erreichten wir Berlin-Mitte und standen vor einem mehrstöckigen, imposanten Wohnblock mit vertikalbetonter Natursteinfassade und gigantischen Fenstern. Wow, dachte ich und wollte gar nicht wissen, wie viel eine Eigentumswohnung hier kostete.
Der Himmel färbte sich rot, vertrieb die Schwärze der Nacht langsam aber sicher und läutete den jungen Tag ein. Die Luft war kühl. Verkehrslärm ertönte, denn wir waren nicht weit von der Innenstadt entfernt. Die ganze Nacht waren Lucy und ich unterwegs gewesen, hofften, dass Dennis mich unter einem großen schwarzen, ins Gesicht gezogenen Cappy und dunklen Schlabbersachen nicht bemerkt hatte, falls er überhaupt irgendwo in der Nähe versteckt gewesen war.
Vor der Haustür hielt ich plötzlich inne. Mir war ganz mulmig zumute, ein Anflug von Übelkeit befiel mich.
„Alles in Ordnung?“, wollte Lucy von mir wissen und nahm meine Hand.
„Es … es ist viel zu früh am Morgen. Sollen wir nicht solange irgendwo frühstücken gehen? Ich meine, Adnan, wir würden ihn wecken.“ Ich knabberte nervös an meiner Unterlippe herum und stopfte meine andere Hand in die Jackentasche.
Lucy lachte auf. „Er muss damit rechnen, dass wir im Morgengrauen kommen, hab´s ihm geschrieben. Er meinte, dass es kein Problem sei.“
Ich stieß Luft aus. *Aus der Nummer komme ich jetzt wirklich nicht mehr raus. Ich habe ihn eine halbe Ewigkeit nicht mehr gesehen. Wie sieht er wohl aus?*
Während Lucy klingelte, verkrampfte sich mein ganzer Körper. Ein Summen war zu hören. Sie stemmte sich gegen

die Tür und betrat mit mir zusammen den Treppenflur.
Er wohnt in der dritten Etage. Oh Gott, noch ein paar Treppenstufen. Reiß dich zusammen, Lena! Komm, du bist keine fünfzehn mehr. Du bist über ihn hinweg. Gut, ein paar Fantasien hatte ich in der letzten Zeit über ihn gehabt, aber psychologisch betrachtet, habe ich wohl nur nach Beruhigung gesucht nach diesem Theater, nach Schutz oder sowas. Es waren nur blöde Teenie-Fantasien. Wir sind jetzt erwachsen. Vielleicht hat er in letzter Zeit zugenommen und wird mich zumindest optisch nicht mehr ansprechen.
Beim Hinaufgehen wäre ich zweimal fast die Treppen hochgestolpert, wenn Lucy mich nicht festgehalten hätte. Meine Knie zitterten. Ob sie mir meine Aussage, dass ich nichts mehr für ihren Bruder fühlte, abgekauft hatte?
Wir erreichten die Etage und sahen die eine spaltbreit offene graue Wohnungstür. Ehe ich noch irgendetwas Zögerliches erwidern konnte, wurde diese geöffnet – und Adnan stand vor mir, vor uns.
Mein Herz flatterte wie ein aufgescheuchtes Huhn. Wie damals trug er sein langes schwarzes Haar zu einem kleinen Knoten auf dem Kopf. Seine samtigen, warmen Augen strahlten mich an und sein perlweißes Lächeln kontrastierte seine dunkle, glatte Haut. Er wirkte mit dem kleinen, dünnen Bart, den er jetzt um den Mund trug, männlicher und reifer. Seine Muskeln blitzten durch sein weißes Shirt hervor.
„Hey, kommt erst mal rein“, sagte er mit dieser gewohnten Unbefangenheit und Freundlichkeit in der Stimme, wie ich es schon damals von ihm gewohnt war.
Ich schluckte und folgte Lucy aus dem Flur heraus in Adnans Wohnung. Sofort schloss er seine Schwester in die Arme, die fröhlich seinen Namen quiekte.
Dann umarmte er auch mich.
Unter seinen Berührungen versteifte ich für einen kurzen

Augenblick, wurde dann allerdings locker. Eine wohlige Wärme durchfuhr mich. Tief sog ich seinen Duft nach Koriander und Zimt ein. Schwebte ich gerade ein paar Zentimeter über den Boden? Es fühlte sich jedenfalls so an.
Adnan ließ von mir ab und schenkte mir ein süßes Lächeln, das ich, benebelt wie ich war, nicht erwidern konnte.
Nein, er ist nicht fett geworden, verfrüht kahlköpfig oder hat sonst irgendetwas von seinem tollen Aussehen von damals eingebüßt. Eher im Gegenteil.
Ich fühlte mich plötzlich in die Vergangenheit zurückkatapultiert: Ich war wieder fünfzehn und hing buchstäblich an seinen Lippen. *Scheiße!*
„Kommt, wir gehen ins Wohnzimmer. Wollt ihr einen Kaffee?"
Lucy und ich bejahten und Adnan führte uns raus aus dem langen Flur, hinein in seinen hallenartigen Wohnraum, der von körpergroßen viktorianischen Fenstern umgeben war, aus denen bereits vereinzelte Sonnenstrahlen fielen. Der Boden war mit einer Handvoll langflorigen beigen und braunen Teppichen ausgelegt, die eine warme Atmosphäre schafften. Ich blickte auf seine Wohnwand mit dem riesigen Flachbildfernseher und den vielen Bücherregalen und Vitrinen, worin Porzellantassen und Gläser zu finden waren. Auf der gegenüberliegenden Seite befand sich ein ebenso großes zum Bersten volles Bücherregal, das bis zur Decke ging. Es machte den Eindruck, als befände man sich in einer Bibliothek. Eine antikaussehnende Messing-Stehlampe stand neben dem Sofa. Weiter abseits ruhten Zimmerpalmen und ein Benjamin.
Lucy ließ sich direkt auf die schwarze Kunstledercouch plumpsen. Unruhig nahm ich vor mich hin schnaubend neben ihr Platz.
Etwa nach zwei Minuten kam Adnan mit zwei dampfenden Kaffeebechern zurück, stellte sie auf dem gläsernen

Couchtisch ab und setzte sich anschließend direkt neben mich. Wieder musste ich schlucken, mein Herz klopfte wie verrück.
„Keine Sorge, Lena", sagte er auf einmal sanft und legte eine Hand auf meine Schulter. „Wir werden schon gut miteinander klarkommen."
Da ich keinen Ton rausbekam, nickte ich bloß, griff verzweifelt nach meinem Kaffeebecher und nippte daran. Dann endlich fand ich meine Sprache wieder: „Ähm, danke, dass ich für `ne Weile bei dir wohnen kann." Ich hoffte, dass meine Stimme nicht zu dünn klang. Um meine Aussage noch einmal zu unterstreichen, setzte ich ein kurzes Lächeln auf.
„Nicht der Rede wert. Ich zeig dir gleich dein Zimmer", erwiderte er munter und fuhr sich mit einer Hand durch die Haare, welche nach wie vor eine Faszination auf mich ausübten. Sie glänzten so kräftig und schön.
Ich lehnte mich zurück, so dass er und seine Schwester sich ansehen konnten, denn sie tauschten sich gerade über ihre letzten Arbeitsalltage aus. Aufmerksam hörte ich zu, hatte ich mich doch viel zu lange gefragt, wie genau es Adnan so ergangen war. Natürlich hatte ich es tunlichst vermieden, Lucy auszufragen. Oder vielmehr hatte ich es mir verboten. Er arbeitete in einer Uniklinik als Neurologe, hatte dort sogar eine Praxis mit geregelten Sprechzeiten. Kürzlich hatte er sogar seine Dissertation geschrieben. Gut, das mit seinem erlangten Doktortitel wusste ich. Das hatte Lucy wie der Rest ihrer Familie vor Stolz platzend, sehr, sehr oft erwähnt.
„So, ihr beiden gehört ins Bett, und ich muss jetzt zur Arbeit", sagte er plötzlich und stand auf, verabschiedete sich mit einer innigen Umarmung von seiner kleinen Schwester. Lucy würde in ein paar Stunden wieder nach Duisburg zurückfahren. Ich bekam mit, wie die beiden tuschelten, ehe

er sich mir wieder zuwandte. „Komm mit, ich zeig dir jetzt dein Zimmer."
Derweil zog Lucy sich zum Schlafen in Adnans Zimmer zurück.
Ich staunte nicht schlecht über das äußerst helle und geräumige Zimmer, welches in den kommenden Wochen mir gehören sollte. Ein Boxspringbett stand am Fenster und war mit einer dicken, bunten Patchwork-Decke überzogen. Eine kleine Nachttisch-Kommode mit einer Flasche Wasser war zu sehen, sowie ein kleiner, schwarzer Sekretär mit einem Stuhl in der rechten Ecke.
„Das war früher einmal mein alter Schreibplatz. Wenn du willst, kannst du ihn für deinen Laptop nutzen oder sowas in der Art", meinte er und zeigte mit dem Finger darauf.
„Ja, sehr gern", erwiderte ich und musste lächeln. Das Eis schien allmählich zu brechen. Adnan war so lieb und hatte sich von seiner ganzen Art nicht großartig viel verändert, wenn ich es richtig beurteilen konnte.
„Fühl dich ganz wie zuhause oder besser ausgedrückt, es ist jetzt dein Zuhause", sagte er und kratzte sich den Hinterkopf. „Ich hole eben noch dein Gepäck."
Oh, Mann, meine Reisetasche hatte ich vollkommen vergessen bei all der Aufregung. Nicht, dass ich jetzt sonderlich viel bei mir hatte – die meisten meiner Sachen befanden sich noch immer bei Dennis in der alten Wohnung. Aber Adnan war sicher nicht mein Page.
„Ich hole die Tasche später, bevor Lucy fährt", erklärte ich und nickte schnell.
„Keine Widerrede. Ich habe gesehen, dass Lucy den Autoschlüssel auf den Garderobenschrank gelegt hat. Bin gleich zurück."
„Danke", sagte ich kleinlaut und setzte mich aufs Bett.

Nach zwei Minuten war Adnan bereits da, stellte die Tasche

in einer kleinen Nische zwischen Türrahmen und Kleiderschrank ab. „Schlaf jetzt ein bisschen. Wir sehen uns heute Abend", meinte er und zog auch schon die Tür hinter sich zu.
Ich streifte mir meine Turnschuhe von den Füßen, legte mich in das Bett und zog mir die Bettdecke, die wunderbar nach Rosen duftete, bis zum Kinn. Mir fielen die Augen bereits zu. Bevor ich wegdämmerte, konnte ich nicht verhindern, dass Adnan das letzte Gesicht war, dass ich vor Augen hatte.

Adnan

Leise schlich ich den Flur entlang. Sicherlich schlief meine Schwester bereits. Ich legte den Autoschlüssel an seinen Platz zurück und warf einen Blick in den Flurspiegel. Nachdenklich fuhr ich mir mit zwei Fingern über den Bart.
Lena sieht so verändert aus. Natürlich war mir klar gewesen, dass sie ihre Zahnspange in der Zwischenzeit nicht mehr tragen würde. Aber das war es nicht allein. Von je her hatte ich sie immer als kleine Zweitschwester betrachtet, die ich ebenso wie Lucy hatte beschützen wollen.
Lena sieht gut aus, sehr attraktiv sogar. Ihre langen blonden Haare gehen ihr bis zum Steißbein. Ihre Gesichtszüge sind feengleich und die hohen Wangenknochen verleihen ihr etwas Sinnliches, Geheimnisvolles.
Ich schüttelte diese wirren Gedanken aus meinem Kopf. Nein, sie war zwar jetzt eine Frau und kein Mädchen mehr, dennoch war es Lena. Sie gehörte zur Familie. Es hatte sich im Grunde nicht viel verändert. Punkt. Rasch schlüpfte ich in den Hoodie, den ich mir vom Mantelstock gegriffen hatte, nahm meinen Rucksack aus der hintersten Ecke des Flures und zog so leise wie ich konnte die Wohnungstür zu. Eilig

lief ich die Treppen bis zum Keller hinab und trug mein Mountainbike nach draußen. Ich liebte es, morgens mit dem Rad zur Klinik zu fahren. Es waren bloß drei Kilometer. Noch immer war die Luft sehr kalt. Dafür stand die Sonne mittlerweile schon hoch am königsblauen Himmel, an dem keine einzige Wolke zu sehen war.
Ich griff nach dem Fahrradhelm, der am Lenker hing, setzte ihn auf und fuhr los. Der Wind blies mir um die Nase, tief atmete ich ihn ein. Beim Fahren durch den mittlerweile dichten Straßenverkehr dachte ich an eine Ultraschalluntersuchung meiner gestrigen Patientin. Schließlich landeten meine Gedanken wieder bei meiner neuen Mitbewohnerin.
Dieser Kerl hat sie über Jahre unterdrückt, gedemütigt und geprügelt, wie mir Lucy am Telefon verraten hatte. Ich hoffe, dass sie hier in Berlin mit all dem abschließen und neu anfangen kann.

Lena

Ich spüre eine stählerne Hand, die mich packt, dann höre ich Gregors Stimme: „Du musst endlich verinnerlichen, was ich dir beibringen will, sonst wirst du niemals eine Zukunft bei uns haben!“ Ohne Vorwarnung drückt er meinen Kopf in das eiskalte Wasser. Tausend Nadelstiche unter meiner Haut spüre ich. Erfolglos versuche ich mich aus seinem Griff zu befreien. Wild zappele und strampele ich herum. Ich will wieder nach Luft schnappen, doch er gibt mich einfach nicht frei ...
Keuchend erwachte ich aus meinem Alptraum und setzte mich auf. Träge tastete ich mit einer Hand nach meinem Handy, das auf dem Nachttisch ruhte und linste unsicher auf das Display. Es war gerade 10:23 Uhr und zu meiner

Erleichterung gab es keine neuen Nachrichten von Dennis. Natürlich hatte ich ihn überall blockiert und meine Mailadresse geändert. Aber bei ihm musste man mit allem rechnen, vielleicht sogar, dass er sich irgendwo reingehackt hätte. Als Programmierer beherrschte er allerhand Basics, wer weiß …

Ich stieg aus dem Bett und schlurfte leise Richtung Badezimmer. Fühl dich ganz wie zuhause, echoten Adnans Worte noch in meinem Kopf. Ich seufzte tief, sah in mein blasses Spiegelbild, streifte mir die Klamotten vom Körper und sprang unter die heiße Dusche. Ich streckte den Kopf gen Wasserstrahl und ließ entspannt das wohltuende Wasser an mir herabgleiten. In einem kleinen Regal an der Fliesenwand stand sein Duschgel. Ich zog die Kappe auf, um daran zu riechen. Es duftete herrlich nach wilden Kräutern. Großzügig schäumte ich mich damit ein und verweilte mehrere Minuten in der dampfenden Wärme, die mich wie eine Hülle umgab. Ein Klopfen an der Tür war trotz des Geplätschers zu hören. Ich drehte das Wasser ab, griff eilig nach dem Handtuch, das an einer Wandhalterung zu meiner Rechten hing und wickelte mich ein.

„Lena, brauchst du noch lange?“, rief Lucy mir zu.

„Nein, komm rein!“

Sofort sprang die Tür auf und eine verschlafene Lucy blitzte mich neckend an. Ihre krausen Locken zeigten in alle Himmelrichtungen. „Moin, Lenchen“, flötete sie mir munter zu.

„Morgen“, erwiderte ich ebenfalls lächelnd.

„Wie geht es dir? Alles gut?“

Ich wusste, dass Lucy sich Sorgen machte, dennoch wollte ich das nicht mehrmals am Tag gefragt werden.

„Ja, mir geht es gut, wirklich.“

***

Das Geklapper von Geschirr war zu hören, als ich, nachdem ich meine Zähne geputzt hatte, die Küche erreichte. Lucy war gerade damit beschäftigt, ein paar Spiegeleier in der Pfanne zu braten.

„Legst du uns zwei Toastscheiben da rein?", fragte sie mich und zeigte mit der Nasenspitze auf den Toaster, der auf der Küchenzeile direkt vor mir stand.

„Ja, aber wo ist Toast?" Hilfesuchend sah ich mich in dieser großen Landhausküche um. Die Schränke waren allesamt mintgrün, groß und geräumig. Am Kühlschrank baumelte ein Zettel.

Hey, Mädels,
im Kühlschrank ist noch vorbereiteter Teig für Pancakes, wenn ihr mögt. Nehmt euch einfach, worauf ihr Lust habt.
Adnan

„Dein Bruder hat geschrieben, dass er eine Mischung für Pancakes vorbereitet hat", verriet ich und riss den Zettel ab.

„Prima, ich hole noch eine zweite Pfanne", verkündete Lucy und begann erneut, in den Schränken herumzukramen. Nachdem ich den Toast endlich in eines der oberen Schränke entdeckt hatte, legte ich zwei Scheiben in den Schlitzen des Toasters und kümmerte mich um die Pancakes, die im Nu fertig waren. In der Zwischenzeit bereitete Lucy uns zwei Latte Macchiatos aus dem Kaffeevollautomaten zu. Schließlich saßen wir uns beide am kreisrunden Küchentisch gegenüber.

„Wirklich ein schönes Zuhause hat mein Bruder da", meinte Lucy, während sie beherzt in ihren Eier-Toast biss. „Ich war vor ein paar Jahren einmal hier, als er eine Einweihungsparty geschmissen hatte. Damals standen bloß die Möbel. Er hat wirklich Geschmack. Du wirst dich hier schnell einleben, Lenchen."

Ich piekte ein Stück Ei mit der Gabel auf und stopfte es mir

in den Mund.
„Ich hoffe, dass ich hier schnell einen Job finden werde. Sicher will ich deinem Bruder nicht auf der Tasche liegen. Ich will Miete zahlen für das Zimmer und auch sonst für das, was ansteht." Frustriert stützte ich das Kinn auf meine Hand.
„Ach, mach dir keine Gedanken und setz dich nicht unter Druck. Der verdient genug. Wenn du es möchtest, kannst du gern später einmal zahlen, was du für angemessen findest, aber ich sag dir jetzt schon, dass Adnan das nicht zulassen wird." Lucy nippte an ihrem Becher und musterte mich eingehend.
„Was ist?", fragte ich, eine Augenbraue nach oben gezogen.
Lucy stellte den Becher zurück auf den Tisch und legte die Stirn in Falten. „Nun mal Hand auf Herz, Lena. Wie war es für dich, Adnan nach der langen Zeit wiederzusehen?"
Ich seufzte tief und wusste schon, worauf sie hinauswollte.
„Es war vollkommen okay."
Vollkommen okay war wohl die Untertreibung des Jahrhunderts!
Argwöhnisch blitzte meine Freundin mich an und schmunzelte. „Sicher? Ich hatte den Eindruck, du warst ziemlich durch den Wind gewesen."
„Quatsch! Die ganze Situation, der Grund, warum ich hier bin, war mir unangenehm, das ist alles!", beharrte ich und knabberte an meinem Toast.
Lucy holte tief Luft. „Also, hast du keine Gefühle mehr, nichts, was von damals wieder hochkam oder sowas?", bohrte sie zu meinem Ärger weiter.
„Hör mal, ich war damals dreizehn. Das Ganze ist vierzehn Jahre her."
„In ihn verliebt warst du aber ziemlich lange, da warst du auch schon achtzehn."
„Ich bitte dich! Damals war ich trotzdem noch ein Kind,

kannte kaum andere Jungs bis auf deinem Bruder. Ich mag Adnan, aber als Kumpel, und ich bin ihm wirklich sehr dankbar. Beantwortet das deine Frage?", gab ich ein wenig schnippischer als beabsichtigt zurück und knetete unter dem Tisch meine Hände.
„Schon gut. Tut mir leid. Ich will dich wirklich nicht nerven, aber als deine beste Freundin mache ich mir bloß Gedanken. In spätestens einer Stunde werde ich nämlich wieder nach Hause fahren. Dann können wir fürs Erste bloß noch telefonieren oder skypen. Wenn du noch irgendetwas auf dem Herzen hast, möchte ich es lieber jetzt erfahren." Lucy lächelte mich versöhnlich an.
Über den Tisch griff ich nach ihrer Hand.
„Ich danke dir dafür, dass du immer für mich da bist. Du brauchst dir vorerst keine Sorgen mehr zu machen", entgegnete ich beschwichtigend und ließ ein Lächeln über meine Mundwinkel gleiten.
Lucy nickte still. „Ehe ich es vergesse", sagte sie daraufhin und machte sich vorsichtig von mir los, „ich hab da noch etwas für dich."
Schnurstracks lief sie in den Flur und tauchte nach wenigen Sekunden wieder auf. In ihrer Hand hielt sie ein Buch, das sie mir entgegenstreckte. Es war aus braunem Leder und besaß Riemen zum Zusammenbinden.
„Was ist das?" Ich zog den Mundwinkel nach oben.
„Ein Tagebuch. Hier kannst du dir den ganzen Kummer der letzten Zeit von der Seele schreiben. Du kannst ihm all deine Sorgen anvertrauen. Es wird dir helfen, alles besser zu verarbeiten."
„Eine schöne Idee. Danke!" Mit den Fingerspitzen glitt ich über die geschlossenen Seiten und legte es auf dem Tisch ab.
Lucy strich eine ihrer wilden Locken aus dem Gesicht und setzte ein zufriedenes Lächeln auf. „So, ich helfe dir noch

mit Aufräumen, dann fahre ich."

***

Ich packte meine Sweatshirts, Jeans-Hosen und meine Unterwäsche aus der Reisetasche und sortierte alles in den Kleiderschrank. Lucy war gegangen. Obwohl ich es nicht zugegeben hatte, fiel es mir schwer, sie fahren zu lassen. Sie sollte jedoch auf keinen Fall etwas von meinem kleinen Gefühlschaos mitbekommen! Sicher würde ich das in den nächsten Tagen in den Griff kriegen. Ich stieß Luft aus, verließ mein Zimmer und erkundete die Wohnung. Noch immer fühlte ich mich ein bisschen wie ein Eindringling. Aber ich wollte mich mit meiner neuen Umgebung ein wenig vertrauter machen.
Sonnenlicht flutete die Räume. Nebenan vom Wohnzimmer gab es einen Korridor, der zu einer Terrasse führte. Ich ging hinaus. Ein glänzend schwarzer Tisch mit zwei Korbsesseln war zu sehen. Ich blickte nach oben und erkannte, dass das Dach aus Glas war. Mit beiden Händen umklammerte ich die Reling und ließ meinen Blick schweifen. Es bot sich ein Ausblick auf den Hinterhof. Zwei blühende Kirschblütenbäume verschönerten das Stück Land und sorgten für ein Frühlingsfeeling. Der Rasen war eben. Der Duft von frischgemähtem Gras stieg mir in die Nase. Wow, ein tolles Panorama, staunte ich vor mich hin.

Den restlichen Tag rumzukriegen, gestaltete sich als kleine Herausforderung, denn ich wollte noch nicht die Wohnung verlassen, hoffte darauf, dass Adnan mir später die nähere Umgebung zeigen würde. So beschloss ich, das Bad einmal zu wischen und die Wandspiegel zu polieren. Der Rest der Wohnung strotzte geradezu vor Sauberkeit.
Ob er wohl in dieser großen Wohnung selbst saubermacht?

Nein, ich denke, er hat eine Putzfrau, denn seine Arbeit spannt ihn sicherlich sehr ein. Das alles zu pflegen, kostet viel Zeit.
Ein Blick auf meine Armbanduhr verriet mir, dass es mittlerweile 15:00 Uhr war.
In zwei Stunden hat er Feierabend. Ich sollte etwas zum Abendessen kochen.
Euphorisch lief ich in die Küche, durchstöberte den Kühlschrank. Er hatte geriebenen Käse, Hackfleisch und Sahne darin. In einem Vorratsschrank entdeckte ich obendrein auch noch Lasagneplatten.
Super, dann mach ich uns jetzt eine Lasagne.

Adnan

Unachtsam ließ ich meinen Rucksack zu Boden gleiten, nachdem ich die Tür aufgeschlossen hatte. Ein Essensgeruch wehte mir entgegen.
Das ist süß von ihr, dass sie gekocht hat. Eigentlich hatte ich vorgehabt, uns etwas zu bestellen. *Ich hoffe, sie fühlt sich nicht verpflichtet, dass jetzt immer zu machen, obwohl ich mich glatt daran gewöhnen könnte.*
Schmunzelnd ging ich in die Küche und fing Lenas erschrockenen Blick auf. Sie wirkte gerade, als hätte ich sie bei etwas Verbotenen ertappt.
„Hey“, sagte ich und schenkte ihr ein breites Lächeln.
„Hallo! Ich ... ich habe Lasagne gemacht. Ich hoffe, du magst das. Ich meine, eigentlich hätte ich dich ja auch vorher anschreiben und fragen können, ich ...“
„Ich liebe Lasagne. Es riecht auch sehr gut“, versuchte ich sie zu beruhigen und nahm auf eines der Küchenstühle Platz. „Kann ich dir noch bei irgendetwas helfen?“ Ihre Gesichtszüge glätteten sich wieder.

„Nein, bitte nur sitzenbleiben. Wir können sofort essen." Scheinbar erleichtert atmete Lena aus, nahm zwei Teller aus dem Schrank, wie auch Servietten und Besteck und platzierte alles auf dem Tisch. Anschließend griff sie nach den Topflappen, die an einem Haken, nahe der Spüle baumelten, nahm mit ihnen zusammen die heiße Auflaufform aus dem Backofen und stellte die Lasagne auf dem Herd ab. Nachdem sie auf jedes der Teller ein Stück kredenzt hatte, setzte sie sich auf dem Stuhl gegenüber von mir, wich meinen Blick aus und wirkte verschüchtert.
Natürlich hatten wir über Jahre keinen Kontakt mehr gehabt, aber ich konnte mich noch genau daran erinnern, als sie so gut wie jeden Tag nach der Schule bei uns gegessen hatte. Manchmal war ich auch in Lucys Zimmer gegangen, wenn die Mädchen sich zum Hausaufgaben machen und Quatschen zurückgezogen hatten, um Hallo zu sagen oder ein bisschen mit ihnen rumzualbern. Ich hatte es irgendwie genossen, für beide der große Bruder zu sein, jemand, zu dem sie aufsahen. Nie werde ich vergessen, wie traurig die kleine Lena mitten in der Aula der Schule dastand, als sie gerade von Thommy Werkers übel als „dumme Sitzenbleiberin" beschimpft worden war. Ihr Anblick, der Schmerz in ihren Augen, das hatte ich nicht ertragen können und eingreifen müssen. Noch immer erkannte ich in ihren Augen diese Verletzlichkeit. Natürlich hatte sie viel durchgemacht. Vielleicht würde sie sich mir ja eines Tages anvertrauen.
Ich pickte ein Stück der Lasagne mit meiner Gabel auf, pustete kräftig und ließ es in meinen Mund gleiten. „Mmhh", machte ich. „Das schmeckt köstlich." Heiter lachte ich sie an, versuchte das Eis zwischen uns zu brechen. Immerhin würden wir eine Zeit lang miteinander auskommen müssen.
Dann nahm auch Lena einen Bissen. „Freut mich, dass es dir schmeckt."

„Wie war dein Tag bisher? Ich hoffe, du konntest dich schon ein bisschen einleben."
Endlich sah sie mir in die Augen. „Ja, danke. Ich habe ein bisschen auf deiner Terrasse gesessen. Wirklich toll. Überhaupt, du hast ein sehr schönes Zuhause", sagte sie hastig und leicht verkrampft, nickte ein paar Mal.
Oh, Mann, warum ziert sie sich denn nur so? Ich bin doch kein Fremder ...
„So, Lenchen, wie Lucy immer sagt, du kannst bei mir ganz locker sein. Ich bin´s, Adnan!" Frech lachte ich sie an und begann ein paar lustige Anekdoten aus unserer Schulzeit zum Besten zu geben. Allem voran, meine peinlichste Geschichte, wie die beiden Mädchen mich bei Lucys Geburtstagsfeier ausgetrickst und mir eine Wasserbombe auf meinen Stuhl gelegt hatten, worauf ich mich dann hingesetzt hatte.
Lena lachte plötzlich amüsiert auf. Ich erkannte einen Glanz in ihren Augen.
„Oh ja, das war echt lustig. Du bist plötzlich wie ein geölter Blitz aufgesprungen", kicherte sie vor sich hin.
Na, endlich! Geht doch!
„Haha, ich fand das damals gar nicht so toll. Kurz darauf ist Nicole Obermayer, mein Date, aufgetaucht. Mama hatte sie in unserem Garten gelassen. Da stand ich dann mit nassen Hosen vor ihr." Jetzt musste ich schmunzeln, denn es war einfach schon zu lange her, um sich darüber zu ärgern. Wir waren fast Kinder.
Eine ganze Weile lachten wir miteinander und ich fühlte mich plötzlich zurückversetzt in unbeschwerte Tage. Andere Tage, als die, die in der letzten Zeit zurückgelegen hatten oder Tage, die noch vor mir liegen würden. Die Arbeit im Krankenhaus hatte einen Großteil meiner Seele eingefordert. Eine Menge Elend hatte ich schon gesehen: Menschen mit Schlaganfällen, Parkinson und anderen schweren

Erkrankungen. So gern wollte ich ihnen allen helfen. Doch leider war das nicht immer möglich, zumindest nicht so, wie ich es gern gehabt hätte.
Eine kleine Reise in die Vergangenheit hatte auch ich gebraucht! So erzählten wir uns gegenseitig ein paar Geschichten. Überwiegend waren es peinliche Dinge, in denen ich den Kürzeren gezogen hatte. Beide Mädchen hatten sich des Öfteren gegen mich verschworen. Die Aufzählungen von Chili in meinem Schoko-Schaumkuss bis hin zu einem plötzlich geschminkten Gesicht à la Drag-Queen nach dem Aufwachen war lang. Oh, oder ganz toll war die Soja-Sauce in meiner Cola-Flasche gewesen! Die treibende Kraft, so wusste ich, war meine Schwester gewesen. Mir hatten diese kleinen Streiche von dreizehnjährigen Mädels jedoch nicht allzu viel ausgemacht, auch wenn ich wahrscheinlich meist äußerst angefressen ausgesehen hatte. Ich hatte mich gefreut, wenn ich beide zum Lachen bringen konnte. Doch das würde mein kleines Geheimnis bleiben.
Als ich schon Bauchweh vom vielen Lachen bekommen hatte, beschloss ich den Tisch abzuräumen, packte das schmutzige Geschirr in die Spülmaschine.
„Lust auf einen kleinen Spaziergang?“, fragte ich Lena und sah sie munter an. „Ich will dir ein bisschen die Gegend zeigen.“
Rasch nickte sie. „Oh, ja! Sehr gerne.“

Lena

Ich stopfte beide Hände in meine Jeansjacke und lief neben Adnan her. Es war warm draußen. Die Sonne schickte noch ein paar letzte Strahlen, bevor sie untergehen würde. Wir liefen die Straße seiner Wohngegend entlang, bis wir an

eine Kreuzung gelangten und abbogen.
„In dieser Straße gibt es einen Supermarkt und einen Kiosk. Ein paar Straßen weiter auch einen Spätkauf. Der hat bis 00:00 Uhr geöffnet. Wenn du dann noch etwas weiterläufst, gelangst du zur U-Bahn-Station. Im Nullkommanix erreichst du von dort aus den Alexanderplatz, das Brandenburger Tor und andere Sehenswürdigkeiten“, erklärte er weiter und warf mir einen Seitenblick zu.
Es war so schön, mit ihm Zeit zu verbringen. In diesem Moment vergaß ich meine Sorgen und fühlte mich so leicht.
„Gern zeig ich dir am Wochenende mehr von Berlin“, versprach er und zwinkerte mir zu.
„Das wäre großartig. Ich freu mich“, erwiderte ich fröhlich und lächelte vor mich hin.
„Gut, gebongt!“
Wir liefen weiter, bis wir einen Park erreicht hatten. Auf der großflächigen Wiese tummelten sich Hunde, die hin- und herrannten und miteinander spielten. Leute waren überall verstreut weiter abseits zu sehen. Vögel zwitscherten um die Wette und streichelten mein Gemüt. Ich ließ den Kopf in den Nacken fallen und schaute empor zu den in voller Pracht blühenden Baumkronen. Der Duft von Gras, Erde und Blumen stieg mir in die Nase. Tief atmete ich ein.
„Wie war eigentlich dein Tag im Krankenhaus gewesen?“ Ich schaffte es endlich, ihn unbefangen anzusehen.
Er wurde ernst. „Zum Schluss nicht so toll. Eine Patientin von mir, die MS hat, hat einen schweren Schub bekommen. Ich glaube, ich werde mich an solche Schicksale nie gewöhnen können“, sagte er bitter und starrte zu Boden, während er weiterhin neben mir herlief.
„Das tut mir leid!“ Ich warf ihm einen mitfühlenden Seitenblick zu, den er zögerlich auffing. Dann nickte er bloß und schaute wieder nach vorn. „Ich bewundere dich wirklich für das, was du tust. Du kannst stolz auf dich sein, wirklich!“

Ein wenig ungläubig schüttelte Adnan den Kopf und schnaubte. „Eigentlich nicht", sagte er kryptisch.
Wie genau meint er das?
Da ich nicht weiter nachbohren wollte, schwieg ich einfach. Seine Arbeit war in der Tat enorm hart. Dennoch konnte er stolz darauf sein, was er erreicht hatte. Er hatte es vom Studium bis zur Dissertation weit gebracht. Gab es eine wichtigere Tätigkeit, als anderen Menschen das Leben zu retten oder sie im besten Fall wieder gesund zu machen? Wahrscheinlich nicht.

Als es bereits dunkel war, erreichten wir die Wohnung. Ich streifte mir die Jacke ab, hing sie an den Mantelstock und zog die Stiefel aus, um in meine Hausschuhe zu schlüpfen. Die ganze Zeit über war Adnan sehr nachdenklich und ruhig gewesen, was mir ein bisschen Sorgen bereitete.
„Möchtest du einen Wein mit mir trinken? Ich habe Chardonnay im Weinschrank", rief er mir aus dem Wohnzimmer zu.
„Ja, gern", antwortete ich, lief zu ihm und bemerkte, dass er schon zwei Weingläser auf den Tisch gestellt hatte. Ich war froh, dass er sich scheinbar wieder gefangen hatte. Adnan holte die Flasche und befüllte die Gläser. Nachdem wir angestoßen hatten, stellte ich mein Glas auf die Tischplatte und lief zu dem großen Bücherregal. Ich las interessiert, welche Titel auf den Buchrücken zu sehen waren. Er hatte Romane, den Titeln nach zu urteilen, Krimis oder Thriller, alphabetisch geordnet und von Spalte zu Spalte nach Kategorien sortiert. Überwiegend entdeckte ich aber medizinische Fachliteratur.
„Du kannst dich gern bedienen und etwas lesen, was dich anspricht."
Ich drehte mich zu ihm um. Er hatte eine Hand in die Hüfte gestemmt, in der anderen war sein Weinglas. Ihn vor mir

zu sehen, war immer noch wie ein Traum für mich.
Bisher hatte ich nie sonderlich viele Bücher gelesen. Wenn mich mal eines interessiert hatte, war es meist Fantasy gewesen. Mein letztes lag schon eine längere Zeit zurück und war ein Biss-Roman von Stephanie Meyer. Von dieser Reihe hatte ich alle Teile durchgesuchtet. Doch meist strengte mich das Lesen an, denn es fiel mir schwer, mich zu konzentrieren, meine oft umher wirbelnden Gedanken zu ordnen, den Kopf frei zu haben für die Story.
„Wie kommst du eigentlich bis ganz nach oben, hast du eine Leiter?“, wollte ich wissen und zeigte mit der Nasenspitze bis zur Decke, wohin sich das Regal erstreckte.
„Ja, habe ich.“ Adnan griff am Ende eines Regals in eine kleine Nische und zog eine Trittleiter hervor, die er aufstellte.
„Wow, du bist ja wirklich bestens ausgerüstet“, sagte ich amüsiert und kletterte hinauf. Im obersten Regal gab es unzählige Bände von Brockhaus. Ich erkannte es anhand der Goldprägung am Buchrücken. Am unteren Ende waren Buchstaben zu sehen und alle Bände – es waren um die dreißig Stück – feinsäuberlich geordnet. Ich zog eines hervor, um es betrachten zu können, stellte es anschließend wieder zurück.
„In einem Band wollte ich noch etwas nachschlagen“, erklärte Adnan.
„Soll ich dir einen runterholen?“, erwiderte ich.
Spätestens nachdem ich meinen Satz beendet hatte, war mir bewusst geworden, was ich da gerade geplappert hatte. *Soll ich dir einen runterholen?*
„Einen Band, ich meine einen Band!“, fügte ich noch hinzu und fühlte, dass ich rot wurde. *Ach, du scheiße!*
„Leider weiß ich nicht mehr, welcher es genau war. Ich werde nachher mal schauen“, antwortete Adnan scheinbar unbeeindruckt von meinem kleinen Fauxpas, für den ich

mich gerade verfluchte.
Warum bin ich nur so trottelig? Wie kann ich nur so ein dummes Zeug vor mich hin labern?
Angespannt kletterte ich herunter und wünschte mir ein Loch, in das ich kriechen konnte. *Oh Gott, geht es eigentlich noch peinlicher?*
„Hey, lass uns mal schauen, was es so auf Netflix gibt", sprach er unbeirrt weiter.

Nach zwei Folgen von Breaking Bad, von denen ich sicherlich nur die Hälfte mitbekommen hatte, da ich immerzu an diesen peinlichen Moment zurückdenken musste, sagte ich schließlich: „Ähm, ich ... ich geh dann mal schlafen."
„Ja, mach das. Ich werde jetzt noch ein bisschen lesen." Er beugte sich ein Stück vor und gab mir einen leichten Wangenkuss.
Unter meiner Haut begann es zu kribbeln und mein Herz begann wild zu bubbern.
„Gute Nacht, Lenchen. Träum was Schönes", flüsterte er mir zu, ehe ich mich von der Couch erhob.
„Gute Nacht", brachte ich nur mühsam hervor, denn ich war wie elektrisiert. Leichtfüßig und mit einem Lächeln im Gesicht, erreichte ich mein Zimmer.
Erst einmal musste ich diesen ereignisreichen Tag mit ihm verarbeiten. Ich schmiss mich aufs Bett und seufzte, schloss die Augen. Er war süß. Nie im Leben hätte ich gedacht, dass sich unsere Wege auf so außergewöhnliche Weise kreuzen würden. Ich beschloss, gleich morgen die Stellenanzeigen durchzuforsten. Der Gedanke, mich von ihm aushalten zu lassen, war nach wie vor unangenehm für mich. Ich lief zum Sekretär, ließ mich auf dem Drehstuhl plumpsen und starrte auf das Tagebuch, das auf der Schreibkante ruhte.
Du kannst dir alles von der Seele schreiben, hallten Lucys Worte in meinem Kopf wider. Na gut, dann fang ich mal an.

Ich öffnete eines der Schubladen, auf der Suche nach einem Kugelschreiber, wurde sofort fündig und begann zu schreiben:

Liebes Tagebuch,

obwohl ich kein Teenager bin, fühle ich mich wieder wie einer. Nachdem ich es endlich geschafft habe, Dennis zu entkommen, wohne ich seit heute bei Adnan. Die erste Begegnung seit Ewigkeiten brachte mein Herz zum Rasen. Ich hatte mir damals geschworen, meine Gefühle für ihn in eine Kiste zu stecken und ganz tief zu vergraben. So jemand wie er, würde sich nie für jemanden wie mich interessieren. Er kann jede haben. Ich muss versuchen, meine unkontrollierten Gefühle in den Griff zu bekommen, die leider sehr stark sind. Heute habe ich ohne nachzudenken, etwas total Blödes vor mich hingeplappert. Ich fragte ihn: „Kann ich dir einen runterholen?“ Und gemeint war natürlich ein Bücherband! Oh Gott, in seiner Nähe fühle ich mich stark und schwach zugleich. Als er damals in der Schule meine Ehre vor Thommy Werkers verteidigt hatte, habe ich mich in ihn verliebt. Viel zu oft hatte ich mir schon vorgestellt, wie es ist, ihn zu küssen, von ihm gehalten zu werden. Die letzten Nächte hatte ich wieder mein Kopfkino eingeschaltet. Ich wollte nicht, dass das passiert, aber es ist immer wieder über mich gekommen und ich habe in meiner Fantasie mit ihm schlafen müssen. Das Wichtigste ist, dass er es nie erfährt. Denn sonst könnte ich ihn womöglich nie wieder unter die Augen treten. Jetzt, da ich ihn wiedergesehen habe, im Glauben, über ihn hinweg zu sein, fühlt sich der Gedanke, ihn nie wieder sehen zu können, unerträglich an. Ich wünschte, ich hätte einen Ausweg für mein Dilemma …

Ich klappte tief schnaubend das Buch zu und legte es in eine der Schubladen. Dann griff ich zum Handy und schickte Lucy ein Gute-Nacht-Selfie von mir. Nur ein Haken war auf WhatsApp unter meinem Foto zu sehen. Wahrscheinlich sitzt sie schon im Flieger, dachte ich.
Dann streifte ich mir die Kleidung vom Körper, schlüpfte in mein Nachthemd und legte mich schlafen.
Schon bald versank ich in einem ruhelosen Traum:
Adnan ist gerade zur Arbeit aufgebrochen. Ich räume etwas in der Küche auf, halte vom plötzlichen Klingeln an der Tür inne und laufe in den Flur, um zu öffnen. Ein kalter Blitz fährt mir durch die Glieder. Es ist Dennis. Mit hasserfüllten Augen starrt er mich an, seine Lippen sind bloß ein dünner Strich. Ich versuche, die Tür mit aller Kraft wieder zu schließen. Doch er steht mit einem Bein schon in der Wohnung, stemmt sich wie ein Bär gegen die halb geöffnete Tür und ist mit nur einem Satz drin. Mit einem selbstgefälligen Grinsen steht er vor mir, packt mich am Hals. „Du kleines Miststück, ich bring dich um", flüstert er mir hämisch zu und drückt meine Kehle so fest, dass ich keine Luft mehr bekomme. Atemlos röchle ich vor mich hin.

„Lena, aufwachen!", holte mich eine vertraute Stimme aus diesem grässlichen Alptraum heraus. Es war Adnan, der auf meiner Bettkante saß. Mit beiden Händen umfasste er

meine Oberarme. Schweißgebadet setzte ich mich auf und blickte in sein sorgenvolles Gesicht, keuchte dabei immer noch unruhig vor mich hin.
„Es ist alles gut. Das war nur ein Alptraum." Sanft zog er mich in seine Arme. Mein polterndes Herz schlug langsam wieder gleichmäßiger.
„Ganz ruhig", raunte er mir mit sanfter Stimme zu. Ich schlang beide Arme um seinen Nacken und fühlte mich geborgen.

Adnan

Lena atmete gegen meine Brust und wurde zu meiner Erleichterung wieder ruhiger. Ich musste sie einfach festhalten. Was genau sie da geträumt hatte, wollte ich lieber nicht wissen. Ihr Ex, dieses Schwein, hatte sie komplett traumatisiert. Bei dem Gedanken zogen sich meine Eingeweide zusammen. So gern wollte ich Lena dies alles einfach vergessen lassen. Bei mir war sie sicher. Hier könnte sie endlich den Neuanfang führen, der ihr zustand. Berlin bot unzählige Möglichkeiten. Ich würde ihr helfen, so gut es ging.
Auch noch, als ich Lena losgelassen und zurück in mein Zimmer gegangen war und in meinem Bett lag, hallten ihre Schreie in mir wider. Fürs Erste beschloss ich, wach zu bleiben, gleich nochmal nach ihr zu gucken, darauf zu achten, dass sie friedlich weiterschlief. Fragen überrollten mich plötzlich wie eine Lawine: Wer war dieser Dennis? Was genau hatte er ihr Schlimmes angetan?
Ich stieß Luft aus, einen Arm hatte ich unter den Kopf gelegt, der andere ruhte auf meinem Bauch. Ich musste versuchen, sie noch ein bisschen mehr aus ihrer Lethargie zu ziehen.

***

Am nächsten Morgen stand ich bereits um 05:00 Uhr auf, um joggen zu gehen. Nach einer ausgiebigen Dusche visierte ich die Küche an, um Frühstück zu machen. Ich wusste noch, dass Lena früher bei uns sehr gern Pancakes gegessen hatte. Deswegen machte ich welche. Ich hatte sogar noch in irgendeinem der Küchenschränke eine Flasche Ahornsirup herumstehen.

Hoffentlich steht sie noch auf diesen amerikanischen Kram.

Eifrig begann ich den Teig zu rühren, den ich dann anschließend in eine Pfanne goss.

Hoffentlich steht sie in der nächsten Stunde auf. Ansonsten bin ich dann in der Arbeit und wir können uns erst am Abend wieder unterhalten.

Noch ehe ich meinen Gedanken zu Ende gedacht hatte, bemerkte ich sie plötzlich im Türrahmen stehen. Sie trug kurze olivfarbene Shorts, die den Anblick auf lange, wohlgeformte Beine freigaben. Ausgiebig streckte sie sich und zupfte an ihrem grauen Shirt herum, ehe sie mir ein „Guten Morgen“ entgegenmurmelte und fast schon zaghaft die Küche betrat.

„Guten Morgen“, sagte ich nervöser als beabsichtigt.

Was ist los mit dir, Adnan? Was wird passieren, wenn du jetzt auch noch so nervös wirst wie sie? Und überhaupt: Warum bin ich nervös?

Ich holte tief Luft. „Setz dich doch! Frühstück ist gleich fertig.“

Lena ließ sich auf einen der Stühle nieder. Ihre Augen wirkten klein und müde. Die halbe Nacht war ich wach gewesen, überlegte, wie ich zu ihr durchdringen konnte. Verstohlen beobachtete ich, wie sie das Zopfgummi um ihre Haare strammer zog und mit den Fingern über die Tischplatte fuhr.

„Ist alles in Ordnung?“ Ich sah sie durchdringend an, nachdem sie aufgeschaut hatte.
„Adnan, pass auf, die Pfannkuchen brennen an!“, rief sie mir plötzlich entgegen und stand ruckartig auf, eilte auf mich zu, um den Schaden zu beheben.
Zu sehr war ich gerade von ihr abgelenkt, von den Erinnerungen an letzte Nacht. Das Frühstück hatte ich dabei vollkommen vergessen. Lena, die sich den Pfannenheber geschnappt hatte, kratzte emsig die festgebackene Teigmischung aus der Pfanne, um sie zu wenden. Doch ein Blick und vor allem der Geruch verrieten, dass sie mehr als angebrannt waren.
„Sorry, ich habe nicht aufgepasst.“ Reuevoll sah ich sie an.
Lena hob ihre Mundwinkel zu einem kleinen Lächeln, stieß mir spielerisch in die Rippen. „Halb so wild. Dann essen wir eben einen Toast.“
Als wir beide schließlich gemeinsam am Tisch saßen mit Kaffee, Toasts, Aufschnitt und Marmelade, sagte Lena: „Ja.“
„Wie bitte?“
„Du hast mich vorhin gefragt, ob alles in Ordnung ist. Die Antwort ist ja.“
„Das freut mich“, gab ich lächelnd zurück und biss in meinen Toast.
Auch, wenn ich gewiss nicht rumbohren oder in Wunden rumstochern wollte, gab es da immer noch etwas, dass ich wissen musste: „Möchtest du vielleicht trotzdem über den Alptraum letzte Nacht sprechen?“
Konzentriert versuchte ich aus ihrem Gesichtsausdruck schlau zu werden. Da war keine Regung zu erkennen, die Augen starrten ins Leere. Doch irgendeinen Anflug von Panik meinte ich darin erhaschen zu können. Sie macht mir bloß etwas vor, weil sie darüber mit mir nicht sprechen will, schoss es mir sofort durch den Kopf.
„Adnan, ich danke dir wirklich sehr für deine Fürsorge,

aber …“ Sie sah mir endlich in die Augen, schwieg daraufhin, knetete ihre Hände.
Ich griff instinktiv nach ihrer Hand. „Aber was?“
Sie versteifte sich für einen kurzen Moment, sah mich dann verstohlen an. „Das möchtest du nicht wissen.“
Ihre Stimme war nicht mehr als ein Flüstern. Dann stand sie auf und verließ die Küche.
Ich brauchte einen Moment, um mich zu sammeln. Dann suchte ich sie und wurde schließlich im Wohnzimmer fündig, setzte mich zu ihr auf die Couch. Ein Blick auf die Wanduhr verriet mir, dass es fast 07:30 Uhr war.
Ich muss gleich los, zur Arbeit!
„Doch, ich möchte es wissen, denn ich will dir helfen.“
Unruhig wippte Lena mit ihrem Fuß auf und ab, wich meinen Blick aus. Zu sehr schien sie sich zu schämen. So verloren, so verletzt sah sie aus, dass es mir das Herz zerriss.
„Warum?“ Hörbar schluckte sie.
„Habe ich doch gerade gesagt: Ich will dir helfen. Meine Schwester ist nicht da, aber ich bin es – und ich kann dir zuhören, wenn du das willst.“
Lena drehte sich in meine Richtung, sah mich müde an.
„Ich weiß, dass du es nur gut meinst, aber ich bin noch nicht bereit, darüber zu sprechen.“
Langsam nickte ich und erkannte, dass ich zu weit gegangen war.
Was bin ich nur für ein Depp, sie so zu bedrängen!
„Natürlich. Das ist verständlich. Entschuldige bitte.“
Verlegen kratzte ich mir den Nacken. Vielleicht würde Lena sich irgendjemandem öffnen können. Höchstwahrscheinlich auch keinem Mann, aber eventuell würde es meine Schwester oder im besten Fall ein Psychologe sein.

***

An diesem Nachmittag machte ich überpünktlich Feierabend, wollte Lena nicht länger als nötig allein in der Wohnung lassen. Ich wusste, sie brauchte einen Menschen in ihrem Leben, der sich um sie kümmerte.
Energisch öffnete ich die Autotür zu meinem Mercedes Benz, warf meinen Rucksack auf die Rückbank und setzte mich ans Steuer. Einzelne Haarsträhnen hatten sich gelöst und fielen mir stürmisch ins Gesicht. Ich riss mir das Gummi aus den Haaren, das sie zu einem kleinen Dutt auf meinen Kopf formte und vereinte sie erneut.
Dann fuhr ich durch die Rush Hour und war gegen 18:00 Uhr daheim.
Wieder stieg mir beim Öffnen der Tür verführerischer Essensgeruch in die Nase. Ich lief in die Küche und sah Lena am Herd stehen. Sie fing meinen neugierigen Blick auf und grinste frech. „Hey, ich habe Pasta Napoli gemacht, war vorhin im Supermarkt und hab Eier eingekauft. Außerdem habe ich noch ein bisschen Obst, Brot, Joghurts und O-Saft mitgebracht."
Ich wollte nicht, dass Lena für Einkäufe an ihr erspartes Geld ging. Allerdings konnte ich ihr dafür auch kein Geld zurückgeben, da ich sie sonst womöglich kränken würde. Deswegen entschied ich, diesbezüglich den Mund zu halten.
„Hast du dir wirklich gemerkt, dass das früher mein Lieblingsessen war?" Ich blitzte sie amüsiert an und nahm am Tisch Platz.
„Klar doch. Nach deinem Training hast du kiloweise davon verdrückt. Schon damals hatte ich dich für deinen guten Stoffwechsel beneidet."
Ich lachte auf. „Weißt du noch, als wir zusammen Körbe geworfen hatten?", fragte ich Lena, die beide Hände an die Tischkante gelehnt hatte und mich belustigt ansah. Ihre Augen leuchteten und schienen den ganzen Raum zu fluten. Ich musste kurz innehalten, weil mich dieser Anblick

unverhofft berührt hatte.
Sie strich sich eine Haarsträhne hinters Ohr. „Klar weiß ich das noch. Ich habe dich bei jedem Spiel abgezogen."
Herausfordernd funkelte Lena mich an, eine Hand in die Hüfte gestemmt.
„Ha! Ich hör wohl nicht richtig! Damals stand bloß noch Dirk Nowitzki über mir", scherzte ich und wollte nicht zugeben, dass sie stets mehr Bälle in den Korb geworfen hatte als ich. Wir hatten früher ein paar Matches bei uns vor dem Haus gehabt, meist, bevor sie abends wieder nach Hause musste. Wenn ich ehrlich war, hatte ich mich jedes Mal darauf gefreut. Ein paar Wochen trafen wir uns im Garten, nachdem sie sich bereits von Lucy verabschiedet hatte. Irgendwann war Lena dann nicht mehr zum Spielen gekommen. Sie hatte vorgegeben, das Interesse ans Basketballspielen verloren zu haben.
„Gut, finden wir gleich einfach heraus, wer von uns beiden besser spielen kann." Kämpferisch sah ich sie an.
„Und wie oder besser gesagt, wo können wir uns dann messen?" Lena hob interessiert eine Braue nach oben.
„Ich habe einen Korb auf dem Hinterhof angebracht. Aber ich muss dich warnen. Ich habe öfter mal trainiert."
Lena streckte mir heiter die Hand entgegen. „Ich bin dabei, aber das wirst du bereuen."
Ich ergriff ihre Hand. „Das werden wir sehen."

***

Wie gebannt beobachtete ich, wie Lena dribbelte, einen Korb warf, dribbelte einen Korb warf. Einen Korb nach dem anderen. Nach zehn Treffern hatte ich aufgehört zu zählen. Es war so, als hätte sie in all den Jahren nichts anderes gemacht. Damals war sie vierzehn und schon eine klasse Spielerin, jetzt mit 27 Jahren wirkte sie wie ein Profi. Ich war einfach nur baff. Endlich, der Ball hatte den Korb leicht verfehlt. Das war meine Chance, denn wir hatten uns darauf geeinigt, dass derjenige, der einen Korb wirft, solange weitermachen kann, bis er patzt. Lena lief dem rollenden Ball hinterher, den Asphalt entlang, der sich zum Großteil an den eingezäunten Kleingärten des Wohnhauses erstreckte. Die Sonne war längst untergegangen. Schnell bückte sie sich, nachdem sie den Ball eingeholt hatte, schnappte ihn sich und warf ihn mir dann im hohen Bogen entgegen. Augenblicklich sprintete ich ein Stück nach vorne und fing ihn siegessicher auf.

„So, junges Fräulein, sieh zu und staune!" Gespielt arrogant schob ich das Kinn nach vorn und warf den Ball aus etwa drei Metern Entfernung zielsicher in den Korb. Die nächsten fünf Bälle verfehlten ihr Ziel ebenfalls nicht. Doch dann: Zack! Verpatzt. „Mist", fluchte ich und schüttelte ärgerlich den Kopf.

„Das war gar nicht schlecht", rief mir Lena zu.

„Revenge", entgegnete ich lachend, lief auf sie zu und machte einen gespielten Knicks.

„Spinner!", kicherte Lena heiter vor sich hin, legte eine Hand auf meine Schulter. Augenblicklich durchfuhr mich ein Kribbeln am ganzen Körper.

Was soll das jetzt?

Verwirrt hielt ich einen Augenblick inne. Ihr sanfter Blick ruhte auf mir, ich war wie paralysiert, legte eine Hand an ihre Hüfte und zog sie ein Stück näher zu mir heran. Mein Herz schlug einen unruhigen Takt. Ihre Augen hatten einen tiefblauen Farbton angenommen und erinnerten mich an das tosende Meer. Ich schluckte, meine Atmung wurde plötzlich unruhiger.

Was mache ich hier? Sie gehört zur Familie.

Schnell fing ich mich wieder und widerstand der Verlockung, sie zu küssen. Kurz räusperte ich mich, schaffte dann

einen kleinen Abstand zwischen uns.
„Gut", sagte ich kleinlaut und setzte schnell ein Lächeln auf, das meine Unsicherheit überspielen sollte. „Dann los!"

Lena

Immer noch berauscht und ein wenig verwirrt setzte ich mich im Schneidersitz auf mein Bett. *Was war das vorhin für ein Moment zwischen uns? Es hat geknistert, ich habe es genau gespürt.*
Nach diesem – wie sollte ich es ausdrücken? – eigenartigen Vorfall hatten wir weitergespielt, zwar nicht mehr ganz unbefangen, sondern etwas verkrampft, so war jedenfalls mein Eindruck gewesen. Adnan hatte sich nach unserem Match mit den Worten: „Ich werde dann mal auf mein Zimmer gehen, ich bin müde. Gute Nacht!", rasch von mir verabschiedet.
Ich erhob mich vom Bett, setzte mich an den Sekretär und begann alles meinem Tagebuch zu schildern:
Liebes Tagebuch,
bisher schaffe ich es selbst dir gegenüber nicht, zu verraten, wie genau mein Leben mit Dennis ausgesehen hatte. Alles kommt viel zu oft in meinen Träumen hoch, das reicht! Ich weiß, Adnan meint es bloß gut. Er hat mir heute wirklich sehr geholfen. Als wir in alten Erinnerungen geschwelgt hatten, erinnerte ich mich ganz genau daran, wie gern ich damals mit ihm Körbe geworfen hatte, wie unwiderruflich verliebt ich in ihn war. Er wollte damals Zeit mit mir verbringen! Mit mir, dem hässlichen

Entlein von der Schule. Ja, so hatte ich mich damals gefühlt! Klar war Lucy meine beste Freundin, ist sie nach wie vor, wird sie immer sein. Aber Adnan war mein Rettungsanker. Ich hatte mich in seiner Gegenwart plötzlich nicht mehr ganz so klein und bedeutungslos gefühlt … und hatte seine Gegenwart in vollen Zügen genossen. Hätte ich damals nicht gesehen, wie er Nadine Remecke, ein Mädchen aus seinem Jahrgang, geküsst hatte, direkt an unserem Treffpunkt, hätte ich sicherlich jeden weiteren Tag mit ihm Basketball gespielt. Doch ich konnte es ab diesen Zeitpunkt nicht mehr, zog mich zurück. Heute dann hatten wir unser erstes Spiel seit dreizehn Jahren und diesen besonderen Moment zusammen, bei dem ich für den Bruchteil einer Sekunde dachte, er würde mich küssen. Es war Wahnsinn. Seine Hand berührte meine Hüfte, und ich spürte überall Hitze, sogar an den Zähnen und den Haaren. Es war wie Ecstasy. Aber natürlich wollte er mich nicht küssen. Das war einfach zu absurd. Ich bin immer noch verliebt in ihn! Aber er darf es nie erfahren.

***

Als ich am nächsten Morgen die Küche erreichte, entdeckte ich einen Zettel, der am Kühlschrank baumelte. Ich nahm ihn ab um zu sehen, was darauf geschrieben stand:

Guten Morgen, Lena,
ich musste leider schon früher im Krankenhaus sein. Wir sehen uns dann heute Abend. Ich wünsche dir einen schönen Tag.
Adnan

Hm, machte ich. Schade! Ich hatte mich schon so auf unser gemeinsames Frühstück gefreut! Was soll's, dachte ich weiter und schlurfte zum Kaffeeautomaten, um einen Becher befüllen zu lassen. Beide Hände schließlich um die Kaffeetasse geschlungen, winkelte ich ein Bein am Stuhl an und schaute gedankenverloren aus dem Fenster. Ich würde den Tag mit Bewerbungen schreiben verbringen – und mit ein wenig Hausputz. Denn wie ich erfahren hatte, gab es doch keine Putzfrau für die Wohnung. So konnte ich mich wenigstens etwas nützlich machen.

Adnan

Ich bin an diesem Morgen schon früher losgefahren. Vor Lena hatte ich behauptet, dass ich eher im Krankenhaus sein musste. Natürlich war das gelogen. Seit diesen Vorfall gestern Abend war ich noch immer ein wenig konfus und brauchte erstmal Zeit, um diese Empfindungen einzuordnen.
Ich betrat das Krankenhaus, grüßte Samia von der Pforte und erreichte in schnellen Schritten die Fahrstühle, fuhr hoch in die innere Medizin.
Viele Freunde hatte ich seit ich in Berlin war nicht sammeln können, da ich eher ein Einzelgänger war. Dennoch gab es da einen guten Freund und zwar Mike Hahnenkamp, Internist und früherer Studienkollege. Zuvor hatte ich ihn

angerufen und gefragt, ob er ein bisschen Zeit zum Reden hat. Mike, der glücklicher Single war, lebte schon fast in dieser Klinik.
Dreimal klopfte ich an sein Ärztezimmer, bis ich ein „Herein“ hörte. Ich machte die Tür auf und entdeckte Mike ein wenig verschlafen auf dem Bett sitzend.
„Moin, Adnan“, sagte er dennoch fröhlich und rieb sich die Augen.
„Morgen, Mike. Wie war der Nachtdienst?“
Er fuhr sich mit einer Hand durch seine kupferfarbenen Haare und zog eine Grimasse. „Frag nicht! Lauter Patienten, die nachts wegen so alltäglicher Wehwehchen wie Halsschmerzen oder Magenkrämpfe die Notaufnahme aufsuchen mussten. Wann kapieren die endlich, dass das hier kein Hausarztzentrum ist?“
Ich schnappte mir den Stuhl zu meiner Rechten und saß ihm rittlings gegenüber.
„Ja, solche wird es immer geben, echt ärgerlich.“
„Aber du wolltest mit mir sicher keine Patientengeschichten austauschen. Also, was ist passiert? Schieß los!“ Auffordernd sah mich Mike an und setzte ein süffisantes Grinsen auf.
Ich holte einmal tief Luft. „Ich habe dir ja erzählt, dass die beste Freundin meiner Schwester fürs Erste bei mir eingezogen ist. Sie muss hier erstmal Fuß fassen …“
„Und lass mich raten, du hast etwas mit ihr angefangen und jetzt ist die Wohnsituation kompliziert geworden“, fiel mir Mike ins Wort. Sein Grinsen wurde anzüglich.
„Nein, quatsch. Also, es gab da einen Moment zwischen uns beim Basketballspielen.“
Mike lachte auf, hielt sich dann allerdings eine Faust vor dem Mund, um sich zu zügeln.
Mein vernichtender Blick trug zusätzlich dazu bei, dass er die Klappe hielt.

„Ich kenne Lena schon seit sie elf ist. Sie war immer wie eine zweite Schwester, verstehst du? Hinzukommt, dass sie wirklich Schlimmes mit ihrem Ex durchgemacht hat, so schlimm, dass sie schließlich das Bundesland wechseln musste, um abschließen zu können oder vielmehr gesagt: Sie ist noch dabei."
„Verstehe." Mike sah wieder ernst aus. „Was fühlst du denn für sie?" Interessiert sah er mich an. Das Bett knarzte unter seinen Bewegungen.
Ich räusperte mich. „Sie ist wie gesagt eine Freundin aus Kindheitstagen. Sie gehört zu meiner Familie."
„Wenn du wirklich nur das in ihr siehst, brauchst du dir nicht weiter den Kopf zerbrechen." Mike stand auf, lief auf mich zu und legte mir eine Hand auf die Schulter. „Ich denke, du bist schon zu lange allein. Seit der Trennung von Veronika bist du keine Beziehung mehr eingegangen."
Noch nie zuvor wurde ich dermaßen ausgenutzt und betrogen wie von Veronika. Als ich sie damals in einer Bar kennengelernt hatte, schien es Liebe auf dem ersten Blick gewesen zu sein. Doch viel zu spät hatte ich erkannt, dass sie zweitgleisig gefahren war. Seitdem hatte ich keine Frau mehr eine richtige Chance gegeben, mich kennenzulernen. Der Schmerz saß noch tief und ein gebranntes Kind scheut bekanntlich das Feuer. Natürlich hatte ich One-Night-Stands hin und wieder, das war aber auch alles.
Ich schnaubte. „Ja, du hast wohl recht."
„Na klar. Du solltest einfach demnächst wieder mit mir auf die Piste gehen und dir ein Abenteuer suchen. Hand aufs Herz, wie lange hattest du schon keinen Sex?"
Ich verdrehte innerlich die Augen. „Seit zwei Wochen."
Das war gelogen. Es war schon sechs Wochen her.
„Na dann wird es aber Zeit! Wie wär´s, wenn wir heute Abend ins Mamba gehen?"
„Ein anderes Mal gerne, aber Lena ist erst seit zwei Tagen

hier und sie den ganzen Abend allein zu lassen, wo sie das doch schon den ganzen Tag ist, kann ich ihr nicht zumuten."
„Wie du willst. Melde dich einfach bei mir, wenn du wieder zur Verfügung stehst." Mike klopfte mir wohlwollend auf die Schulter.
Ich nickte stumm.

Nach diesem Gespräch fühlte ich mich besser. Vor meiner Schicht rief ich Lena an, um zu fragen, ob ich nach meinem Dienst etwas beim Asiaten für uns besorgen soll. Ich wollte nicht, dass sie sich verpflichtet fühlte, ständig Essen für mich zu kochen. Sie war einverstanden und wirkte am Telefon völlig unbefangen. Selbstzufrieden schob ich das Handy wieder in meiner Tasche.
So, jetzt kann ich viel besser arbeiten. Alles ist geklärt.
Rasch lief ich zu den Spinden, um mir meinen Kasack anzuziehen und machte mich mit neuem Elan ans Werk. Die Stunden verflogen im Nu. Ich hatte zwei Schlaganfall-Patienten zu behandeln, schrieb unter anderem Therapie-Pläne für einen Patienten mit Parkinson und für eine Patientin mit Multipler Sklerose und besprach den weiteren Verlauf mit meinen Kollegen. Außerdem wertete ich MRT-Bilder vom Gehirn aus. Gegen 17:00 Uhr machte ich dann Feierabend.
Als ich in mein Auto stieg, schien die Sonne noch immer erbarmungslos und heiß. Ich fasste mir an den Nacken und stellte fest, wie sehr ich wohl in den letzten zwei Stunden geschwitzt haben musste. Mein ganzes Shirt klebte.
Gleich als erstes Mal unter die Dusche springen.
Ich startete den Motor.
Das Klingeln meines Handys ließ mich abrupt innehalten. Ich zog das Smartphone aus meiner Tasche und schaute auf das Display. Es war Lena. Schnell nahm ich ab. Vielleicht hatte sie sich doch umentschieden und schon was gekocht.

„Hey, was gibt's denn?"
Mir gefror das Blut in den Adern, als ich Lena kurzatmig vor sich hin stöhnen hörte. „Lena, ganz ruhig", was ist passiert?", versuchte ich sie zu besänftigen.
„Adnan, bitte hol mich ab. Ich kann mich nicht mehr bewegen."
Ich musste versuchen, nicht wie der Teufel durch die Straßen zu rasen, nachdem Lena mir ihren Standort geschickt hatte. Es war die Adresse eines Supermarktes, nahe dem Zentrum der Stadt. Jedoch hatte sie am Telefon nicht weitersprechen können, lediglich ein „Nein" hatte sie auf meine Frage, ob ich einen Krankenwagen dorthin bestellen sollte, herausgepresst.
Hundert Gedanken schossen mir durch den Kopf. Was war nur geschehen? Inständig hoffte ich, dass sie nicht verletzt war.
Schließlich hielt ich auf dem Parkplatz des Supermarktes, stieg eilig aus dem Wagen und schaute fieberhaft auf das Display. Eine Fußminute trennte uns noch.
Sie muss hier ganz in der Nähe sein. Ich lief einmal quer über den Platz und erreichte schließlich den Hinterhof der Leergut-Annahme, wo ebenfalls ein Dutzend Autos geparkt hatten. Ich ließ meinen Blick über den Asphalt und dem Treppengelände, das sich vor mir erstreckte, schweifen. Dann entdeckte ich sie auch schon. Zusammengekauert hockte sie unter den Treppen. Augenblicklich hechtete ich zu ihr hinüber. „Lena, bist du verletzt?"
Sie schaute zu mir auf, zitterte wie Espenlaub. Zweifelsohne stand sie unter Schock. Ich hielt ihre Schultern fest. „Bitte, rede mit mir! Bist du verletzt?"
Lena wie ein Häuflein Elend da vor mir sitzen zu sehen, versetzte mir einen heftigen Tritt in die Magengrube. Schnell und flach atmete sie vor sich hin, griff nach ihrem Handy, das vor ihren Füßen lag und hielt es mir unter die Nase. Ich

nahm es in die Hand und las die Nachricht, die sie erhalten hatte:

Ich weiß, wo du bist, du kleine Schlampe. Wenn du nicht zu uns zurückkommst, werde ich dich töten.

Was hatte er mit "uns" gemeint? Gab es da noch mehr Personen, die involviert waren? Ich scrollte weiter, denn das war noch längst nicht alles gewesen.

Ich beobachte dich gerade. Du wirst mir nicht entkommen, du wertloses Stück Dreck. Letzte Chance. Fahr wieder nach Hause!!!

Ich werde dich an deinen langen blonden Haaren wieder nach Hause schleifen. Du stehst doch drauf, wenn ich dich an den Haaren zerre …

Keine Antwort? Okay, mein Messer ist schon gewetzt. Renn besser um dein Leben, Miststück!

Fassungslos legte ich das Handy beiseite und nahm Lena in die Arme. Diese umklammerte meinen Arm und begann zu wimmern.

„Ganz ruhig, er ist nicht hier." Mein Griff um sie wurde fester. „Er hat bloß gelogen, Lena, hörst du? Er ist weit weg und kann dir nichts anhaben. Es war bloß ein billiger Trick."

Nach etwa zehn Minuten in denen sich Lena endlich wieder gefangen hatte, zog ich sie auf die Beine und führte sie zu meinem Auto. Wir stiegen wortlos ein und fuhren nach Hause. Hin und wieder warf ich ihr einen kurzen Seitenblick zu, wollte mich vergewissern, dass sie emotional halbwegs stabil war. Zweifelsohne hatte sie ein schweres

Trauma. Es würde dauern, bis sie wieder ein halbwegs normales Leben führen konnte.
„Hast du ihn angezeigt? Weiß die Polizei über diese Drohungen Bescheid?", fragte ich dann unvermittelt.
Lena seufzte tief und antwortete: „Ich habe der Polizei bereits sämtliche Drohbriefe, Mails und Textnachrichten gezeigt. Ich habe ihn bestimmt dreimal blockiert, doch er nimmt immer wieder unter einer anderen Handynummer zu mir Kontakt auf."
Blanke Wut kroch in mir hoch. Dieses miese Schwein trieb weiterhin seinen Psycho-Terror mit Lena und war mehr oder weniger ein Phantom, das man genauso wenig greifen konnte wie Nebel.
„Verstehe", entgegnete ich und zog die Stirn kraus. Unweigerlich erinnerte ich mich an Dennis´ Textnachricht mit dem "uns" zurück.
„Gibt es da noch mehr Personen außer Dennis, die dich bedrohen?" Ich konnte im Seitenblick erkennen, wie sie nervös mit ihrem Bein auf und ab wippte.
„Nein", gab sie knapp zur Antwort.
Nickend richtete ich meine volle Aufmerksamkeit wieder auf den Straßenverkehr. Ich war mir ziemlich sicher, dass Dennis nicht rausbekommen hatte, dass sie bei mir in Berlin war. Denn sonst hätte er längst zugeschlagen. Das ganze Theater war nichts weiter als ein Bluff, ein kranker Versuch, sie wieder in seine Fänge zu bekommen.
In meiner Wohnung angekommen, wollte Lena sofort in ihr Bett. Ich konnte gut verstehen, dass sie schlafen, vergessen wollte. Hunger hatte sie keinen mehr gehabt, wie sie mir versicherte. Ich machte ihr einen Pfefferminztee, stellte den Becher auf ihrem Nachttisch ab und zog mit den Worten: „Ich bin jederzeit für dich da, wenn du reden willst oder sonst irgendetwas ist", die Tür leise zu.
Ich ging ins Wohnzimmer, zückte das Telefon und rief Lucy

an.
„Hallo Bruderherz, was gibt's?", nahm sie mit diesen Worten nach dem dritten Klingeln ab.
„Wieso hast du mir nicht mehr von Lenas Problemen berichtet? Ich hatte zum Beispiel keine Ahnung, dass dieser Dennis ihr Morddrohungen schickt!" Meine Stimme klang plötzlich vorwurfsvoller als beabsichtigt.
Ich ließ mich in die Polsterung meines Sofas sinken und streckte meine Füße auf den Wohntisch aus.
„Adnan, hör mal, Lena wollte nicht, dass du zu viel darüber erfährst, lediglich das Nötigste. Es ist ihr eben alles sehr unangenehm. Außerdem: Sie hat mir zwar die Briefe gezeigt, sich aber vor mir ebenso verschlossen. So und jetzt erzählst du mir bitte, was vorgefallen ist!", drang Lucy.
„Er hat sie erneut bedroht. Lena war gerade einkaufen, dann hat sie plötzlich so eine Panik gehabt, dass der Typ in der Nähe sein könnte, da hat sie sich irgendwo versteckt."
Unruhig schnaubte Lucy vor sich hin. „So ein mieses Arschloch! Er weiß definitiv nichts von ihrem Aufenthaltsort."
„Was macht dich so sicher?"
„Mama hat diesen Spinner vor etwa zwei Stunden noch die Straße zu unserer Häusersiedlung auf und ab gehen sehen und mich daraufhin angerufen. Lena hatte sie vor Jahren einmal bekannt gemacht. Deswegen weiß sie auch, wie er aussieht. Sie hätte am liebsten die Polizei gerufen. Aber so schnell, wie er auf und ab lief, ist er auch im Nullkommanix in sein Auto gestiegen; ehe sie zum Hörer greifen konnte. Keine Chance."
Verärgert biss ich mir auf die Lippen. „Ich werde gleich nochmal mit unseren Eltern telefonieren. Sie sollen vorsichtig sein! Wer weiß, wozu dieser kranke Vogel fähig ist." Dabei sog ich die Luft scharf ein.
„Keine Sorge. Sie haben einen Polizeibeamten schon darüber in Kenntnis gesetzt, dass er öfters in unseren Straßen

rumlungert. Dennoch ist es schwierig, die kommen ja nicht auf blauen Dunst vorbeigefahren."

„Leider ist es bei der Polizei auch so, dass sie erst einschreiten können, wenn etwas Konkretes vorgefallen ist. Ein paar Drohbriefe werden die nicht so schnell beeindrucken, leider."

„Das war ja auch nicht alles", merkte Lucy kleinlaut an.

„Äh, was ist denn passiert?"

„Hm, er hat ihr zuletzt in ihrer Arbeit aufgelauert und sie bedroht. Es gibt sogar einige Zeugen und ..."

„Und was?" Mir schnürte sich die Kehle zu.

„Also, Lena hat eine Aussage bei der Polizei gemacht, nachdem er ihren Kopf eingeschlagen hatte. Diese Prügeleien hatte sie viel zu lange stillschweigend über sich ergehen lassen."

„Meine Güte, das ist ja furchtbar!", stieß ich hervor und rieb mir mit der flachen Hand durchs Gesicht. „Das hättest du mir trotzdem sagen müssen, Lucy! Ich als Arzt habe Schweigepflicht, bin es gewohnt, etwas für mich zu behalten und hätte deine Informationen ganz sicher nicht vor Lena ausgeplaudert. Ich will ihr doch auch bloß helfen."

„Ja, du hast recht!", räumte Lucy reuevoll ein. „Etwas mehr hätte ich dir wirklich erzählen müssen."

Nach unserem Telefonat beschloss ich, noch einmal nach Lena zu sehen. Vorsichtig drückte ich die Türklinke herunter und hoffte, dass sie nicht abgeschlossen hatte. Erleichtert lugte ich schließlich durch den Türspalt. Sie atmete mit geschlossenen Augen ruhig vor sich hin. So leise wie möglich ging ich in ihr Zimmer und deckte sie zu. Einen Moment blickte ich in ihr schlafendes Gesicht. Sie war eine so hübsche Frau und hatte so einen Mist, den sie hier durchmachen musste, einfach nicht verdient!

„Schlaf gut, Lena, es wird alles wieder in Ordnung kommen", flüsterte ich ihr ruhig zu und bewegte mich auf leisen

Sohlen aus dem Zimmer. Die Tür ließ ich allerdings angelehnt.

***

Am nächsten Morgen wartete ich vergeblich darauf, dass Lena ihr Zimmer verließ, um mit mir zu frühstücken. Gern wollte ich versuchen, mit ihr in Ruhe zu sprechen, ihr noch einmal versichern, dass sie in Sicherheit war. Ich konnte nicht zulassen, dass sie sich in ihr Schneckenhaus zurückzog und niemanden mehr an sich ranließ. Da ich sie aber, falls sie wirklich noch schlief, nicht wecken wollte, heftete ich einen Zettel am Kühlschrank.

Guten Morgen, Lena,
bleib heute am besten zuhause und ruh dich aus. Ich rufe dich später an.
Adnan

Dann zog ich die Wohnungstür leise hinter mir zu.

***

„Hey, ich habe uns diesmal was vom Asiaten mitgebracht!“, rief ich in den Flur. Nach diesem anstrengenden Arbeitstag brauchte ich jetzt dringend etwas zwischen die Zähne.
„Lena?“, rief ich erneut. Keine Antwort.
Hm, hoffentlich ist sie nicht wieder rausgegangen und hat womöglich noch eine Panikattacke bekommen! Aber heute Mittag am Telefon hat sich Lena eigentlich wieder stabil angehört und relativ unbefangen.
Ich stellte die Tüte mit dem Essen auf dem Garderobenschrank ab, schlüpfte aus den Turnschuhen und durchlief die Räume, angefangen mit ihrem Zimmer. Fehlanzeige. Doch dann bemerkte ich, dass im Badezimmer noch Licht brannte. Das verriet mir der leicht geöffnete Türspalt. Ich

kam näher, klopfte mit den Fingerknöcheln gegen die Tür. „Lena, bist du da drin? Alles in Ordnung?"
Ich vernahm ein unruhiges Schnauben. Angst kroch in mir hoch, während ich vorsichtig die Tür öffnete.
Lena kniete auf dem Boden. *Ihre Haare, Grundgütiger!* Lange Haarsträhnen lagen überall verteilt auf den Fliesen. Sie bedeckten fast den ganzen Boden. Ihr Kopf war geschoren worden. Das Werkzeug dazu hielt sie noch in ihren Händen. Es war mein alter Haartrimmer.
Apathisch starrte Lena auf den Boden. Ich wusste nicht genau, ob sie mich wahrgenommen hatte oder sich gerade wieder in eine Art Schockzustand befand. Ich kniete mich vorsichtig zu ihr nach unten, legte eine Hand auf ihre Schulter. Unwillkürlich zuckte sie zusammen.
„Adnan", sagte sie erstaunt und ertappt zugleich, als hätte ich sie gerade aus einem Schlaf geweckt und sah mich mit tränengefüllten Augen an. Auf ihrem Kopf waren bloß noch winzige Haarstoppel, sie hatte quasi eine Glatze.
„Lena, komm, steh erstmal mit mir auf", forderte ich sie behutsam auf und nahm ihre Hand, zog sie langsam auf die Beine. Ich konnte erkennen, dass sie noch immer verwirrt war. Ihre Beine zitterten. Mit beiden Händen hielt ich sie an den Schultern fest, führte sie ins Wohnzimmer und drückte sie ins Sofa. Durch die dünne, graue Leggins und das enge weiße Shirt, das sie am Leib trug, konnte ich ihre schmächtige und teils abgemagerte Figur deutlicher als je zuvor erkennen. Sie war ein Wrack.
Lena vergrub das Gesicht in beiden Händen. Meine verwirrten Blicke waren ihr verständlicherweise gänzlich unangenehm.
„Ich will nicht, dass du mich so siehst", murmelte sie vor sich hin.
„Dir braucht bei mir überhaupt nichts peinlich zu sein, Lena."

Mit einer Hand streichelte ich ihren Rücken und versuchte damit ihrer unruhigen Atmung entgegenzuwirken. Es schien zu funktionieren, denn sie wirkte etwas ruhiger und schaffte es endlich, mich anzusehen. Tief atmete sie ein und aus, schloss für einen Moment die Augen. Eine Träne kullerte ihr die Wange hinunter. Dann öffnete sie wieder die Augen, um mich anzusehen. Unsicherheit und Angst las ich aus ihrem Blick. Instinktiv zog ich sie in meine Arme.
Daraufhin schluchzte sie voller Schmerz auf.
„Lass es raus!“, bekräftigte ich sie und hielt sie noch fester an mich gepresst. Lena weinte, ihr ganzer Körper bebte. Ich spürte ihren Schmerz, den sie viel zu lange schon mit sich herumgeschleppt hatte.

Es vergingen Minuten, eine halbe Stunde, bis sie schließlich auf der Couch eingeschlafen war. Vorsichtig löste ich mich von ihr. Mein Shirt war durchnässt von ihren Tränen. Sachte schob ich ihren Kopf auf eines der Kissen und platzierte ihre Füße am anderen Ende.
Sie ist vollkommen erschöpft. Warum hat sie das getan? Welcher Teufel hat sie geritten, dass sie ihre schönen, langen Haare abrasiert hat?
Der Appetit war mir eindeutig vergangen. Immer noch fassungslos, setzte ich mich auf den gegenüberliegenden Sessel und sah zu, wie sie friedlich vor sich hin schlief. Lena brauchte Ruhe. Danach würde sie mir hoffentlich von sich aus erklären, warum sie sich an meinem Trimmer vergangen hatte. Doch plötzlich erinnerte ich mich an Dennis' Drohnachricht zurück: *Ich werde dich an deinen langen blonden Haaren wieder nach Hause schleifen. Du stehst doch drauf, wenn ich dich an den Haaren zerre …*
Wahrscheinlich hatte er ihr noch so eine Nachricht in der Art geschickt. Zumindest würde dies halbwegs ihren

Blackout erklären.

Ich schlief vor Erschöpfung selbst irgendwann ein und wurde mitten in der Nacht wach. Ich knipste die Stehlampe an und warf einen Blick auf Lena, die nach wie vor tief und fest schlummerte. Dunkelheit und eine unheilvolle Kälte erfüllten den Raum. Ich rieb mir fröstelnd über den Arm und erhob mich.
Bedachtsam und so sanft wie möglich, nahm ich sie auf den Arm und trug sie in ihr Zimmer. Gleichmäßiger Atem stieß gegen mein Ohrläppchen. Beide Arme schlang Lena um meinen Hals.
„Adnan“, murmelte sie im Halbschlaf vor sich hin, als ich sie sachte auf ihr Bett ablegte.
In diesem Moment bekam ich trotz der schockierenden Umstände eine angenehme Gänsehaut und mein Herz machte einen kleinen Hüpfer. Zärtlich strich ich ihr über die Wange. „Ich bin da, Lena.“
Ich knipste das Nachtlicht an, um sie noch einmal genauer betrachten zu können. Ihr blasses, ebenmäßiges Gesicht, die geschwungenen Lippen, die kleine Stubsnase, das alles war sie. Mit oder ohne Haare war sie nach wie vor wunderschön. Ich löschte das Licht.
„Gute Nacht“, wisperte ich ihr zu und verließ das Zimmer.

Lena

Ich rieb mir über meinen kahlen Kopf, spürte die kleinen, feinen Haarstoppel. Es war so ungewohnt, so befremdlich. Schon fast Mittag, stellte ich fest, als ich auf mein Handy guckte und zwei Anrufe in Abwesenheit von Lucy entdeckte. So tief wie ich geschlafen hatte, hatte ich es nicht

einmal im Halbschlaf mitbekommen.
Ich kann mir denken, warum sie mich dringend erreichen wollte. Adnan muss ihr die Sache von gestern Abend erzählt haben! Toll ...
Ich hatte nicht das Bedürfnis, meine Handlung vor meiner besten Freundin zu rechtfertigen, jedenfalls nicht jetzt.
Immer noch hatte ich mich nicht getraut, mein Zimmer zu verlassen. Denn ich wusste, dass Adnan an diesem Samstag frei hatte. Sicher erwartete er eine Erklärung für mein krankes Verhalten gestern, das ich mir selbst kaum erklären konnte.
Ein wenig angespannt schaute ich aus dem Fenster. Der Himmel war blau und wolkenlos. Die Sonne schickte warme Strahlen auf das kleine Stück Wiese, auf dem sich ein Meer von Gänseblümchen tummelte. Vögel zwitscherten fröhlich vor sich hin. Diese Harmonie bildete einen deutlichen Kontrast zu meinem düsteren Innenleben.
Ich ging hinüber zu meiner Schreibecke, holte mein Tagebuch hervor und machte den nächsten Eintrag:
Liebes Tagebuch,
ich weiß nicht, was mit mir los ist. Ich habe keine Kraft mehr, denn ich kriege mein Leben einfach nicht mehr in den Griff. Meine Konzentration macht mir in letzter Zeit wieder übel zu schaffen, so dass ich meiner Meinung nach keine vernünftigen Bewerbungen schreiben konnte. Ein paar geeignete Stellen als Bürokauffrau habe ich zwar gefunden, aber wer stellt so jemand Verpeilten denn ein? Die Stelle, die ich am Empfang hatte, war für mich gut. Ich hatte zwar hin und wieder ein paar Probleme, weil ich mich schlecht konzentrieren

konnte. Aber ich hatte es hinbekommen. Aber das ist ja noch nicht mal das Schlimmste, das ich dir zu berichten habe! Dennis hat mich erneut angeschrieben und gedroht, mich zu töten, wenn ich nicht zu ihm zurückkehre. Aber eher bringe ich mich um! In dieser Hölle werde ich kein zweites Mal leben! Wenn Adnan mir nicht geholfen hätte, wäre ich aufgeschmissen gewesen. Er ist mein Rettungsanker. Gestern Abend, als Dennis mir geschrieben hatte, dass er es vermisst, meine langen blonden Haare zu ziehen und dass er sie mir diesmal rausreißen wird, da fühlte es sich auf einmal so an, als würden Tausende von Glassplittern in meinem Gehirn zerknacken. Ich wollte nicht mehr im Ansatz auf irgendeine Weise attraktiv oder weiblich wirken. Ich wollte nicht mehr Lena Höfer sein, sondern irgendwer anders. Ja, ich habe mir den Kopf geschoren und jetzt eine Glatze. Ich traue mich nicht, Adnan unter die Augen zu treten. Er hat das Fiasko gestern live miterlebt. Dennoch: Ich war nicht mehr Herr meiner Sinne gewesen. Ich schäme mich so sehr! Er muss mich für komplett geisteskrank halten, was ich ja wohl auch bin. Er braucht so eine kaputte Frau nicht in seinem Freundeskreis. Ich muss versuchen, bald hier auszuziehen, denn ich will kein Klotz mehr am Bein für ihn sein. Endlich möchte ich mein eigenes Leben führen können.

Betrübt klappte ich das Tagebuch zu, legte es in die Schublade zurück und lief ruhelos im Zimmer auf und ab, schaute in den Wandspiegel und sah eine andere Frau darin. Sie hatte zwar immer noch blaue Augen, aber diese waren dunkler, irgendwie düster und das Gesicht blasser und ohne Haare so anders, so fremd. Ich wandte mich von dieser hässlichen Frau im Spiegel ab, denn ich konnte ihren Anblick nicht ertragen.
Ein Klopfen an der Tür durchbrach die Stille. „Lena, bist du wach? Darf ich reinkommen?“, fragte Adnan mit einer recht verhalten klingenden Stimme.
Ich schluckte hart, rieb mir nervös den Kopf.
Scheiße! Ich will in einem Mäuseloch leben!
„Ja, einen Moment nur“, erwiderte ich und lief zurück ans Fenster, stand abgewandt mit verschränkten Armen vor der Brust da und verfolgte das unruhige Klopfen meines Herzens.
Er hat dich längst so gesehen, Lena! Verstecken ist zwecklos.
„Du kannst reinkommen“, sagte ich mit zittriger Stimme. Ich hörte Schritte, sie kamen näher. Das Hämmern in meiner Brust wurde immer lauter. Dann fühlte ich seine Hände auf meiner Schulter, spürte seine Wärme und atmete seinen Duft ein. Das tat gut. Am liebsten wäre ich ihn jetzt in die Arme gefallen wie gestern. Dennoch war die Scham viel größer.
„Hey, du brauchst dich vor mir wirklich nicht verstecken, Lena! Ich bin´s, der bekloppte Bruder deiner Freundin!“, witzelte er und streichelte mir mit einer Hand sanft über den Rücken, so dass ich für einen Moment erschauderte. „Du brauchst dich vor mir für gar nichts rechtfertigen. Ich verlange auch keine Erklärung von dir, okay? Du wirst schon deine Gründe gehabt haben“, redete er scheinbar unbefangen weiter.
Er war so lieb und süß, dass ich unweigerlich schmunzeln

musste. Doch dann erinnerte ich mich wieder an mein grauenvolles Spiegelbild von vorhin.
Daran hättest du vorher denken sollen, Lena! Du kannst jetzt wohl schlecht ständig mit einer Tüte auf dem Kopf rumrennen. Aber vielleicht besorg ich mir eine Mütze oder besser noch eine Perücke ...
Zaghaft drehte ich mich schließlich zu ihm um, zupfte nervös am Saum meines Nachtshirts herum und sah in seine samtigen Augen, die so viel Geborgenheit ausstrahlten. Ein Lächeln umspielte sein Gesicht.
„Na, geht doch!"
Sonnenlicht tanzte auf seiner Nasenspitze, verfing sich in seinen Haaren. Er war wunderschön - und ich war ein Glatzkopf!
Beschämt blickte ich zu Boden. Mit einem Finger hob Adnan mein Kinn an, so dass ich in ansehen musste, bemerkte die kleinen Grübchen, die sich auf seiner Wange gebildet hatten und die gleich einen ganzen Schwarm Schmetterlinge durch meinen Bauch jagte.
„Nicht jeder Frau steht dieser Look. Aber dir und Sinéad O'Connor schon. Wobei er dir sogar besser steht. Mit einem hübschen Gesicht kann man alles tragen", sprach er weiter und griff nach meiner Hand.
Ich musste lächeln, und mir wurde ganz warm.
„So, wir beide gehen jetzt was essen und danach ein paar Körbe werfen", beschloss er und zog mich mit sich.

Ich war in keiner guten Verfassung und versemmelte jeden zweiten Korb. Nach etwa zehn Minuten hörte ich auf zu spielen und setzte mich auf die Holzbank, die sich zu unserer Rechten erstreckte, blickte in den Himmel und atmete unruhig ein und aus. Eigentlich hatte Adnan dieses Wochenende vorgehabt, mir mehr von der Stadt zu zeigen. Aber so, wie ich momentan aussah, war draußen im

Hinterhof zu hocken, das Einzige, was ich mir gerade eben zutraute.
Nachdem Adnan noch ein paar letzte Körbe geworfen hatte, gesellte er sich zu mir. Den Oberkörper hatte er nach vorn gerichtet, beide Hände auf seinen Schoß gelegt und schaute in meine Richtung. Ich war zurückgelehnt und bekam alles aus den Augenwinkeln mit.
„Bisher hast du mich immer geschlagen. Aber hey, jeder hat mal einen schlechten Tag."
Ich hielt das einfach nicht mehr aus.
„Hör auf damit, bitte!", entfuhr es mir schärfer als beabsichtigt.
Ernst sah ich ihn an. Adnan erwiderte mit zusammengezogenen Brauen meinen Blick. „Was meinst du?"
Ich schnaubte, wiegte den Kopf nach rechts. „Adnan, bitte! Ich will nicht, dass du dir wegen mir Umstände machst und dich verpflichtet fühlst, mich auf irgendeiner Weise wieder aufzubauen. Ich bin kaputt und will kein Mitleid dafür!"
Er schüttelte den Kopf.
Ich sah irgendetwas in seinen Augen aufflackern, wobei ich mir nicht sicher war, ob es Entschlossenheit, Ärger oder beides war.
„Erstens fühl ich mich nicht verpflichtet, mit dir Zeit zu verbringen, ich tue das gerne. Zweitens bereitet es mir keine Umstände und drittens", er hielt inne, blinzelte ein paar Mal entgegen der Sonne, „ich habe kein Mitleid für dich! Ich kann nachvollziehen, dass das, was dir in deiner Vergangenheit passiert ist, schwierig war. Wieso darf ich dir kein guter Freund sein?"
Oh ja, er ist definitiv ein bisschen verärgert, gekränkt oder sowas ...
Ich stieß Luft aus, biss mir auf die Unterlippe. „Tut mir leid, klar kannst du das", räumte ich kleinlaut ein. „Es ist nur, es ist nur ..."

„Es ist nur was?"
Adnan zog meine Hand auf seine Knie, sah mich dabei konzentriert an. Es schien, als ob seine Hand kleine Funken aussenden würde. Hitze strömte wellenartig durch meinen Körper. Mit einem Mal fühlte ich mich so lebendig.
„Es ist schwer mit allem abzuschließen, wenn er immer noch über mir zu schweben scheint." Ich schluckte den dicken Kloß, der sich in meiner Kehle gebildet hatte, herunter. „Ich möchte auch endlich wieder einen Job. Es ist mir nicht recht, dass ich ... dass ich dir auf der Tasche liege. Außerdem willst du irgendwann ... irgendwann wieder ..." Zu meinem Ärger ließ ich erneut meinen Satz abreißen und starrte zu Boden, eine Hand in meinen Nacken geschlungen. Mein Kopf war leer. Es fiel mir ohnehin schon schwer, mich zu konzentrieren. In seiner Nähe war das noch schwieriger.
Ich hörte Adnan tief ausatmen. „Du meinst, dass ich meine Wohnung für mich alleine will? Das ist absoluter Quatsch!" Er lachte auf. „Ich bin ganz froh, eine Mitbewohnerin zu haben. Und bitte mach dir wegen der Jobsuche keine Gedanken oder Druck. Ich verdiene wirklich nicht wenig, und du gehörst doch zu meiner Familie. Sicher wirst du bald eine neue Arbeitsstelle finden. Doch alles zu seiner Zeit."
Seine unkomplizierte Art rührte mich. Wieder musste ich lächeln. „Danke für dein Verständnis und überhaupt für deine Hilfe." Ich traute mich, eine Hand auf seine Schulter zu legen. „Ich habe ja ein paar Büro-Stellen ins Auge gefasst und war schon dabei, Bewerbungen zu schreiben. Doch ich konnte mich einfach nicht richtig konzentrieren. Normalerweise hätte ich sie längst abgeschickt."
„Du hast das öfters mit der Konzentration, habe ich recht? Damals in der Schule, da hast du das auch schon gesagt."
„Ja, stimmt. Ich war nie so gut in der Schule. Mir ist es eben schwerer gefallen."

„Das mein ich nicht damit." Mit einem undeutbaren Blick bedachte Adnan mich nun und rieb sich das Kinn.
Ich zog die Stirn kraus. „Was meinst du?"
„Ich habe in den letzten Tagen mitbekommen, dass du des Öfteren unruhiger, unkonzentrierter warst. Manchmal sogar etwas fahrig. Ich meine, das kannte ich auch schon früher bei dir."
Das lag wohl an dir, dachte ich bloß und sah ihn gespannt an.
„Ich habe da eine Theorie, aber dafür müssten wir erst ein paar Tests machen."
„Tests?" Ich öffnete irritiert den Mund und schüttelte den Kopf.
„Ich glaube, dass es ADHS sein könnte. Bei Kindern macht sich das mit Zappeln und Unruhe bemerkbar. Erwachsene haben stark mit ihrer Konzentration zu kämpfen, brauchen oft für alltägliche Dinge bedeutend länger."
Könnte er recht haben? Immerhin war er Arzt. Was, wenn all die Jahre in denen ich mich als unfähiger Trottel betrachtet hatte, bloß eine Konzentrationsschwäche schuld war?
„Würdest du am Montagvormittag zu mir in die Praxis kommen?"
Ich sollte mich von ihm "untersuchen" lassen? Von dem Mann, der die heftigsten Gefühle in mir auslöste, die ich je empfunden hatte? Bei dem Gedanken war mir mulmig zumute.

***

Es war das entspannteste und harmonischste Wochenende, das ich je geführt hatte. Adnan hatte sich rührend um mich gekümmert. Wir waren spazieren, hatten einen Serien-Marathon auf Netflix gestartet und zusammen Pizza gemacht. Jede einzelne Sekunde mit ihm hatte ich genossen.

Doch es war Montag und das Wochenende vorüber. „Würdest du am Montagvormittag zu mir in die Praxis kommen?“, schwirrten mir Adnans Worte im Kopf herum.
Oh Gott! Worauf habe ich mich da bloß eingelassen?
Ich hatte bereits ein einstündiges Telefonat mit Lucy hinter mich gebracht. Immer wieder wollte sie fassungslos von mir wissen, warum ich mir meine Haare abgeschnitten hatte. Partout hatte ich ihr keine plausible Erklärung liefern können, bis auf diese impulsiven Gefühle, die mich beschlichen hatten. Aber scheinbar war das bereits die vollständige Erklärung.
Widerwillig verließ ich das warme Bett. Es war 06:00 Uhr in der Früh. Schnell wollte ich noch duschen, bevor ich das Frühstück vorbereiten würde. Ich tapste in den Flur. Eilig riss ich die Badezimmertür auf und war gerade im Begriff, mir mein Nachthemd über den Kopf auszuziehen, als ich Adnan bemerkte, der plötzlich aus der Dusche stieg. Ich erstarrte zur Salzsäule.
Grundgütiger, er ist nackt! Natürlich ist er nackt, Lena! Oder hast du vielleicht mal jemanden angezogen duschen sehen?
Ich konnte den Anblick, wenn er auch schön war, nicht genießen. Es war definitiv das Peinlichste, was mir je passiert war und stellte zweifellos den Vorfall mit dem “Runterhol-Buch“ in den Schatten.
Schnell drehte ich mich um. „Es tut mir leid! Ich hätte anklopfen sollen“, murmelte ich noch halb unmissverständlich vor mich hin und flüchtete hinaus.
„Schon okay“, rief er mir hinterher.
Wieder einmal verärgert über meine Verpeiltheit schlurfte ich in die Küche, machte mich an der Spülmaschine zu schaffen, die ausgeräumt werden wollte. Ich musste jetzt was tun, irgendwas. Wenn ein Preis für Peinlichkeit verliehen werden würde, wäre ich sicherlich die Abräumerin. Wieso hatte ich keine Geräusche mitbekommen, wie

Wassergeplätscher oder sowas? Verärgert klapperte ich mit den Tellern, räumte sie in den Schrank und wurde schlussendlich von ihm gerufen.
„Du kannst jetzt ins Bad." Adnan stand am Türrahmen gelehnt und sah mich amüsiert an. Wahrscheinlich war ihm der feuerrote Kopf, den ich sicherlich gehabt haben musste, nicht entgangen. Er trug ein graues, sportliches Hemd und schwarze Jeans. Unweigerlich tanzte das Bild von seinem Sixpack und der Anblick eine Region tiefer vor meinem geistigen Auge auf und ab. Höchstwahrscheinlich hatte es sich in meinem Gedächtnis eingebrannt. Ich kniff kurz die Augen zusammen und nickte, dann presste ich ein „Alles klar" zwischen meinen Zähnen und rettete mich ins Bad. Abkühlung war jetzt nicht das Schlechteste!

***

Nach dem Frühstück – Adnan hatte sich zu meiner Erleichterung nichts weiter anmerken lassen – fuhren wir zusammen zur Uniklinik. Ich trug ein schwarzes, langes Sweatshirt und verbarg meinen Kopf unter der Kapuze. Ich müsste wohl in der nächsten Zeit als Grufti unter die Leute treten. Sei es drum! Besser ein Grufti als ein Glatzkopf, dachte ich und durchlief den weißen, breiten Flur. Es roch nach Krankheit und Desinfektionsmittel, was mir ein flaues Gefühl in der Magengegend verschaffte. Adnan war zu seiner Frühbesprechung aufgebrochen. Er hatte mir einen Termin für 09:00 Uhr zugesichert. Trotz einem vollen Terminplan hatte er mich dazwischengeschoben. Wenn ich ehrlich war, wäre ich auch zu keinem fremden Arzt gegangen. Wahrscheinlich hatte Adnan das geahnt. Ich machte mir schon Gedanken, wie dieser Termin wohl gleich mit ihm ablaufen würde. Hatte ich wirklich ADHS? Ich wusste jedenfalls eins: In den ganzen, bereits verstrichenen Tagen, hatte ich es nicht geschafft, eine vollständige Bewerbung zu schreiben. Meine Gedanken waren ständig abgeschweift. Auch bei der Hausarbeit konnte ich mich sehr lange nicht entscheiden, ob ich lieber zuerst wischen, Wäschewaschen oder Staub putzen sollte. Meist kam es mir nach einem Tag so vor, als wäre ich in einem Hamsterrad am Strampeln, ohne es da heraus zu schaffen. So, als ob ich einfach nichts auf die Reihe kriegen würde, jedenfalls nicht viel.

Nach einem Besuch in der Cafeteria stieg ich in den Fahrstuhl, fuhr in die vierte Etage und näherte mich schließlich der Tür zu seiner Praxis.

Das Zimmer war äußerst groß, besaß keine Fenster. Die Deckenlampen beleuchteten jeden Winkel. Die Tapeten waren mintgrün. Der Duft von Desinfektionsmittel legte sich erneut beißend in meine Nase. Ein großer Schreibtisch erstreckte sich auf der linken Seite, an dem Adnan bereits saß und mir zuversichtlich zunickte. Ihn in seinem Arztkittel zu sehen, der enorm viel Autorität ausstrahlte, war äußerst ungewohnt.

Auf der rechten Seite gab es eine Liege, daneben befand sich ein Drehstuhl und ein Monitor, der auf einen schwarzen Roll-Tisch platziert worden war.

„Setz dich doch! Und nimm die Kapuze wieder runter“, forderte er mich auf.

Das war also sein Arbeitsplatz, jedenfalls hauptsächlich. Er hatte mir natürlich schon einiges darüber erzählt, aber jetzt fühlte es sich natürlich viel greifbarer an. Sein Spezialgebiet war das menschliche Gehirn. Alles drehte sich um Gehirnströme, Reaktionen und wie es aufgebaut war, wie es funktionierte. Irgendwie ein bisschen gruselig. Unruhig atmend kam ich seiner Bitte nach.

„In Ordnung, Lena. Ich muss als erstes von dir Folgendes wissen: Sind Symptome wie Unruhe, Unkonzentriertheit oder Impulsivität bereits in früher Kindheit aufgetreten?“

Ich holte tief Atem. „Ja, also ich habe mit etwa neun Jahren das erste Mal gemerkt, dass ich bei Lernstoffen hinterherhinke. Es fiel mir sehr schwer zu folgen und mich auf eine bestimmte Sache zu konzentrieren."
„Wie äußert sich das?", fragte er weiter und sah mich interessiert an.
Plötzlich musste ich wieder an unsere Begegnung von vorhin im Bad denken. *Reiß dich zusammen, Lena!*
Schnell schüttelte ich den Kopf.
„Alles in Ordnung?", wollte er wissen und sah mich ruhig an.
Er wird nie mehr in mir sehen als eine Schwester oder jetzt eine Art Patientin.
Ich zwang mich, meine Gedanken beiseite zu schieben und endlich seine Frage zu beantworten. „Nun, ich verspüre oft so eine innere Unruhe, so eine Rastlosigkeit. Ich kann mich nicht lange auf eine Sache konzentrieren und mache schon parallel wieder eine andere. Und ich habe sehr oft das Gefühl, den ganzen Tag mit irgendetwas beschäftigt zu sein, aber doch so gut wie nichts zu schaffen."
„Danke. Das war sehr aufschlussreich", meinte Adnan und führte dann ein paar Tests mit mir durch.
Zuerst sollte ich mit geschlossenen Augen, den Zeigefinger meines ausgestreckten Armes zur Nasenspitze führen, was mir ohne Probleme gelang. Dann musste ich Buchstaben von einer Tafel ablesen, die etwa drei Meter von mir entfernt stand. Auch dies gestaltete sich als einfach. Zum Schluss leuchtete er mit einer Lampe in meine Augen. Nachdem ich ein zufriedenes Nicken wahrnahm, streckte er mir einen Stapel zusammengeheftete Blätter entgegen.
„Das ist ein ADHS-Selbstbeurteilungsbogen. Ich habe ihn von meinem Kollegen, der Psychiater ist, bekommen. Nimm ihn ruhig mit nach Hause und fülle ihn in Ruhe aus. Dann gibst du ihn mir einfach zurück."

Ich nahm den Bogen entgegen, rollte ihn zusammen und steckte ihn in meine Handtasche.
Mit einer erkennbaren Zuversicht in seinen Augen lächelte Adnan mich an. „Es wird alles gut."
Ich nickte bloß, wünschte ihm noch einen schönen Arbeitstag und verließ dann sein Büro.

***

Nach einer Busfahrt mit unruhigem Grummeln im Bauch, schloss ich erleichtert die Wohnungstür hinter mir zu und ließ mich auf eines der Küchenstühle plumpsen.
Diese Panikattacken! Dennis hat wirklich nur geblufft. Es war nur der kranke Versuch, mich wieder gefügig zu machen. Du bist hier sicher.
Ich zog den Bogen aus meiner Tasche, griff mir einen Kugelschreiber aus einer der Küchenschubladen und begann aufmerksam zu lesen.
Wie oft haben Sie Probleme, die letzten Feinheiten einer Arbeit zum Abschluss zu bringen, nachdem Sie die wesentlichen Punkte erledigt haben?
Zur Antwortmöglichkeit standen: *Niemals, Selten, Manchmal, Oft und Sehr oft.*
Hm, überlegte ich, kreuzte schließlich *"Oft"* an und las weiter:
Wie oft haben Sie Schwierigkeiten, Dinge auf die Reihe zu bringen, wenn Sie eine Aufgabe zu erledigen haben, die Organisation erfordert?
Niemals, Selten, Manchmal, Oft und Sehr oft
Ich überlegte wieder und erinnerte mich daran zurück, als ich einmal für meinen Chef einige Termine verlegen musste und dafür sicherlich über eine Stunde gebraucht hatte. Es

war unsagbar anstrengend für mich gewesen, das alles vorweg in meinem Kopf zu sortieren. Also kreuzte ich *"Sehr oft"* an.

Wie oft haben Sie Probleme, sich an Termine und Verpflichtung zu erinnern?

Niemals, Selten, Manchmal, Oft und Sehr oft Oh Gott, da fiel mir sofort die Geschichte ein, als ich meinen letzten Arzttermin beim Gynäkologen verpennt hatte oder als ich einmal an einem falschen Tag zu einem Termin erschienen war. Ich notierte mir seitdem alle Termine sorgfältig in einem Kalender. *Gut, dann wohl "Oft".* Ich fuhr fort.

Wenn Sie eine Aufgabe haben, die viel Überlegung erfordert - wie oft verzögern Sie den Beginn?

Ich schluckte und kreuzte *"Sehr oft"* an.

Wie oft "zappeln" Sie herum oder "verknoten" Hände oder Füße, wenn Sie längere Zeit still sitzen müssen?

Leider sehr oft, musste ich feststellen. Ich hatte Probleme damit für einen längeren Zeitraum einfach nur dazusitzen. Ich brauchte immer Bewegung, entweder mit meinen Händen oder mit meinen Füßen.

Nachdem ich mit dem Bogen fertig war, hatte ich hinter jeder Frage ein Häkchen hinter *"Oft"* oder *"Sehr oft"* gesetzt. Puh, manche meiner Gewohnheiten waren mir erst in diesem Moment richtig bewusst geworden. Es war verrückt.

Adnan

Ich studierte in Ruhe Lenas ausgefüllten Bogen, nachdem ich sie gebeten hatte, solange auf dem Hinterhof ein paar Körbe zu werfen. Ihrer Miene nach zu urteilen, wusste oder ahnte sie schon, wohin ihre Antworten führen würden. Auch mir wurde nach jedem weiteren angekreuzten Wort klar, dass meine Vermutung richtig gewesen war. Lena litt an ADHS. Ich atmete schwer und rieb mir über den Bart, nachdem ich den Bogen vollständig ausgewertet hatte und zur Seite legte. Ich ging hinüber zum Kühlschrank um zwei Pepsis rauszuholen. Dann lief ich nach draußen auf den Hinterhof, beobachtete, wie Lena dribbelte und Körbe warf. Trotz ihrer Konzentrationsschwäche traf sie fast jeden Korb. Erstaunlich, dachte ich. Ich musste schmunzeln und beobachtete sie einen Augenblick. Es faszinierte mich auf eine unbekannte Art und Weise. Sie trug ein weißes Trikot mit der Nummer sieben, das sie sich in ihre grauen Shorts gestopft hatte. Sie war so zierlich wie eine Elfe, dennoch warf sie den Ball so kräftig wie ein Riese.

Viele graue Wolken tummelten sich am Himmel. Laut Wettervorhersage würde gleich ein Gewitter einsetzten.

„Hey", rief ich, stellte die beiden Pepsi-Flaschen auf der Bank ab und lief auf sie zu.

Wortlos warf sie mir den Ball entgegen, den ich mit beiden Händen schnappte und zielsicher in den Korb warf.

„Komm, ein Spiel noch, bevor es gleich regnet", sagte ich enthusiastisch.

„Erst, wenn du mit mir Klartext geredet hast."

Sie setzte sich auf die Bank und sah mich auffordernd an.

Ich stieß Luft aus, legte den Ball auf dem Boden ab und nahm neben ihr Platz, reichte ihr ein Getränk, das sie zischend aufmachte und daran nippte. Unruhe flackerte in ihren Augen auf, kleinen Fältchen hatten sich um ihre Nase gebildet. Ein paar Mal blinzelte sie und strich mit den

Fingerspitzen ihr Shirt glatt.
„Gut. Deinen Antworten nach zu urteilen, liegt die Wahrscheinlichkeit für ADHS bei bis zu 97 Prozent." Forschend sah ich sie an. Lena kräuselte die Stirn und schien das Gesagte gerade für sich zu verarbeiten. Ich legte die Hände in den Schoß und wartete geduldig ab.
Es verstrich keine Minute, da sagte sie plötzlich: „Mach doch nicht so ein Gesicht, Adnan." Sie nahm meine Hand, als ob sie mich trösten wolle. „Ich habe doch kein Krebs! In den letzten Jahren oder eigentlich schon immer habe ich das Gefühl gehabt, dass etwas mit mir anders verläuft als bei den anderen. Es hatte sich oft wie ein Sturm im Kopf angefühlt. Ich wollte gedanklich etwas greifen, was sich mir immer wieder entzog. Es schien so, als wolle ich eine Zigarette mit einem Gabelstapler aufheben. Wenigstens habe ich jetzt eine Erklärung dafür. Oft hatte ich mich in der Schule für unfähig und dumm gehalten. Ich meine, das stimmt ja jetzt nicht ganz."
Entschieden schüttelte ich den Kopf und drückte leicht ihre Hand. „Ich habe dich nie für dumm gehalten. Im Gegenteil: Du bist eine begabte und intelligente Frau. Jetzt kannst du an dieser Schwäche arbeiten, lernen besser damit umzugehen. Ich werde gleich morgen einen guten Bekannten von mir anrufen, der Psychiater und mir noch was schuldig ist. Sicherlich bekommst du zeitnah einen Termin. Er ist wirklich großartig in seiner Arbeit und seine Praxis liegt ganz in der Nähe ..."
„Ich will nicht zu einem Seelenklempner", unterbrach sie meinen Satz und zupfte nervös mit den Fingern an ihrer Unterlippe herum. Ein Bein ließ sie auf und ab wippen und starrte auf den Asphalt. Wind kam auf. Aus der Ferne hörte man ein leises Grollen. Ich nahm einen Schluck Pepsi.
„Deine Lage kann sich aber nur bessern, wenn du dir von einem Fachmann helfen lässt. Dr. Tillmann ist spezialisiert

auf solche Diagnosen", sprach ich weiter, rückte ein Stück näher an sie heran und versuchte aus ihr schlau zu werden. Lena wirkte verletzlich wie ein kleines Kind, leider auch genauso trotzig. „Warum bist du so stur? Wovor genau hast du Angst?", fragte ich weiter und merkte plötzlich, wie sehr ich mich über ihre Abwehr aufregte.
Lena schnaubte und zog beide Brauen zusammen. „Ich komme dann in Therapie, muss, wenn ich Pech habe, auch noch irgendwelche Pillen schlucken und zu allem Überfluss von meinem Leben erzählen, inklusive Dennis natürlich und noch von meiner Kindheit, einfach das volle Programm. Das ist einfach nichts für mich." Frustriert vergrub sie das Gesicht in beiden Händen und stieß Luft aus.
„Hey, das ist wirklich nicht schlimm. Ich vertraue dir jetzt mal ein Geheimnis an: Ich musste auch einmal zu einem Therapeuten. Es tat mir wirklich gut und hat mir sehr geholfen."
„Du warst mal beim Therapeuten?" Lena ließ die Hände auf die Knie fallen und sah mich mit großen Augen an.
„Ja, da ist auch wirklich nichts dabei. Heutzutage besuchen immer mehr Menschen einen Psychologen oder Psychiater – zum Beispiel wegen Burnout oder anderen Sachen aus ihrem Leben, die sie richtig verarbeiten wollen." Ich sah sie siegessicher an.
„Ich ... ich weiß nicht. Also, ich will nicht über meinen Ex sprechen oder über meine Kindheit oder sowas."
„Das muss du sicher auch gar nicht, wenn du nicht willst. Bitte, Lena, versprich mir, dass du Dr. Tillmann einen Besuch abstatten wirst und dir zumindest einmal anhörst, was er dir zu sagen hat", beschwor ich sie.
Heftiger Donner setzte ein und es blitzte. Regen prasselte wie aus Eimern auf uns herab. „Komm!" Ich nahm ihre Hand und rannte mit ihr nach drinnen.

Unser schnelles Tempo hatte uns leider nicht davor bewahrt, pitschnass zu werden. Ich sah an mir herab. Mein Shirt und meine Hosen waren so durchnässt, dass sie den Boden im Flur nass tropften. Auch meine Haare konnte man auswringen. Dann sah ich zu Lena hinüber, die mich frech angrinste. Einzelne Regentropfen hatten sich in ihren Wimpern verfangen oder liefen ihre Wange hinunter. Ihre Kleidung war so regendurchtränkt, dass ich ihren schwarzen Spitzen-BH hervorblitzen sah. Nicht der schlechteste Anblick, schoss es mir durch den Kopf. *Oh Mann, was ist nur los mit mir? Schon wieder solche Gedanken! Schluss mit dem Quatsch. Lena ist Lucys und auch meine Freundin.*
Angestrengt versuchte ich diese aufkommende Faszination zu zügeln, denn es lag, wie Mike mir schon erklärt hatte, daran, dass ich einfach schon zu lange als Single lebte. Demnächst müsste ich wirklich einmal etwas an diesem Zustand ändern, aber momentan fühlte ich mich noch nicht in der Lage dazu. Mit der flachen Hand wischte ich mir das Wasser aus dem Gesicht. „Wir sollten uns besser etwas Trockenes anziehen, sonst verkühlen wir uns noch."
„Ja, stimmt." Bekräftigend nickte mir Lena zu und fuhr sich mit den Fingerspitzen über ihren Kopf.
Ein wenig unbeholfen setzte ich ein kurzes Lächeln auf und lief dann in mein Zimmer.

Lena

Sorgfältig trocknete ich meinen Körper mit einem großen Badehandtuch ab, schlüpfte in ein bequemes Shirt und meine Jogginghosen. Dann widmete ich mich meinem Tagebuch.

Liebes Tagebuch,

vorhin habe ich wieder so ein Knistern zwischen Adnan und mir gespürt. Natürlich war das nur in meinem Kopf, weil ich ihn zu sehr will. Ich muss versuchen, diese Gefühle zu unterdrücken. Wie ein dummes, kleines Schulmädchen habe ich ihn vorhin angeglotzt. Aber wie er da so vor mir stand, so nass und keuchend von unserem Lauf. Und dann der Anblick auf seine Muskeln, die man durch den nassen Stoff seines Shirts gut erkennen konnte. Seine Haut ist so schön braun und glatt. Ich würde gern einmal seine Haare anfassen und am liebsten seine Lippen mit meinen berühren ... Stopp! Ich muss wirklich aufhören. Auch wenn das Schreiben eines Tagebuchs etwas Kindliches, Pubertierendes mit sich trägt, tut es dennoch gut, alles niederzuschreiben. Vielleicht würde ein Besuch bei einem Therapeuten ebenso guttun. Adnan hat wohl recht. Seit heute habe ich endlich die Gewissheit, dass ich ADHS habe. Ein Coaching würde mir mein Leben sicherlich erleichtern. Ich habe es endlich geschafft, ein paar Bewerbungen abzutippen. Meine Sorge: Wenn ich sie abschicke und wirklich eine Einladung zu einem Vorstellungsgespräch erfolgen sollte, müsste ich mit diesem so gut wie kahlen Kopf dorthin. Es würde sicherlich nicht den besten Eindruck machen, als gesunde, junge Frau mit einer Glatze dort zu erscheinen. Jedenfalls würde es mich noch nervöser machen, wo ich doch ohnehin schon mit meiner Konzentration kämpfen muss. Toll! Das bedeutet wohl, dass ich weitere Wochen verstreichen lassen muss, bis ich mich wieder ruhigen Gewissens der Öffentlichkeit präsentieren kann. Oder vielleicht doch eine Perücke? Ist ja auch nicht so billig. Ich werde darüber nachdenken.

***

Die restliche Woche war friedlich verlaufen. Es gab zu meiner Erleichterung keine weiteren Nachrichten mehr von Dennis. So hoffte ich, dass der Spuk wirklich vorbei war. Ich hatte mich dann doch dazu entschieden, meine Bewerbungen abzuschicken und hoffte, dass meine Haare in der Zwischenzeit, wo ich noch auf Rückmeldung warten musste, wachsen und dichter werden würden. Auch hatte ich mich von Adnan dazu breitschlagen lassen, einen Termin bei Dr. Tillmann zu vereinbaren. Dieser würde nächste Woche stattfinden. Ich stand der ganzen Sache nach wie vor skeptisch gegenüber.

„Bist du soweit?“, drang Adnans Stimme aus dem Flur in die Küche zu mir. Ich war gerade damit beschäftigt, ein paar Sandwiches zu machen, die wir auf unserer heutigen Fahrradtour mitnehmen würden.

„Ja, sofort!“ Ich packte die Brote in eine Tupperdose, legte diese mit zwei Wasserflaschen in einen Rucksack und lief schnurstracks in den Flur.

„Dann los“, flötete er bestens gelaunt und nahm mir den Rucksack ab.

Im Keller hatte er glücklicherweise noch ein Fahrrad stehen, das Lucy gehörte. Diese hatte schon einmal ein Wochenende mit Adnan in Berlin verbracht. Doch es war im

Laufe der Zeit aufgrund ihrer Jobs für beide immer schwieriger geworden, Zeit füreinander zu finden.
Ich trug weiße Turnschuhe, schwarze Shorts und dazu ein rotes Shirt. Adnan hatte sich ebenfalls für dunkle Shorts entschieden und hatte wie üblich eines seiner weißen, sportlichen Hemden an.
An diesem ersten Maiwochenende war es sommerlich warm. Gerade einmal 10:00 Uhr morgens und mindestens 23 Grad draußen. Wolkenloser, blauer Himmel soweit das Auge reichte. Zuerst fuhren wir ein paar Stationen mit der U-Bahn, da die Entfernung zu groß war, um sie nur mit dem Rad zu bewältigen oder anders ausgedrückt: Wir hätten ansonsten Stunden mit Radfahren zubringen müssen. Gut nur, dass ich meinen Fahrradhelm trug, der meine Glatze verbarg. Vergnügt trat ich schließlich in die Pedalen und folgte Adnan die Straße hinunter zur nächsten Kreuzung. Unsere City-Tour hatten wir erstmal solange auf Eis gelegt, bis meine Haare halbwegs nachwachsen würden. Auch wenn er recht hatte mit seiner Aussage: „Es muss dir egal sein, was fremde Leute von dir halten. Dann hast du eben sehr, sehr kurze Haare, na und?“, war mir ein Ausflug ins Grüne einfach lieber gewesen. Ruhe und Natur waren genau das, wonach ich mich momentan sehnte. Adnan kannte ein schönes Waldstück mit einem kleinen See. Ich freute mich auf diesen heutigen Tag mit ihm. Es fühlte sich an wie ein Traum, der wahr werden würde. Die anderen Träume würden es wohl nicht, aber damit war ich schon zufrieden. Mehr hatte ich nicht zu erwarten.
Häuser, Straßen und Menschen zogen an uns vorbei. Der Fahrtwind kühlte und erfrischte mich auf angenehme Weise. Der Asphalt funkelte in der Sonne und wurde nach und nach von den heißen Sonnenstrahlen aufgeladen.
Wir steuerten eine Häusersiedlung an und bogen schließlich in ein Feld ein. Der Weg, der sich vor uns erstreckte,

war ein schmaler Landweg mit Wurzeln und Steinen. Keine Menschenseele weit und breit war zu sehen. Nichts außer Ackerbau, Bäumen und blauer Himmel.
Gute fünfzehn Minuten fuhren wir immer geradeaus, bis wir dann in ein Stück Wald einbogen. Die meiste Zeit sprachen wir kein Wort. Hin und wieder erzählte mir Adnan, welche Plätze er schon mit seinem Fahrrad erkundet hatte oder fragte nach, ob ich etwas trinken wollte.
Jedes Mal verneinte ich, denn ich wollte mit meiner Rast warten, bis wir unser Ziel erreicht hatten.
Der kühle Schatten der Bäume war eine Wohltat für meine mittlerweile erhitzte Haut. Vogelgezwitscher umgab uns. Immer wieder brach Sonnenschein aus einigen Stellen der Baumkronen hervor und tänzelte geschmeidig auf den Waldboden umher.
Nach weiteren verstrichenen zehn Minuten hatten wir endlich den See erreicht. Ich stieg vom Fahrrad, setzte meinen Fahrradhelm ab und hängte ihn an den Lenker. Adnan tat es mir gleich. Schließlich liefen wir auf das Stück Wiese, direkt vor dem See zu.
„Erstaunlich, dass hier bei diesem Wetter noch keiner zu sehen ist“, warf ich ein und rieb mir den Oberarm.
„Das ist eine Art Geheimversteck, würde ich sagen. Die meisten besuchen den Müggelsee oder den Wannsee. Die sind riesig. Dieser dagegen im Vergleich ist wie ein Planschbecken“, merkte er an und zeigte auf das Wasser, das einen Umfang von höchstens 2 Kilometer aufwies.
Mir reichte das voll und ganz. Bestens gelaunt kramte ich meinen Bikini aus dem Rucksack, den er zu seinen Füßen abgestellt hatte und verschwand schnell hinter einem Gebüsch, um mich umzuziehen. Als ich wieder zurückkam, hatte sich Adnan bereits seine Badeshorts angezogen und seine Klamotten über den Gepäckträger seines Fahrrads gelegt.

Ich versuchte nicht zu lange auf seinen glatten, gutgebauten Oberkörper zu schielen. Schnell sah ich wieder in sein Gesicht. Für einen Moment irritierte mich sein Blick, der auf mir ruhte.
„Was ist das für ein Verband an deinem Oberarm“, wollte er mit krausgezogener Stirn wissen.
„Ach, nur ein Mückenstich, der sich entzündet hat. Hab ein bisschen Creme drauf gepackt“, erklärte ich kleinlaut.
Ehe er noch etwas erwidern konnte, rannte ich auch schon los. „Komm, wer als letztes den See erreicht, muss heute Abend kochen!“
Beherzt sprang ich ins kühle Nass und fühlte mich plötzlich unbeschwert wie ein Kind.
Nach wenigen Sekunden platschte es abermals. Adnan schwamm fröhlich neben mir her. „Dann muss ich wohl wirklich heute Abend etwas kochen.“
„Hoffentlich ist das dann auch essbar“, witzelte ich und deutete auf das letzte Mal hin, als er einen kohlrabenschwarzen Auflauf aus dem Backofen gezogen hatte.
„Hey, das mit dem Gratin war bloß ein Versehen“, verteidigte er sich lachend und bespritzte mich mit Wasser.
Ich quiekte vergnügt auf und schleuderte ihm ebenfalls einen Schwall Wasser entgegen.
So ging das immer im Wechsel, bis wir dann anfingen, miteinander zu rangeln wie verspielte Kinder. Er hob mich hoch und ließ mich ins Wasser fallen. Gegen ihn kam ich natürlich nicht an. Er war einfach zu schnell. Mein Lachen drang laut aus meinem Herzen und meiner Kehle, echote in den Wäldern. Für einem Moment vergaß ich all meine Sorgen. Was zählte war gerade vor mir und alberte wie ein kleiner Junge rum. Ich schlang schließlich meine Arme um seinen Nacken und Adnan schwamm ein paar Bahnen mit mir auf seinen Rücken. So nah war ich ihm noch nie gekommen. Ich schloss die Augen.

Ich hatte längst das Zeitgefühl verloren, da meinte er: „Wie wär´s jetzt mit etwas zu essen?“
„Gute Idee.“
Wir schwammen zum Land zurück, breiteten eine Decke aus, ließen uns darauf nieder und bissen in unsere Brote. Schwimmen machte wirklich hungrig. Im Nu war meine Haut wieder trocken. Es waren sicher mittlerweile 28 Grad. Urplötzlich legte Adnan sein Brot zur Seite und starrte mich mit Augen so klein wie Schlitze an. „Was ... was ist das?“
Mit dem Finger zeigte er auf meinen Oberarm von dem sich der Verband gelöst hatte, was ich leider nicht bemerkt hatte. Ruckartig stand ich auf, holte mein T-Shirt aus dem Rucksack hervor und zog es rasch über. Ich schämte mich so sehr für die Narben auf meinen Arm, dass ich ein kleines Stück Abstand suchte. Unsicher lehnte ich mich an einem Baum und blickte in die Ferne. Dann spürte ich eine Hand auf meiner Schulter.
„Lena, du kannst mit mir wirklich über alles reden, hörst du.“ Seine Stimme war sanft und fast ein Flüstern, dennoch ebenso eindringlich und fordernd.
Ich zuckte für den Bruchteil einer Sekunde zusammen und schüttelte den Kopf. „Nein, bitte! Ich möchte darüber nicht reden“, entgegnete ich mit brüchiger Stimme.
„Hast du dich geritzt?“, fragte er zu meinem Bedauern weiter.
Keuchend riss ich mich von ihm los und lief zur Decke zurück, worauf ich mich mit pochendem Herzen niederplumpsen ließ.
Adnan folgte mir, kniete sich vor mich hin. Sein Blick durchdrang mich, ließ mich noch beschämter und verunsicherter werden. Ich wich diesem aus, fixierte den See, sah die Sonnenstrahlen, die sich im Wasser brachen und funkelten wie tausende Diamanten. Alles hatte so schön angefangen, doch nun hat er einen Teil meiner Vergangenheit aufgerissen

und hervorgekramt, den ich lieber tief vergaben lassen wollte.
„Bitte, Lena, rede mit mir", flehte er regelrecht.
Doch ich konnte es nicht, schluckte den tennisballgroßen Kloß in meiner Kehle hinunter und erhob mich. „Ich möchte jetzt wieder zurückfahren", sagte ich entschieden.

Die Fahrt verlief still. Keiner von uns sagte auch nur ein Wort. Dennoch war die Anspannung bei jeder Bewegung, bei jedem Atemzug deutlich zu spüren. Wie ein aufkommendes Gewitter breitete sie sich aus, bereit sich zu entladen, unheilvoll und unvermeidbar.
Die aufkommende Flut von Bildern konnte ich nicht mehr verhindern. Ich sah Dennis, wie er sich dicht über mich beugt, mich hämisch angrinst und immer wieder auf mich einprügelt ...
„Lena, pass auf!", riss mich Adnan aus meiner Erinnerung. Ich war gerade im Begriff direkt vor einem aufkommenden Bus zu fahren, hatte die rote Ampel ganz übersehen. Erschrocken bremste ich in letzter Sekunde ab.
Adnan, der vom Fahrrad gestiegen war, zerrte mich mit beiden Armen auf den Bürgersteig zurück. „Hey, alles in Ordnung?" Mit weitaufgerissen Augen sah er mich an.
Ich schlug, immer noch kurzatmig vom angepumpten Adrenalin durch meine Adern, die Auger nieder. „Ja, ich ... ich habe nicht aufgepasst. Tut mir leid."
„Nicht aufgepasst? Du hast geträumt und das mitten im Straßenverkehr. Das hätte dir das Leben kosten können!" Seine Stimme wurde lauter. Der Ärger darin war unüberhörbar. Immer noch hielt er mich mit beiden Händen fest und schluckte hart.
„Danke", sagte ich nur. Dann löste ich mich von ihm und setzte mich aufs Fahrrad zurück.

Adnan

Immer noch fassungslos schaute ich zu Lena hinüber, die neben mir herfuhr, als wäre nichts gewesen. Natürlich hatte sie sich zu Tode erschrocken – genau wie ich. In diesem Moment hatte ich eine scheiß Angst um sie gehabt. Dennoch hätte ich sie nicht so anmachen dürfen. Die Pferde waren in diesem Moment irgendwie mit mir durchgegangen.
Es ist das typische Bild bei ADHS. Impulsiv, leicht abgelenkt, unkonzentriert, wobei so etwas, was wir gerade erlebt hatten, natürlich jeden anderen auch hätte treffen können, fachsimpelte ich in Gedanken.
Was vor dem Fast-Unfall wohl in ihr vorgegangen war?
Ich schnaubte und setzte meine Strecke mit ihr fort.

Es war gegen 17:00 Uhr, als wir zuhause ankamen. Abgekämpft streifte ich mir die Turnschuhe von den Füßen und ließ sie in eine Ecke fallen. Lena zog sich ebenfalls ihre Chucks aus und ging wortlos und mit einer mehr als angespannten Körperhaltung an mir vorbei. Die ganzen verstrichenen Minuten hatten wir kein Wort mehr miteinander gesprochen.
„Ich werde jetzt Abendessen zubereiten. Du kannst dich ja in der Zwischenzeit frisch machen, ausruhen oder sowas."
Lena nickte stumm und steuerte das Bad an, schloss hinter sich ab und ließ mich mit einem brummenden und grübelnden Schädel zurück.
Es waren sehr viele Narben auf ihrem Oberarm zu sehen gewesen. Sie musste sich an ein und derselben Stelle sicherlich ein Dutzend Mal und mehr geritzt haben. Dennoch habe ich keine frische Wunde darauf erkennen können. Das Ganze muss also schon längere Zeit zurückgelegen haben.
Ich zog das Gummi meiner Haare wieder strammer und wusch die Paprika und Tomaten in der Spüle ab. Dann holte

ich das Hackfleisch aus dem Kühlschrank und briet es in der Pfanne an, mischte Tomatenmark und Sahne dazu, würzte großzügig mit Salz und Pfeffer und verrührte alles mit einem großen Kochlöffel. Immer wieder musste ich daran denken, wie viel Schmerz in ihr gesteckt hatte und noch stecken musste. Sich selbst Verletzungen beizubringen, war das Ergebnis schwerer seelischer Qualen. Ich hatte wirklich nie gedacht, dass es so heftig mit ihr war.
So sehr wie ich in meinen Gedanken versunken gewesen war, hatte ich überhaupt nicht gemerkt, dass Lena mittlerweile frisch geduscht und mit einem blauen Shirt und schwarzen Leggins bekleidet auf einen der Küchenstühle Platz genommen hatte und mich mit ernster Miene anstarrte.
„Das Essen ist jeden Moment fertig", sagte ich, ließ ab von der brutzelnden Pfanne und stellte die Kochplatte ein paar Stufen runter.
„Komm, ich helfe dir mit dem Salat", warf sie ein und zeigte mit der Nasenspitze auf die halbfertig geschnittenen Paprika und Tomaten.
„Ja, gern", erwiderte ich und überließ ihr das Feld.

Auch während des Essens sagte keiner ein Wort von uns. Lena stocherte stoisch auf ihrem Teller herum. Auch ich stopfte mir teilnahmslos eine Gabel nach der anderen in den Mund wie ein Roboter.
„Ich kümmere mich um das Geschirr", sagte Lena, nachdem wir aufgegessen hatten und schnappte sich die beiden Teller vom Küchentisch. „Du kannst ruhig was lesen oder deine Sachen machen. Ich gehe danach auch schlafen, bin irgendwie müde."
Ich hielt ihr Handgelenk sanft fest. „Warte bitte mal."
Lena stellte die Teller auf den Tisch zurück und erwiderte mit eisblauen Augen meinen bittenden Gesichtsausdruck.

Kapitulierend ließ sie sich zurück in ihrem Stuhl sinken und fuhr sich unübersehbar nervös durchs Gesicht.
Ich holte tief Atem, sagte dann so behutsam wie möglich: „Es tut mir leid, dass ich dich vorhin angeschrien habe. Es ist nur so, ich habe plötzlich …plötzlich …“
„Gedacht, ich komm unter die Räder“, beendete Lena schnell meinen Satz und legte eine Hand auf meine, die auf den Tisch ruhte.
Ich schloss kurz die Augen und entließ ein bestätigendes „Hmm.“
„Ja, ich war für einen Moment abgelenkt. Ich danke dir nochmal, dass du so schnell reagiert hast. Denn sonst wäre ich jetzt wohl, naja du weißt schon“, brabbelte sie viel zu schnell vor sich hin, ließ dann meine Hand los und erhob sich. Rasch brachte sie das Geschirr in die Spülmaschine und drückte auf Start. „So, erledigt. Dann gute Nacht!“
„Lena“, sagte ich eindringlich.
Wie ertappt hielt sie inne und drehte sich zu mir um.
Augenblicklich stand ich auf, musterte sie beklommen und mit einer Ladung Steine im Magen. „Ich will dich weiß Gott nicht bedrängen, aber ich mache mir wirklich Sorgen. Was genau hat es mit diesen Verletzungen am Arm auf sich?“
Resigniert stieß Lena die Luft aus. „Du akzeptierst wirklich kein Nein, oder?“ Wütend blitzte sie mich an.
„Du gehörst zur …“
„Bitte nicht schon wieder “Du gehörst zur Familie!“ Ich kann das einfach nicht mehr hören! Das ist doch nur ein Vorwand für dieses grenzenlose Mitleid.“
„Das …“
„Das ist kein Mitleid? Ha! Das nehme ich dir nicht ganz ab. Die arme traumatisierte und behinderte Frau, die niemanden auf der Welt hat außer Familie Faizan.“
Bitter und verletzt erklangen ihre Worte. Ihre Augen wurden glasig. Schnell hob und senkte sich ihr Brustkorb.

„Was soll das jetzt? Du weißt genau, dass das nicht stimmt. Weder mit dem grenzenlosen Mitleid noch mit dem Behindert."

Lena schnaubte, schüttelte den Kopf. „Ach nein? Für mich ist das immer eine Behinderung gewesen. Es ist auch nicht so, dass ich dir und deiner Familie nicht dankbar wäre, aber ich will nicht immer die "Bedürftige" für euch sein."

„Das bist du nicht, glaub mir!" Ich kam mit schnellen Schritten auf sie zu, wollte sie in den Arm nehmen, doch Lena wich zurück.

„Bitte nicht jetzt. Ich kann das gerade nicht. Lass es für heute gut sein, Adnan. Und noch was: Bitte petze Lucy nichts von der Sache mit dem Arm und dem Bus, okay?"

„Ich kann es aber nicht gut sein lassen, Lena! Du frisst alles in dich hinein. Das vergiftet dich innerlich. Du kannst es nur loslassen, wenn du es rauslässt."

Ungläubig schüttelte sie den Kopf. „Du meinst alles zu wissen, weil du Arzt bist? Du denkst, du kennst mich, aber das tust du nicht wirklich."

Ihre Augen füllten sich mit Tränen. Jedes ihrer Worte traf mich hart und unerwartet. Solch Verbitterung war ich von ihr nicht gewohnt gewesen. Meist war sie still und in sich gekehrt. Doch ich wollte es ja aus ihr rauskitzeln, koste es, was es wolle. Ich musste einfach versuchen, zu ihr durchzudringen. Sie durfte das nicht länger mit sich allein herumschleppen.

„Also schön", sagte sie plötzlich, zog sich das Shirt über den Kopf aus. In diesem Moment schien es ihr egal zu sein, dass sie nur im BH vor mir stand. Ihre üppigen Brüste wippten auf und ab. Schnell ließ ich meinen Blick auf ihre Verletzung wandern, denn das war es, was sie scheinbar bereit war, näher zu zeigen. „Hier", sagte sie schließlich keuchend und zeigte mit dem Finger auf die Narben. „Diese ganzen Ritze sollten nur eines verbergen." In ihren Augen hatte sich

grenzenloser Schmerz gebildet und erlangte die Oberhand. Ich sah sie mit zusammengezogenen Brauen an, wusste nicht, worauf sie hinauswollte.
„Seine Initialen“, sagte sie dann stockend. „Er hat mir ein D und ein M mit seinem Taschenmesser in den Arm geritzt. Dennis Mucher. Ich weiß noch, wie tief seine Schnitte waren. Er saß auf meinen Brustkorb und ich konnte kaum atmen, hab es irgendwie über mich ergehen lassen müssen. Es tat so weh. ‚Ich bin sein Besitz‘, sagte er, als er fertig war und hat gelacht, bestimmt eine Minute hatte er gelacht.“
Kraftlos hielt sich Lena am Türrahmen fest und ging in die Hocke.
Ich folgte ihr augenblicklich.
„Mein Gott, das ist unvorstellbar. Lena, du bist so stark.“
„Ich bin nicht stark. Mir blieb einfach keine andere Wahl. Eher wie ein Schaf bin ich gewesen.“
„Nein, das stimmt nicht“, wand ich ein und zog sie endlich in meine Arme.
Lena ließ nun vollständig los, ließ diesem viel zu langen angestauten Schmerz freien Lauf und weinte.
Nach etwa drei Minuten löste sie sich wieder von mir und sah mir tief in die Augen. „Ich wollte nicht von ihm gebrandmarkt sein. Kannst das verstehen?“
Ich nickte stumm und biss mir auf die Unterlippe. Unbändige Wut kroch in mir hoch. Wie gerne würde ich dieses Schwein in diesem Moment krankenhausreif prügeln.
„Ich habe immer und immer wieder mit einer Rasierklinge seine Initialen bearbeitet, wollte sie unkenntlich machen. Und ja, es hat auch auf eine paradoxe Art und Weise gutgetan. Wenn ich mich innerlich tot gefühlt hatte, war das das Einzige, was mir noch das Gefühl gegeben hatte, am Leben zu sein. Außerdem hatte ich dann die Kontrolle, nicht er. Ergibt das irgendeinen Sinn für dich?“, fragte sie und sah mich forschend an.

„Ja", antwortete ich noch immer ergriffen von ihrem Geständnis. „Das ergibt sogar sehr viel Sinn. Dennoch darf so etwas nicht ausarten. Es gibt andere Wege, um damit fertig zu werden."
„Eine Therapie?"
„Ja, zum Beispiel. Das wäre sogar der beste Plan. Ich bin immer für dich da und werde dich tatkräftig unterstützen", versprach ich und streichelte ihr sanft über den Kopf.
Mit anderen Augen als vorher musste ich sie dennoch betrachten. Das, was sie mir offenbart hatte, war unvorstellbar grausam. Mir war zuvor zwar klar gewesen, dass sie sehr gelitten haben musste, aber dass sie im wahrsten Sinne des Wortes durch die Hölle gehen musste, dass ein kranker, perverser Psychopath ihr Leben kontrolliert hatte, machte sie in meinen Augen nicht zu einem Opfer, sondern zu einer Überlebenden.

Lena

In den nächsten Wochen flatterten mir eine Menge Absagen ins Haus. Es war nicht leicht, eine geeignete Stelle für mich zu finden. Dennoch hatte ich ein Vorstellungsgespräch, das schon in dieser Woche stattfinden sollte, an Land ziehen können. Es war eine Empfangsstelle einer kleinen Plattenfirma.
Die dritte Sitzung bei Dr. Tillman stand ebenfalls unmittelbar bevor. Ich hatte ihm zwar noch immer nichts von meiner schlimmen Vergangenheit mit Dennis erzählt, dafür aber alles über meine Schulzeit, über die vergeigten Noten. Dr. Tillmann wollte ganz genau wissen, was damals in mir vorgegangen war. Ich hatte weitere Bögen ausfüllen müssen, um mein Handicap besser kategorisieren zu können.

Außerdem hatte er versprochen, in der nächsten Sitzung einige effektive Konzentrationsübungen mit mir durchzunehmen. Ich musste mir wirklich eingestehen, dass es guttat, mit einem Außenstehenden darüber zu reden, was mich schon mein ganzes Leben belastet hatte. Ich bekam Ritalin gegen mein ADHS verschrieben, was mir meinen Alltag zwar zu erleichtern schien. Leider hatte ich mit den Nebenwirkungen zu kämpfen. Appetitlosigkeit, Magenbeschwerden und Übelkeit machten mir neuerdings mein Leben schwer.

Ich lag in meinem Bett und rieb mir gerade matt über den Brustkorb. Es klopfte an der Tür.

„Guten Morgen, darf ich reinkommen?“, fragte Adnan vorsichtig nach.

„Ja, komm rein“, krächzte ich.

Schwungvoll öffnete er die Tür. Er trug ein schwarzes Hemd und eine graue Jeans. In seinen Händen hielt er einen dampfenden Becher, den er auf den Nachttisch abstellte und sich zu mir aufs Bett setzte.

„Hier ist ein Pfefferminztee, der hilft deinem Magen. Wie fühlst du dich heute?“ Mit gerunzelter Stirn betrachtete er mich, griff nach meiner Hand, um meinen Puls zu ertasten.

„Etwas besser, danke“, antwortete ich heiser.

Langsam musste ich wirklich etwas trinken. Meine Kehle war mittlerweile ausgetrocknet. Ich setzte mich auf, griff mir den Becher und nippte vorsichtig daran.

„Das freut mich.“ Adnan strich mir mitfühlend mit einer Hand über den Arm. „Das ist zunächst eine Umstellung für deinen Körper. Aber du wirst sehen, es wird dir bald viel besser gehen.“

Mit einem aufgesetzten Lächeln nickte ich ihm zu. Wenigstens waren meine Haare endlich nachgewachsen. Meine Pixie-Frisur ließ mich wieder weiblicher aussehen.

„Ich muss jetzt zur Arbeit. Melde dich bei mir, wenn was ist, und ruh dich aus. Bis heute Abend!" Adnan ließ ein Lächeln über seine Mundwinkel gleiten, das meinen Puls geradewegs in die Höhe schnellen ließ.

Gut, dass er meinen Puls nicht mehr fühlen kann!

Mit einem Grinsen auf den Lippen fiel ich in mein Kissen zurück und beobachtete, wie er hinter der Tür verschwand. Ich döste wieder ein und träumte:

Dennis wirft mir einen finsteren Blick zu. Er ist an einen Baum gelehnt, etwa zwei Meter von mir entfernt steht er. Unmerklich zucke ich zusammen. Ich sitze auf dem Boden, im Gras, kann mich vor Angst nicht rühren. Er nähert sich mir, packt mich am Arm und drückt diesen so fest, so dass ich das Gefühl habe, in einem Schraubstock festzustecken.

„Du undankbares Stück!", schreit er auf und ich kann an seiner Stimme erkennen, dass es nicht er, sondern sein Bruder Andreas ist. Sie sehen sich ja so ähnlich. „Du hast meinen Bruder und uns alle verarscht. Das wirst du bereuen!", knurrt er und starrt mich mit weitaufgerissenen Augen an.

Das Klingeln meines Handys weckte mich auf. Benommen griff ich nach dem Smartphone auf meinem Nachttisch und erkannte, dass es Lucy war. Noch immer schlug mir das Herz bis zum Hals. Zuerst musste ich wieder runterkommen.

„Hey Süße, wie geht es dir?" Mittlerweile war natürlich auch sie über die ADHS-Diagnose und über die Therapie oder vielmehr gesagt, das Coaching dafür, im Bilde. Adnan hatte wegen den Narben wirklich dicht gehalten.

„Es geht langsam besser. Ich gewöhne mich an das Medikament, hoffe ich jedenfalls", antwortete ich wahrheitsgemäß und fuhr mir mit einer Hand durchs Haar.

„Ich muss dir etwas Wichtiges mitteilen, Lena", begann Lucy und klang sichtlich aufgeregt.

„Ja, schieß los."

„Dennis ist tot in seiner Wohnung aufgefunden worden. Bei ihm war ein Abschiedsbrief, in dem er alles gestanden hat, was er dir angetan hat, mit der Erklärung, dass er kaputt sei und so nicht mehr weiterleben kann."
Ich wusste nicht, wie lange ich einfach nur geschwiegen hatte. Wie erstarrt war ich. Passierte das hier wirklich?
„Lena, bist du noch dran?"
„Ja."
„Was denkst du gerade? Wie geht es dir?"
„Du, ich muss das erstmal sacken lassen. Ich ruf dich später zurück, ja?"
Mit diesen Worten beendete ich das Telefonat. Die verschiedensten Gefühle tobten gerade in mir. Unter anderen war da Trauer. So paradox sich das anhören musste, Dennis war jahrelang ein Teil meines Lebens gewesen. Er war der Mensch, den ich, wenn ich abends von der Arbeit nach Hause kam, sah. Wir hatten ein gemeinsames Leben, auch wenn es immer kränker ausgeartet worden war. Zu Anfang hatte es aber auch schöne Zeiten gegeben. Diese Botschaft fühlte sich surreal an. Zweifelsohne verspürte ich aber auch Erleichterung und Freiheit. Nie wieder würde er mich mehr terrorisieren, mir Drohungen schicken können. Es war vorbei. Ich war wirklich frei.
Mehr und mehr Erleichterung über Dennis´ Tod befiel mich.
Ich bin frei, endlich! Nie wieder brauche ich Angst davor zu haben, dass er mich findet. Aber was ist mit seinem Bruder, seinen Freunden? Hoffentlich lassen die nicht plötzlich was von sich hören! Damals hat mich Adnan gefragt, ob noch andere Leute involviert waren. Ich hatte ihn belogen ...

Ich stieg aus dem Bett, denn mir ging es mit einem Mal schlagartig besser. Nach dem Duschen zog ich mir ein leichtes Sommerkleid an, ging in die Küche und machte mir

einen Toast mit Marmelade.
Voll neuen Tatendrangs beschloss ich noch einige Bewerbungen für diverse Büro-Jobs zu schreiben und durch die Wohnung zu wischen, saugte Staub.
Anschließend ging ich eine lange Zeit spazieren. Ich wollte endlich einmal mehr von der Stadt sehen und besuchte den Alexanderplatz und den Berliner Dom. Es war bereits Juni und angenehm warm draußen.
Die ganze Zeit, seit ich bei Adnan wohnte, hatte ich mich überwiegend in seiner Wohnung zurückgezogen, aus Angst, dass doch noch eine böse Überraschung auf mich lauern würde. Jetzt genau am Puls der Stadt zu sein, berauschte und faszinierte mich total. Gut, dass ich noch auf genügende Ersparnisse zurückgreifen konnte. Den Löwenanteil hatte Dennis damals für Miete und Strom ausgegeben, so dass ich immer einen Teil meines damaligen Gehalts an die Seite legen konnte.
Ich besuchte ein paar Boutiquen, kaufte mir neue Jeans und Turnschuhe, trank einen Cappuccino im Café Balzac.
Gegen späten Nachmittag war ich dann wieder zurück und bereitete einen Kartoffel-Auflauf zu. Das Radio dudelte und ich zwitscherte "Hit the road Jack" von Ray Charles mit.
Einen Blick warf ich nach getaner Arbeit auf meine Armbanduhr. Es war 17:00 Uhr durch. Adnan würde gleich nach Hause kommen. Euphorie befiel mich, denn ich wollte ihm persönlich mitteilen, dass der Horror offiziell für mich vorüber war. Schnell ging ich noch in mein Zimmer, um meine Einkäufe zu verstauen und einen Tagebucheintrag zu machen.

Liebes Tagebuch,
heute habe ich erfahren, dass Dennis tot ist. Er hat sich umgebracht und ich bin frei. Nicht, dass ich ihm den Tod gewünscht hätte, aber seine Drohung, dass er mich früher oder später

finden und töten würde, war jeden Tag sehr präsent für mich gewesen. Es scheint wirklich, als ob alles gut werden würde. Gestern Abend haben Adnan und ich auf der Couch einen Film geguckt und sind zusammen eingeschlafen. Als ich wieder aufgewacht war, hat er noch tief und fest geschlafen. Es war so schön in seinen Armen zu liegen und auf einmal bekam ich das dringende Bedürfnis, ihn zu küssen. Ich meine, das hatte ich natürlich schon oft, aber in diesem Moment, als er so dalag, konnte ich nicht aufhören, ihn anzusehen. Es sah so friedlich und wunderschön aus. Ich weiß nicht, wie lange ich meine Gefühle noch unter Kontrolle halten kann. Aber ich muss, denn wenn ich ihm gestehen würde, was ich für ihn fühle, würde das wahrscheinlich unsere Freundschaft kaputt machen. Außerdem: bin ich nicht sonderlich attraktiv. Ich weiß, dass ich Dennis´ Worten keine weitere Bedeutung mehr schenken sollte, aber er hatte immer wieder zu mir gesagt, dass ich nicht anziehend, nicht sexy wäre und im Bett nichts tauge. Er hatte gemeint, dass ich einen Mann nicht zufrieden stellen kann. Der Sex mit ihm war am Anfang halbwegs okay. Naja, auch wenn er viel zu schnell war und ich dabei nicht wirklich viel fühlen konnte. Später dann hat mich Dennis dabei gefesselt, mich hin und wieder auch gewürgt. Er wollte immer die volle Kontrolle. Das wäre die einzige

Möglichkeit, etwas Spaß dabei zu empfinden, hatte er gemeint. Ab diesem Zeitpunkt war es jedes Mal ein Alptraum.

Es fällt mir komischerweise nicht mehr so schwer, darüber zu schreiben. Ich frage mich oft, ob Dennis recht hatte mit seiner Aussage, dass ich für einen Mann nicht viel taugen würde. Was, wenn das stimmt? Dennoch muss ich Adnan über meine Gefühle zu ihm aufklären. Ich muss es riskieren, um eventuell eines Tages damit abschließen zu können. Da in mir ein mikroskopischer Hoffnungsschimmer drin ist, dass er vielleicht auch etwas für mich empfinden könnte. Dieser kleine Teil in mir lässt mein Herz ständig höherschlagen und eine Stimme in mir sagt, dass ich es versuchen muss. Erst dann werde ich Frieden haben. Selbst, wenn unsere Freundschaft angeknackst wäre, ich würde durch die Medikamenteneinstellung jetzt sicher schneller einen Job finden. Dann müsste ich sowieso ausziehen. Ich werde ihm heute sagen, dass ich in ihn verliebt bin, egal, wie es ausgehen wird. Gott, steh mir bei.

Ich klappte, nachdem ich den letzten Satz niedergeschrieben hatte, das Buch eilig zu, denn ein Schlüssel wurde im Schloss gedreht. *Adnan.* Ich atmete tief durch und hechtete in den Flur. Dann hörte ich ihn arabisch sprechen und erkannte, dass er telefonierte. Wahrscheinlich mit seinem Vater, schlussfolgerte ich. Er beendete in der nächsten halben Minute das Telefonat und ließ ein „Hallo“ über seine Lippen

wandern.
„Hi“, sagte ich und umfasste mit einer Hand innerlich angestrengt den Türrahmen
„Es scheint dir ja jetzt besser zu gehen. Schaust gut aus“, sagte er, als er mich von oben bis unten musterte, zufrieden nickte und die Wohnungstür schließlich hinter sich zuzog.
„Ja, viel besser. Ich bin sogar in der Stadt und in einem Café gewesen“, verkündete ich stolz.
Etwas ungläubig schaute Adnan daraufhin drein und legte seine Sonnenbrille auf den Flurschrank ab.
„Komm, erzähl mir mehr!“ Die Freude darüber war in seiner Stimme unverkennbar rauszuhören.
Wir nahmen auf dem Sofa im Wohnzimmer Platz und ich verriet ihm schließlich den Grund, warum ich mein Schneckenhaus verlassen hatte.
„Er war krank und gestört. Die Hauptsache ist, dass er dir nichts mehr anhaben kann. Aber, wie geht es dir sonst damit? Ich will jetzt nicht wie ein Psychiater klingen, aber was genau fühlst du?“
Er lehnte sich zurück und sah mich skeptisch an. Seine braunen warmen Augen verengten sich dabei.
Ich seufzte tief und schüttelte den Kopf. „Ich bin traurig darüber, und ich fühle mich außerdem schlecht, weil ich auch froh bin. Ich weiß, das klingt alles total abgedreht.“ Ich schluckte und bohrte meine Nägel in den Stoff meines Kleides.
„Nein, überhaupt nicht.“ Adnan legte eine Hand auf mein Knie.
„Weißt du, Dennis war charmant und süß zu mir, als wir uns kennenlernten. Er war nicht immer so.“
Ich senkte den Blick. Traurigkeit befiel mich in diesem Moment, wie eine Schar grauer Wolken den blauen Himmel verdeckt.
Dieses Wechselbad der Gefühle. Ich halt das nicht mehr aus!

Davon kriegt man ja ein Schleudertrauma ...
Plötzlich gewannen die Tränen Überhand und ich ließ ihnen freien Lauf.
„Es ist gut. Ist schon gut", murmelte Adnan und legte mir sanft eine Hand auf die Schulter. „Wir beide gehen heute aus, damit du ein bisschen vom Nachtleben Berlins kennenlernst. Was hältst du davon?"
Leicht drückte er meinen Arm und grinste mich enthusiastisch und bittend zugleich an.

***

Wir betraten das "BiziBizi", eine Bar mitten in der City, derer Leuchtreklame schon von weitem zu erkennen war. Mit der Bahn waren wir hingefahren, was sogar bedeutend schneller war als mit dem Auto, denn wir mussten uns nicht zusätzlich um einen Parkplatz bemühen. Ich hatte mich ein weiteres Mal umgezogen und trug nun ein enganliegendes, schwarzes Shirt mit Spitze, das ein wenig Dekolleté zeigte und eine weiße Jeans mit Sandaletten. Adnan hatte ein graues Hemd und Bluejeans angezogen und sah einfach umwerfend aus.
Laute lateinamerikanische Musik dröhnte aus den Boxen, bunte Lichter tanzten auf dem Boden auf und ab. Das Ambiente erinnerte an Strand und Urlaub, denn es gab Strandkörbe als Sitzplätze. Runde, rustikale Holztische standen überall verteilt. Bunte Sonnenschirme waren daran befestigt. Eine echte Strandbar war ein paar Meter abseits zu finden, wie man sie von Stränden und aus Urlauben kannte. Rappelvoll war es hier. Ein Gemisch aus Pommes, Parfüm und Shotdrinks stieg mir in die Nase. Wortfetzen einzelner Gespräche streiften im Vorbeigehen meine Ohren.
Wir nahmen schließlich in den Strandkörben weiter abseits Platz und konnten bereits zwei Minuten darauf unsere

Bestellung aufgeben. Ich entschied mich für einen Burger und Virgin Colada. Adnan bestellte sich Long Island Iced Tea und ebenfalls einen Burger.
„Ich bin hier öfter mal am Wochenende oder nach einer stressigen Schicht. Ich finde es hier sehr entspannend", verriet er, lehnte sich zurück und lächelte mich heiter an.
Ich fuhr mir mit den Fingerspitzen über die Knie und schenkte ihm ein Lächeln zurück.
„Es ist wirklich schön hier. Ich bin seit Jahren nicht mehr in einer Bar gewesen."
„Seit Jahren?", wiederholte Adnan erstaunt meine letzten Worte und rieb sich mit den Daumen gegen die Stirn. Ein Bein hatte er über das andere geschlagen und sah entspannt aus. „Was war denn mit Lucy? Ihr beide wart doch früher immer zusammen in Clubs oder auch Bars?"
Ich nickte dem Kellner, der gerade unsere Getränke gebracht hatte, dankend zu. „Mit Dennis war das so eine Sache. Er erlaubte es nicht. Außerdem war Lucy auch nicht mehr so abkömmlich wie früher. Ihr Studium und der Job nebenher hatten sie total eingenommen. Wir hatten uns meist bei euren Eltern getroffen, wenn sie dort für ein paar Tage zu Besuch war oder auch mal in einem Café", verriet ich und nahm einen Schluck meines Drinks.
„Oh, entschuldige bitte! Jetzt sind wir extra ausgegangen, damit du den Kopf freikriegst und ich reiße alte Wunden auf!" Reuevoll rieb er sich durchs Gesicht.
Ich schüttelte entschieden den Kopf und zog meine Mundwinkel nach oben. „Ist nicht schlimm, wirklich nicht. Es werden noch viele Erinnerungen kommen. Damit muss ich fertig werden."
Während wir unsere Burger aßen, kam plötzlich ein großer, schlaksiger Mann mit rotem Haar auf uns zu und klopfte Adnan zur Begrüßung auf die Schulter.
„Hey, mein Kumpel! Lässt du dich hier auch endlich mal

blicken?“, rief er entgegen der immer lauter werdenden Musik.
Adnan stand auf, flüsterte ihm etwas ins Ohr und setzte sich dann wieder.
Daraufhin wandte der Fremde sich mir zu. „Hallo, Madame! Ich bin Mike, ein Arbeitskollege aus dem Krankenhaus. Freut mich, dich kennenzulernen. Adnan hat mir schon viel von dir erzählt“, sagte er charmant und grinste mich breit an.
Was hat Adnan bitte so viel von mir zu erzählen gehabt? Außer meinem ganzen Desaster mit Dennis und meine ADHS-Diagnose gibt es da doch kaum etwas zu berichten! Okay, ich bin die beste Freundin seiner Schwester, die ihn früher Streiche gespielt und mit ihm Basketballkörbe geworfen hat. Das wars aber auch schon ...
„Darf ich mich einen Moment zu euch setzten?“ Mike sah erst zu Adnan und dann zu mir rüber.
„Klar doch“, erwiderte ich, nachdem Adnan mir das Wort überlassen hatte.
Mike setzte oder vielmehr quetschte sich in Adnans Strandkorb, winkte einem Kellner, der gerade in unserer Nähe herlief, zu sich rüber und bestellte einen Mai Tai. „Wollt ihr auch noch was?“, fragte er mit einem gutgelaunten Grinsen auf den Lippen. Sein Blick wanderte von mir zu Adnan.
Mike sah äußerst attraktiv aus, musste ich feststellen. Rote Haare waren ja nicht gerade das beste Attribut bei Männern, aber ihm stand das wirklich gut. Sein Charisma, das Leuchten in seinen Augen genügte, um die Leute für sich einnehmen zu können. Das erkannte ich auf Anhieb. Er trug ein weißes Shirt mit einer schwarzen, dünnen Weste und eine braune Kaki-Hose.
Schließlich bestellte sich Adnan ein Bier, ich verneinte.
„Mike arbeitet als Internist im Klinikum. Wir beide kennen uns schon seit der Studienzeit“, erklärte mir Adnan,

während er den letzten Schluck seines Cocktails hinunterkippte.
Langsam nickte ich und zupfte an meinem Shirt. Es war so eine nervöse Geste von mir, wenn ich nicht wusste, was ich sagen sollte.
Doch Mike war ganz offensichtlich kein bisschen schüchtern und wandte sich schließlich mir zu. „Lena, hab´ ich recht?“
Ich nickte.
„Adnan hat erzählt, dass du zu seiner Familie gehörst und auch über die vielen gemeinen Streiche, die ihr beiden Mädchen ihm immer gespielt hattet!“
Das hat er ihm also doch erzählt!
Mike lachte hicksend auf und sah mich mit einer Mischung aus Bewunderung und Belustigung an.
Ich musste ebenfalls lachen, denn in meinem Kopf flammte plötzlich das Bild auf, als Adnan nach seinem gesalzenen Kaffee angewidert das Gesicht verzog.
„Ja, wir haben uns früher zu seinem Leidwesen einen Sport daraus gemacht.“
Adnan ließ ein gequältes Lächeln über seine Mundwinkel gleiten und winkte mit einer Hand ab. „Ja, das habt ihr und ich bin teilweise immer noch traumatisiert. Den zweien gingen damals wirklich nie die Ideen aus, das musste man ihnen lassen.“
Mike tätschelte mit gespieltem Mitleid über seine Schulter.
„Sag mal, Lena“, sagte Mike und nippte an seinem Getränk, ehe er weitersprach, „was genau machst du beruflich?“
„Ich bin gelernte Bürokauffrau.“ Unweigerlich musste ich an meine gekündigte Stelle in Duisburg zurückdenken.
„Hast du schon eine Stelle finden können?“, fragte er deutlich interessiert und kratzte sich mit einem Finger am Kinn.
„Noch nicht. Ich bin gerade dabei, Bewerbungen zu schreiben. Ein Vorstellungsgespräch wartet nächste Woche auf

mich. Mal schauen."
„Also, ich kenne da jemanden, der jemanden kennt. Wenn du willst, arrangiere ich was für dich. Es ist eine große Software-Firma."
„Das wäre wunderbar."
„Ausgezeichnet. Am besten tauschen wir Nummern aus. Dann kannst du dich bei Bedarf gern bei mir melden."
„Ja, können wir gern machen."
Mike streckte mir auch schon sein Smartphone entgegen, und ich tippte meine Nummer ein.
„Super. Ich lass eben bei dir anbimmeln, dann hast du auch meine Nummer."
Ich konnte bemerken, wie Adnan Mike einen strengen Blick zuwarf und war ein wenig irritiert, dachte aber nicht weiter darüber nach. Ich genoss den Abend in vollen Zügen. Mike erzählte eine Anekdote nach der anderen. Ich hatte mir eine Cola bestellt, mich locker in meinem Korb zurückgelehnt und konnte beobachten, wie die beiden sich uneinig darüber waren, wer zuerst eine Zusage vom Uniklinikum erhalten hatte.
„Ist doch auch egal", meinte Adnan schließlich und winkte lachend mit einer Hand ab. „Mike und ich hatten in einer WG zusammen in Düsseldorf gelebt und wollten unbedingt nach Berlin", verriet er und schnappte nach seinem Glas Bier.
„Willst du die Story hören, wie wir beide einmal richtig übel nach einer Studentenfeier abgestürzt sind?", fragte Mike mit einem schadenfrohen wie amüsierten Gesichtsausdruck und nahm einen Schluck seines Getränks.
„Nein, bloß nicht diese Story", protestierte Adnan lachend.
„Doch, ich will sie hören", beharrte ich und straffte gespannt die Schultern.
„Also, dieser Typ und ich waren auf einer Studienfeier eingeladen und rein zufällig in dasselbe Mädchen verknallt

gewesen. Nach etlichen Bemühungen und Konkurrenzkämpfen ist sie schließlich mit jemand anderes abgerauscht. Und was haben wir natürlich gemacht?" Mike machte eine Kunstpause und zog eine Augenbraue nach oben. „Natürlich haben wir uns volllaufen lassen. Wir waren so hackedicht, dass wir in den falschen Zug gestiegen und irgendwann auch noch beide da drinnen eingeschlafen sind."

„Nein", rief ich deutlich erstaunt und entsetzt aus und hielt mir eine Hand vor den offenen Mund.

Adnan verschränkte grinsend beide Arme hinter seinem Nacken und blickte nach oben zu den Neonlichtern an der Decke.

„Und dann?", wollte ich gespannt wissen.

Adnan war immer der Vorzeigesohn- und Bruder gewesen. So eine Geschichte über ihn zu hören, war eine echte Premiere. Eigentlich war es doch aber normal, dass man als junger Student auch mal über die Stränge schlägt. Gut konnte ich mir seinen konservativen Vater vorstellen, der ihn wahrscheinlich noch im Nachhinein mit seinen 30 Jahren getadelt hätte. Bei den Gedanken musste ich grinsen.

Adnan seufzte stumm in sich hinein, nachdem er seinen Blick von der Zimmerdecke gelöst hatte und zu mir hinübersah.

„Tja, wir sind dann schließlich in Stuttgart aufgewacht", löste Mike endlich auf und stieß Adnan mit den Ellbogen spielerisch in die Rippen.

„Aber das Blöde daran war, wir hatten an diesem Morgen eine wichtige Klausur zu schreiben und wussten, dass wir in einer halben Stunde nicht in Düsseldorf sein würden", sagte Adnan mit einem Kopfschütteln.

„Oh shit", sagte ich und biss mir auf die Unterlippe.

„Na ja, wir haben uns daraufhin beide krankgemeldet und konnten die Klausur nachschreiben", fügte Mike hinzu und rief einen Kellner erneut zu uns rüber.

***

„Das war ein lustiger Abend“, sagte ich und warf Adnan einen Seitenblick zu. Wir beide saßen in der Bahn und waren auf dem Weg nach Hause. Gebäudekomplexe, Bäume und Straßenlaternen konnte ich aus dem Fenster blickend langsam an uns vorbeiziehen sehen. In der Nacht von Freitag auf Samstag war es recht voll in der U-Bahn. Überall um uns herum saßen oder standen überwiegend Jugendliche oder Mit-Zwanziger. Einige oder viele von ihnen waren höchstwahrscheinlich betrunken oder angetrunken. Außerdem stank es nach Bier, Döner und Marihuana. Alleine wäre ich um diese Zeit niemals mit den öffentlichen Verkehrsmitteln gefahren. Aber, da Adnan an meiner Seite war, machte ich mir keine Sorgen.
Er legte einen Arm um mich. „Ja, allerdings. Freut mich, dass dich unsere Studenten-Anekdoten ein wenig aufheitern konnten.“
Sofort durchströmte mich ein warmes Kribbeln. Seine Hand ruhte auf meiner Schulter. Ich musste schlucken. Er war mir so nah, dennoch wagte ich es nicht, ihn in diesem Moment in die Augen zu sehen. Ich ließ meinen Blick weiter aus dem Fenster in die Nacht schweifen.
„Diese Geschichten waren wirklich sehr aufschlussreich“, erwiderte ich mit einem Lächeln auf den Lippen.
„Verrate es aber trotzdem nicht meiner Familie“, bat er und zog mich näher in seine Arme.
Mit pochendem Herzen und heißgefluteten Körper, legte ich den Kopf an seine Schulter und schloss die Augen. „Keine Sorge. Ich kann schweigen wie ein Grab.“
Es war eigenartig, dass Adnan sich als gestandener Mann darüber Sorgen machte. Zwar wurde er mit Liebe und

Verständnis großgezogen, aber auch seitens seines Vaters mit der nötigen Strenge und Disziplin. Die Faizans waren immer eine moderne und tolerante Familie, die ihre Kinder zweisprachig erzogen hatte. Lucy und Adnan sprachen somit fließend Arabisch. Herr Faizan war Kopte und besaß somit wie Frau Faizan den christlichen Glauben.
Tief atmete ich seinen Duft ein und sackte entspannt in mich zusammen.

„Hey, aufwachen, Schlafmütze", holten mich Adnans Worte schließlich aus dem Schlaf. „Wir sind da."
Noch immer ein wenig benommen stellte ich fest, dass ich mittlerweile mit dem Kopf auf seinem Schoß lag. Peinlich. Sofort ließ ich von ihm ab. Doch Adnan schien dies nichts auszumachen, jedenfalls ließ sein Lächeln nichts anderes erahnen.
Zusammen verließen wir schließlich die Bahn und liefen die Straße entlang, die zu seiner Wohnung führte. Wie ein Kavalier der alten Schule streckte er mir seinen Arm hin. Ich hakte mich ein. Trotz der schockierenden Nachrichten und dem ganzen Mist, der noch in meinen Erinnerungen haftete wie Uhu-Kleber, verspürte ich gerade sowas wie Glück in mir aufsteigen. Zum ersten Mal seit Ewigkeiten. Es war so schön bei Adnan zu sein, ihn so nah bei mir zu wissen, die Wärme seiner Hand zu spüren. Eigentlich konnte ich im Prinzip wieder zurück nach Düsseldorf, jetzt da Dennis mir nichts mehr anhaben konnte. Aber ich wollte gar nicht mehr zurück. Zu sehr hing ich schon an meiner neuen Heimat und natürlich an Adnan.
Ich werde es ihm gleich sagen, ich werde ihm sagen, dass ich Gefühle für ihn habe.
Wir betraten den dunklen Hausflur. Rasch betätigte Adnan den Lichtschalter und wir stiegen leise die Treppen empor. Ich hielt mich am Geländer fest und folgte ihm langsam.

„Veronika? Was machst du denn hier?", hörte ich Adnan auf einmal sagen.
Er stieg die letzten Stufen nach oben und gab den Blick auf eine Frau frei, die angelehnt an seiner Tür stand. Sie war groß und schlank. Ihre lange braune Mähne fiel ihr wellig über die Schultern. Sie trug ein figurbetontes, schwarzes Kleid und Pumps.
„Adnan, wir müssen reden", sagte Veronika mit ernstem Gesichtsausdruck und warf mir schließlich einen vernichtenden Blick zu.
Ach, du Scheiße!

Veronika

Adnan

Ach, du meine Güte! Was macht die denn hier?
Verwundert kratzte ich mir den Hinterkopf und sah Veronika kritisch an. „Was willst du mitten in der Nacht bei mir zuhause, Veronika?“
Immer noch fassungslos blickte ich dann zu Lena hinüber, die wie zur Salzsäule erstarrt auf den letzten zwei Treppenstufen innegehalten hatte und sich mit beiden Händen am Geländer festklammerte. Eingeschüchtert starrte sie auf den Boden. Ich griff nach ihrem Arm. „Komm, Lena“, flüsterte ich ihr zu und zog sie zu mir rüber. Dann sah ich wieder Veronika an. Ihre Stirn war in Falten gelegt, mit dem Finger trommelte sie unruhig gegen den Türrahmen und biss sich auf die Unterlippe. Inzwischen waren drei Monate vergangen, seit ich von ihrem Betrug erfahren hatte. In den ganzen Wochen hatte sie sich nicht einmal bei mir gemeldet um vielleicht ein „Tut mir leid, wie alles gelaufen ist“, auszusprechen. Es war schon mehr als dreist, plötzlich einfach so vor mir zu stehen und so zu tun, als wäre alles in bester Ordnung zwischen uns beiden.
„Du hast dich ja schnell getröstet“, zischte sie mir entgegen und warf Lena einen giftigen Blick zu.
Ich konnte merken, wie diese leicht zusammenzuckte.
„Und wenn schon! Dich geht es sicher nichts mehr an, mit wem ich zusammen bin oder nicht“, konterte ich und schob mein Kinn leicht vor.
Veronika seufzte tief und kam einen Schritt auf mich zu. „Bitte lass mich eben kurz mit dir reden, danach lass ich euch zwei auch in Ruhe.“
„Du gehst jetzt! Sofort!“, sagte ich fest und bestimmt. Ich griff nach Lenas Hand und steuerte meine Haustür an.

Doch Veronika warf sich in diesen Moment davor. „Nein, ich werde nicht eher von hier verschwinden, bis du mich angehört hast." Entschlossen verschränkte sie die Arme vor der Brust und sah abwechselnd mich und dann Lena an. Das war ja wirklich an Peinlichkeit und Dreistigkeit nicht mehr zu überbieten! Da ich nicht noch mehr Krach im Hausflur verursachen wollte, stimmte ich zähneknirschend zu.
„Du gehst schon mal rein, ich komme sofort nach", sagte ich zu Lena.
Veronika machte ihr Platz, so dass sie die Tür aufschließen konnte.
Auffordernd sah mich meine Ex an, nachdem Lena die Tür hinter sich zugezogen hatte.
„Also, machen wir es kurz. Was willst du, Veronika?" Beide Hände hatte ich in die Hüften gestemmt und meine Stirn in Falten gelegt.
Veronikas Gesichtszüge wurden weich. „Adnan, ich habe dich damals nicht betrogen, das musst du mir glauben!"
Sie griff nach meiner Hand. Ich entzog sie ihr.
Angewidert schüttelte ich den Kopf und schnaubte. „Ach, nein? Dann hat mein Kumpel, der dich zusammen mit diesem Typen knutschend und fummelnd in irgend so einem Schuppen gesehen hat, gelogen? Und die Ansage, die ich dir damals gemacht hatte, hattest du auch nicht dementiert."
Der Schmerz über Veronikas Betrug saß immer noch tief wie ein Dorn im Fleisch. Ich war noch niemals so verliebt in eine Frau gewesen wie in sie. Die Tatsache verarscht und ausgenutzt worden zu sein, war demütigend ohne Ende für mich gewesen.
„Ich ... ich war volltrunken. Ja, er hat meine Situation ausgenutzt und hat mich geküsst, aber es ist nichts weiter gelaufen zwischen uns. Das musst du mir glauben!" Flehend sah sie mich mit glasigen Augen an.
„Ich muss überhaupt nichts! Geh jetzt endlich!"

„Adnan, du sollst wissen, dass ich dich noch immer liebe. Ich habe nie damit aufgehört."

Abermals schüttelte ich den Kopf und kniff die Lippen fest zusammen. „Natürlich. Deswegen hast du dich auch zwölf Wochen nicht bei mir gemeldet und tauchst jetzt aus heiterem Himmel einfach bei mir auf."

„Ich … ich habe Zeit gebraucht. Durch die Krankheit meines Vaters habe ich Zeit für mich gebraucht. Er hat einen Schlaganfall erlitten, nur einen Tag nach dem Feiern im Club. Mir ist da einfach alles egal gewesen. Ich musste allein sein, verstehst du?"

Ich musste schlucken. „Oh Gott, das tut mir leid mit deinem Vater. Wie geht es ihm jetzt?", entgegnete ich mit ruhiger Stimme. In meinem Job hatte ich tagtäglich mit Schlaganfall-Patienten zu tun und wusste, was dieser Schicksalsschlag für Auswirkungen haben konnte und was es mit den Angehörigen machte.

Veronika seufzte und setzte sich auf die Treppenstufen.

„Er ist mittlerweile wieder zuhause bei meiner Mutter, doch hat jetzt die höchste Pflegestufe. Er ist halbseitig gelähmt und kann nur bedingt und recht undeutlich sprechen. Laufen geht überhaupt nicht", schluchzte sie und vergrub das Gesicht in beide Hände.

Sofort setzte ich mich neben sie und schlang einen Arm um ihre Schulter. „Hey, das tut mir so wahnsinnig leid für dich und deine Familie. Ich hatte ja keine Ahnung."

Sofort schmiegte sie ihr Gesicht an meine Schulter und wimmerte leise vor sich hin. „Und mir tut es leid, dass ich dich die ganze Zeit im Unklaren gelassen habe. Ich wollte dich wirklich nicht verlieren, doch ich habe auch nichts dagegen getan, das zu verhindern", jammerte sie halb unverständlich vor sich hin und drückte meine Hand.

Von diesem ganzen Input war ich doch sehr konfus. Veronika hatte sich im besoffenen Zustand zwar von einem Kerl

küssen lassen, aber das war nicht die Art von Betrug, mit der ich gerechnet hatte. Sie hatte sich in einem Ausnahmezustand befunden, obwohl ich ihr keine Absolution erteilen wollte. Ich strich ihr tröstend über den Arm und bemerkte ihre immer ruhiger werdende Atmung.
„Habe ich dich wirklich verloren? Hast du eine neue Freundin?“, fragte sie im weinerlichen Tonfall, löste sich wieder von mir, um das mittlerweile ausgegangene Treppenlicht wieder anzuknipsen, sah mich forschend und mit Tränen in den Augen an. Die Kajalfarbe war zerlaufen und hatte einen schwarzen Film auf ihren Wangen gebildet, ihre Unterlippe zitterte.
„Ich habe keine Freundin. Das in meiner Wohnung ist Lena, die beste Freundin meiner Schwester und meine neue Mitbewohnerin. Wir sind seit der Schule befreundet.“ Ich konnte verfolgen wie sich ihre Augen erhellten.
„Oh, verstehe. Das ist gut.“ Sichtlich erleichtert atmete Veronika aus und streichelte mir mit den Fingerspitzen sanft über die Wange. „Ich habe dich so vermisst“, raunte sie mir zu und fuhr sich mit der Zungenspitze über ihre vollen Lippen. Langsam kam ihr Gesicht ganz nahe an meines heran, so dass ich ihren warmen, süßlichen Atem auf meiner Haut spüren konnte. Mein Herz schlug einen holprigen Takt. Wie von selbst zog ich sie näher an mich heran und küsste sie hingebungsvoll.

Lena

Wütend schmiss ich meine Tasche in die Ecke des Flures und stampfte eilig in mein Zimmer, griff mir mein Tagebuch und begann zu schreiben:

Liebes Tagebuch,

das Vorstellungsgespräch heute ist scheiße gelaufen. Trotz Ritalin und einer gut angelaufenen Therapie konnte ich nicht souverän genug auftreten. Bei der Frage: „Welche Gehaltsvorstellungen haben Sie, Frau Höfer?“ Oder: „Was versprechen Sie sich von unserem Unternehmen?“, musste ich zu lange stocken. Warum bin ich nur so ein Trottel? Ich muss endlich bei Adnan ausziehen. Ich halte das nicht mehr aus! Er hängt ständig mit seiner Freundin ab. Sie und er sind frischverliebt. Dieses Glück gönne ich ihm zwar, es tut mir aber dennoch unendlich weh. Es ist, als ob jemand mein Herz mit einem spitzen, harten Stein zermahlen würde. Immer und immer wieder ... Außerdem merke ich, dass Veronika mich nicht sonderlich gut leiden kann. Ihre Blicke fühlen sich oft so abschätzig und desinteressiert an. Nur das Nötigste spricht sie mit mir, wenn Adnan in der Nähe ist. Ansonsten behandelt sie mich eher wie Luft. Er hat kaum noch Zeit für mich. Zwar hatte er am Samstag vorgeschlagen, mich mitzunehmen, als er und sie einen Ausflug im botanischen Garten geplant hatten, doch ich wollte nicht das fünfte Rad am Wagen sein. Auf verstohlene Küsse der beiden konnte ich gut und gerne verzichten. Wie konnte ich nur so doof sein und mir eine reelle Chance bei ihm ausrechnen? Was will er denn bitte mit der gestörten und verpeilten Freundin seiner Schwester, *wenn er so eine Frau wie Veronika haben kann? Ich muss ihn mir ein für alle Male aus dem Kopf schlagen und aus meinem Herzen verbannen.*

Tief seufzend legte ich den Kugelschreiber beiseite und drückte meine Stirn gegen die Tischplatte. Ich hörte wie ein Schlüssel im Schloss gedreht wurde. Am Klang der Stöckelschuhe, die auf dem Laminat auf und ab schlugen, erkannte ich, dass es Veronika war.
Sie arbeitete als Sachbearbeiterin für ein Kreditinstitut und hatte immer schon pünktlich um 15:00 Uhr Feierabend. Fast jeden Tag war sie bei uns, noch bevor Adnan nach Hause kam.
Ich verdrehte die Augen. Ihre Schritte kamen immer näher. Auf einmal wurde die Tür aufgerissen.
„Hey, Schätzchen, kannst du vielleicht heute Abend ausnahmsweise mal ins Kino gehen oder dir vielleicht ein Date organisieren?“, fragte Veronika und sah mich kaugummikauend an. Einen Arm hatte sie an den Türrahmen gelegt, der andere ruhte auf ihrer Hüfte. Sie trug einen blauen Minirock und eine weiße, tiefausgeschnittene Bluse, die mehr zeigte als sie verbergen sollte.
„Hast du schon mal was von Anklopfen gehört?“, sagte ich angesäuert und stieß Luft durch meine Nasenlöcher.
„Hey, nicht frech werden, ja! Das ist die Wohnung von meinem Freund. Soweit ich weiß, zahlst du noch nicht einmal Miete.“
Wut und Schmerz wallten in mir auf. Ich schluckte den dicken Kloß in meiner Kehle hinunter und korrigierte meinen Gedankengang von vorhin.
Sie mag ja attraktiv aussehen, aber dafür ist sie eine hohle Zimtzicke! Im Grunde passt sie überhaupt nicht zu Adnan!
„Ich werde den Abend nur auf mein Zimmer sein, also sei

unbesorgt.“
„Trotzdem könnte uns das stören. Du musst ja mal pinkeln oder so. Es wäre heute wirklich besser, wenn du wenigstens einen Abend mal unterwegs wärst. Ich habe eine Überraschung für Adnan geplant. Sei bitte kein Spielverderber, Kleine!“
Was solls! Ich hatte ohnehin keinen Bock, irgendetwas von ihrem Geturtel mitzubekommen. Ein bisschen Abstand davon konnte ich wirklich gut gebrauchen.
„Gut, ich werde gleich verschwinden“, erwiderte ich kleinlaut und zupfte an meiner Bluse herum. *Hauptsache du lässt mich endlich in Ruhe!*
„Ausgezeichnet“, sagte Veronika nur und verließ mit schnellen Schritten mein Zimmer.
Tja, jetzt hat sie wirklich mehr als drei Sätze mit mir gesprochen! Ich schnaubte und schüttelte ratlos den Kopf.
Wo soll ich denn nur hin? Ich kenne doch niemanden hier. Den ganzen Abend? Und wenn ich in der Nacht wieder zurück bin und sie beide räkeln sich gerade irgendwo auf dem Sofa? Wieder seufzte ich auf. „Ich brauche einen Job!“
Auf einmal fielen mir Mikes Worte von vor drei Wochen wieder ein: „Am besten tauschen wir Nummern aus. Dann kannst du dich bei Bedarf gern bei mir melden.“
Ruckartig griff ich zum Smartphone. Natürlich nahm er nicht ab. Als Arzt war er sehr beschäftigt, schon klar, dachte ich und hinterließ eine Nachricht auf seiner Mailbox: „Hey, Mike, hier ist Lena. Kann ich auf dein Angebot mit der Computerfirma zurückkommen? Falls das noch möglich ist, würde ich mich sehr über einen Rückruf freuen. Ciao!“
Ich packte das Handy in meine Tasche, zog mir schnell eines meiner liebsten Hemdblusenkleider an. Es war beige, luftig und ging mir bis zu den Knöcheln. Dann schlüpfte ich in meine schwarzen Sandaletten. Es war Juli und sehr warm draußen. Ich würde schon irgendein Café finden, wo ich

mich aufhalten und die Zeit vertreiben könnte. Ich hing mir meine Tasche über die Schulter und verließ schnurstracks die Wohnung.

***

„Ja, das hat sie gesagt!" Haarklein berichtete ich Lucy von meiner heutigen Begegnung mit Veronika und den übrigen Tagen mit ihr. Ich konnte am Aufstöhnen meiner Freundin erkennen, wie angewidert sie war. Wenigstens eine Fürsprecherin! Genau das, was ich gerade brauchte!
Ich saß mitten in der Innenstadt in einem Stuhl zurückgelehnt, der zu einem kleinen Bistro gehörte. Italienische Klänge drangen von innen nach draußen. Der Abendhimmel war tiefblau, die Luft war noch immer warm.
„Mein Bruder hat schon immer einen ungewöhnlichen Frauengeschmack gehabt, aber so wie du sie mir beschreibst, bekomme ich allein davon ja schon einen Kotzreiz."
„Das mit ihrem Vater tut mir ja sehr leid", lenkte ich schließlich ein.
„Klar finde ich das auch traurig. Aber diese Mitleidskarte auszuspielen, na, ich weiß nicht!", meinte Lucy und machte ein Schnalzgeräusch.
„Ist ja auch egal. Ich werde jetzt alles dransetzen und einen Job finden – und wenn ich putzen gehe, Hauptsache weg."
„Nichts überstürzen, Süße! Lass dich von dieser Ziege bloß nicht einschüchtern. Falls sie das jetzt häufiger mit dir versucht, sag einfach Adnan Bescheid. Er würde das nie billigen, das weißt du!"
„Ach, ich habe ihm jetzt lange genug auf der Tasche gelegen, sie hat wirklich nicht unrecht, ich muss …"
„Halt, Moment! Sie hat was gesagt?" Lucys Stimme kletterte gleich zwei Oktaven höher.

„Nein, nicht wortwörtlich nur …“
„Lena, bitte! Ich kenn dich doch! Versuch jetzt nichts zu beschönigen. Diese unverschämte Person hat dir also zu verstehen gegeben, dass du meinem Bruder auf der Tasche liegst?“
Ich stieß die Luft aus und zupfte an meiner Unterlippe herum. „Darum geht es jetzt nicht. Ich wollte darauf hinaus, dass ich das wirklich nicht mehr länger möchte. Ich war zuvor von niemanden abhängig. Naja, außer emotional von Dennis, schon klar. Aber niemals finanziell, auch wenn er immer was anderes behauptet hat.“
Auf einmal hörte ich ein Anrufsignal in der anderen Leitung. Schnell nahm ich das Smartphone vom Ohr um nachzusehen. Es war Mike. Ich legte es zurück ans Ohr. „Du, kann ich dich später zurückrufen? Ich habe einen wichtigen Anruf in der anderen Leitung.“
„Alles klar, Lenchen, bis dann.
„Bis dann.“
Zügig klickte ich auf den blinkenden Anruf und presste das Telefon abermals an mein Ohr.
„Hallo?“
„Hey, Lena, Mike hier. Natürlich gilt mein Angebot noch. Hättest du eventuell kurzfristig Zeit? Dann könnten wir alles in Ruhe besprechen. Ich habe da vorab ein paar Infos für dich.“
„Ja, ich habe Zeit.“
„Gut, ich habe gerade Feierabend und würde dich gern abholen und zum Essen einladen, wenn es dir recht ist.“
Für einen Moment zögerte ich, weil es sich eher wie ein Date anhörte. Aber dann dachte ich wieder an Adnan und Veronika. *Was solls, wenigstens ein bisschen Gesellschaft. Außerdem ist er der beste Freund von Adnan, was für Mike spricht.*
„Gerne. Ich bin gerade im “Bistro Mondschein“, kennst du

das?“
„Aber sicher doch. Ich bin etwa in einer halben Stunde bei dir.“

Adnan

Engumschlungen lag ich mit meiner Freundin auf dem Sofa und war noch immer außer Atem. Der Sex mit ihr war wie üblich berauschend schön gewesen. Wie sie in Strapsen und transparentem BH da auf einmal vor mir gestanden hatte, als ich die Wohnung betrat. Ihr Blick, einfach alles war wie aus einem Porno.
Träge ließ ich mich tiefer in das Kissen sinken und musste grinsen, denn Veronika knabberte gerade an meinem Ohrläppchen. Ihr heißer Atem streifte meinen Hals.
„Baby, das war großartig“, hauchte sie und legte dann den Kopf auf meine Brust.
„Du kannst mich so gerne öfters überraschen, Schatz“, sagte ich mit einem zufriedenen Lächeln auf den Lippen.
„Das lässt sich einrichten“, gurrte sie.
„Was ist eigentlich mit Lena? Ist sie in ihrem Zimmer?“, wollte ich wissen und tätschelte Veronikas Arm.
„Ne, sie ist heute ausgegangen. Oder denkst du, ich stelle mich fast nackt in deine Wohnung, wenn ich weiß, dass die hier rumrennen kann?“
Ihre letzten vier Worte klangen irgendwie höhnisch oder habe ich mir das bloß eingebildet?
„Sie ist ausgegangen?“, wiederholte ich ungläubig und kräuselte die Stirn.
„Sag ich doch.“
„Aber mit wem denn? Sie kennt hier doch niemanden!“ Vorsichtig hob ich Veronikas Kopf an und setzte mich auf,

woraufhin sie genervt aufstöhnte.
„Bin ich ihr Kindermädchen oder was? Lass sie doch. Die Kleine hätte einen Freund wirklich bitter nötig, wenn du mich fragst."
Ich stieß die Luft aus. „Du verstehst das nicht! Sie hat viel durchgemacht, sie würde nie ..."
„Ach und ich habe nicht viel durchgemacht mit meinem Vater?", fiel Veronika mir hörbar verärgert ins Wort und sah mich grimmig an.
„So war das doch gar nicht gemeint, aber ..."
„Aber was? Sie ist alt genug, lass sie doch!"
Resigniert schüttelte ich den Kopf. Natürlich würde ich Veronika nichts von Lenas Vergangenheit erzählen. Ich hatte es ihr versprochen.
„Bestell uns lieber etwas zu Essen, mein Schatz", redete Veronika plötzlich im honigsüßen Ton weiter und kniff mir in den Po. „So viel Sex macht hungrig."
„Gut, lass mich eben mein Handy aus der Jackentasche holen", entgegnete ich und lief auch schon in den Flur.
Ich hatte keine Ruhe. Wo genau war Lena? Sie ganz allein zu später Abendstunde in einer ihr noch immer viel zu unbekannten Großstadt und dann noch mit ihrem Trauma! Entschlossen wählte ich ihre Nummer, doch leider ging nur die Mailbox dran.
Mist! Es ist doch überhaupt nicht ihre Art.

***

Es war bereits 23:00 Uhr durch. Ich lag wach in meinem Bett. Veronika hatte sich schlafend auf die andere Seite gerollt. Die Sorge um Lena ließ keinen Schlaf zu. Zum Wiederholten Male hatte ich erfolglos versucht, sie zu erreichen.
So, das reicht! Ich ziehe mich jetzt an und suche sie, auch wenn das verrückt klingt.

Leise kroch ich aus dem Bett und schlüpfte in Jeans und Shirt. So geräuschlos wie möglich verließ ich das Zimmer, griff mir aus dem Flur meine Sneakers. Doch dann ging plötzlich die Tür auf.

Lena stand mit großen Augen vor mir. „Hey, Adnan, hast du einen Notfall im Krankenhaus?“ Sie schluckte und blinzelte mich mit einer Mischung aus Besorgnis und Überraschung an.

Meinen aufkommenden Ärger konnte ich nicht in Schach halten.

„Ich habe mir Sorgen um dich gemacht! Hättest du mir nicht wenigstens Bescheid geben können, wo du warst?“

Lena stutzte für einen kurzen Moment, legte ihre Handtasche auf dem Garderobenschrank ab und machte leise die Tür zu.

„Aber ich dachte, Veronika würde dir erzählen, dass ich ...“

„Ja, das hat sie zwar, aber du hast keinen Anruf von mir entgegengenommen, ich meine ...“ Jetzt merkte ich selbst wie bescheuert ich mich anhörte. „Tut mir leid, ich wollte dich wirklich nicht bevormunden. Du bist mir keine Rechenschaft schuldig.“

„Schon gut.“ Sie lächelte mir versöhnlich zu.

„Gehen wir kurz in die Küche, damit wir Veronika nicht aufwecken.“

Lena nickte stumm. So setzten wir uns am Tisch und sahen uns gegenseitig an, während ich vorsichtig nach Worten suchte, die nicht so kontrollsüchtig klangen. Zu gern wollte ich aber wissen, was sie in den ganzen Stunden gemacht hatte. Diese Frage ließ mich komischerweise nicht los.

„Ich war mit Mike etwas essen“, sagte sie, gerade als ich Luft für einen Satz holen wollte.

„Mike?“, wiederholte ich verdutzt. Ich hatte neulich in der Bar schon mitbekommen, dass er ein Auge auf Lena geworfen hatte. Ich kannte seinen schmachtenden Blick viel zu

gut! Den strengen Blick, den ich ihm daraufhin immer wieder zugeworfen hatte, hatte er entweder komplett ignoriert oder nicht verstanden. Auch Mike hatte ich nichts von Lenas Vergangenheit erzählt. Aber wieso schmiss er sich ausgerechnet an meine Mitbewohnerin und Freundin ran? Gab es nicht genug Frauen für ihn? Er war für seinen Verschleiß bekannt. Auf keinen Fall wollte ich, dass Lena so eine Nummer auf seiner Liste sein würde!
„Er ist so nett und lustig. Weißt du, er kann ein Vorstellungsgespräch für mich in Intercope organisieren. Vitamin B ist da wirklich alles."
„Ach, und als ich meine Hilfe angeboten habe, hast du abgelehnt! Ich hätte dir eine Stelle an der Pforte besorgen können." Schon wieder konnte ich meinen Ärger nicht verbergen. *Das ist doch gar nicht meine Art! Was ist denn nur los mit mir!*
Ich seufzte tief. „Sorry, das war wieder blöd von mir", räumte ich ein und stemmte das Kinn in meine Hand, sah wie Lena die Brauen zusammenzog und unruhig mit dem Bein auf und ab wippte.
Sie hat anscheinend vergessen, das Ritalin zu nehmen, oder?
„Adnan, du hast mir wirklich schon mehr als genug geholfen. Nein, ich wollte das nicht auch noch, okay?"
Ich nickte und fuhr mir mit einer Hand über den Bart.
„Das ist wirklich sehr nett von Mike. Ich freue mich natürlich für dich, wenn das mit dem Job klappt, aber er ist ..." Ich suchte nach den passenden Worten.
„Ein Schürzenjäger, ich weiß. Glaubst du, ich bin wirklich so naiv, dass nicht zu merken?" Lena warf mir einen belustigten Blick zu.
Ich musste lachen. „Nein, ich halte dich bestimmt nicht für naiv." Ich wurde wieder ernst, sah sie durchdringend an. „Seit du hier bist, möchte ich dich einfach nur beschützen. Das ist meine Aufgabe, bitte lass es zu."

Lena griff über den Tisch nach meiner Hand. „Ich weiß, aber in erster Linie brauche ich dich als Freund. Ich bin mittlerweile wieder stabil genug, um auf mich selbst aufzupassen, wirklich."
Ich kratzte mir den Nacken. „Ja, du hast recht."

***

Am nächsten Tag in meiner Mittagspause rief ich Mike an. Ich wusste, er würde heute erst gegen Nachmittag erscheinen. Nach dem vierten Klingeln nahm er schließlich ab.
„Hey, Kumpel, was gibt´s denn?"
„Ich mache es einfach kurz und knapp: Lass bitte die Finger von Lena. Sie ist tabu!"
Mike lachte auf. „Bitte was?"
„Hör zu, Mike, wir kennen uns wirklich schon ewig, und ich habe dich selten um etwas gebeten. Aber Lena ist nicht so eine."
„So eine was?" Mikes Tonfall wurde immer amüsierter, was mich nur noch mehr in Rage versetzte.
„Sie ist keines dieser Betthäschen, kapiert? Sie ist anständig. Ich lasse nicht zu, dass du ihr zu nahekommst, sie womöglich mit deinen ganzen Tricks doch noch um den Finger wickelst und ihr schließlich das Herz brichst. Sie hat wirklich in letzter Zeit viele Schicksalsschläge hinnehmen müssen. Das hat sie nicht verdient!"
„Stopp! Hol erstmal Luft. Ich habe mich nur nett mit ihr unterhalten. Sie ist zugegebenermaßen total heiß."
Plötzlich spürte ich ein pulsierendes, brennendes Stechen in mir und ballte meine Hand zur Faust.
„Aber", fügte Mike hinzu, „ich bin doch keiner dieser notgeilen Kerle, die eine Frau bedrängen würden. Außerdem finde ich dein Verhalten gerade mehr als bescheuert und eifersüchtig."

„Ich bin sicher nicht eifersüchtig, Lena ist mir eben sehr wichtig“, stellte ich angesäuert klar und hätte ihm jetzt am liebsten eine runtergehauen.
Ich und eifersüchtig? Ich war in einer glücklichen Beziehung und außerdem kannte ich Mikes oscarreife Tricks, um bei Frauen zu landen. Für eine Nacht mit einer Angebeteten konnte er sich in jedem Typ der Welt verwandeln. Nicht umsonst hatte ich ihm den Spitznamen “Das Chamäleon“ gegeben.
„Und was, wenn ich mich in sie verliebt hätte?“, meinte Mike.
„Rede keinen Unsinn!“
„Unsinn? Wieso ist das jetzt Unsinn?“
An seinen Tonfall konnte ich raushören, dass er mich nur hochnahm, oder vielleicht doch nicht?
„Du kannst mir nicht verbieten, mich mit ihr zu treffen, wenn sie das auch will. Aber wenn du in sie verliebt bist, wäre das natürlich was anderes, und ich würde sie definitiv nicht anrühren, mein Freund. Ehrenkodex!“
Schnaufend schüttelte ich den Kopf. „Ich bin nicht in sie verliebt. Das ist mir jetzt echt zu blöd.“
Ohne Vorwarnung beendete ich das Telefonat.
Der hat doch einen Knall!

***

Zwei Tage später, es war Samstag, flüsterte es an meiner Zimmertür.
„Adnan, bist du wach?“
Veronika war gestern auf einem Mädelsabend gewesen und würde erst später abends wieder zu mir kommen. So hatte ich Gelegenheit, ein bisschen Zeit mit Lena zu verbringen. Meistens hatte sie in ihrem Zimmer gehockt, war nicht einmal zum Filmegucken zu mir und Veronika ins

Wohnzimmer gekommen, aß immer schon früher zu Abend. Sie schien sich mehr und mehr zurückzuziehen.
„Ja, ich bin wach. Komm rein!", rief ich Lena zu.
Sie trug ein langes Kleid aus Jeans. Ihre Augen leuchteten. Sie sieht wunderschön aus, musste ich fasziniert feststellen. Natürlich war mir das schon vorher bewusst gewesen, aber an diesem Morgen strahlte sie geradezu, wirkte so unbefangen und gelöst.
„Ich habe den Job!", jubelte sie und schmiss sich zu mir aufs Bett.
„Wow, das ist großartig! Ich freue mich für dich!"
Freudestrahlend fiel sie mir um den Hals und mir wurde es plötzlich ganz heiß. *Warum pocht mein Herz nur so?*
„Erst gestern war mein Vorstellungsgespräch und heute Morgen habe ich gleich einen Anruf vom Personalchef erhalten", erzählte Lena weiter.
Ich rieb ihr mit einer Hand sanft über den Rücken. „Das müssen wir feiern. Heute machen wir einen Lena-Tag! Alles, worauf du Lust hast."
„Danke, Adnan. Das ist wirklich lieb von dir."
„Gibst du mir einen Moment? Ich mache mich eben frisch. Dann können wir zusammen frühstücken."
„Klingt gut." Mit diesen Worten löste sich Lena wieder von mir und sprang vom Bett.
Ich brauchte definitiv eine kalte Dusche, denn ich war unübersehbar erregt.

Lena

Es war ein herrlicher Tag mit Adnan gewesen. Wir hatten endlich das Brandenburger Tor besichtigt, waren am Reichstagsgebäude gewesen, auf dem Fernsehturm und

hatten den Potsdamerplatz durchquert.
Völlig erledigt vom Tag steuerten wir die naheliegendste U-Bahnstation an.
„Puh“, entwich es mir, als wir nebeneinander herliefen. Ich streckte meinen Kopf zum blauen Himmel, warf dann Adnan einen Seitenblick zu.
Er grinste mich breit an. „Das nenne ich mal ein fettes Programm.“
„Allerdings. Danke für den schönen Tag. Ich habe so viele Eindrücke sammeln können.“
„Gern geschehen.“ Er schob eine Hand lässig in die Hosentasche. Unter den Stoff seines Shirts konnte man seine Muskeln gut erkennen.
Oh Gott, Lena! Hör auf, ihn so lange anzuglotzen!
Adnan bemerkte meinen Blick.
Rasch sah ich wieder geradeaus und fixierte eine Mutter, die mit ihrem Kind vor uns herlief. Ich ließ meinen Blick weiter wandern und nahm die unterschiedlichsten Menschengruppen wahr, die uns passierten. Die zwei Touristen konnte man anhand ihrer “I love Berlin-Cappies“ gut erkennen, sowie an ihren Worten. Wenn mich nicht alles täuschte, sagte der eine etwas Französisches zum anderen. Dann bemerkte ich noch ein Mädchen mit zerschlissenen Jeans. Ihr Top hatte die Optik eines Schweizer Käses. Die giftgrünen Haare würden bestimmt noch aus zehn Meter weiter Entfernung leuchten.
„Wann musst du eigentlich deine neue Arbeitsstelle antreten?“, wollte er hörbar interessiert von mir wissen.
Ich wandte mich wieder Adnan zu. „Zum ersten August.“
„Also in zwei Wochen. Super.“
„Ich kann die Zeit jetzt gut für die Wohnungssuche nutzen.“
„Wohnungssuche?“ Er blieb abrupt stehen, sah mich kritisch an.
Ich stoppte ebenfalls ab, legte die Stirn in Falten. „Ja, klar.

Ich wohne jetzt schon seit drei Monaten bei dir. Du und Veronika wollt sicher mehr Privatsphäre haben."
„Quatsch!" Mit einer Hand winkte Adnan energisch ab. „Du brauchst da jetzt wirklich nichts überstürzen. Ich finde, du solltest erstmal die Probezeit abwarten."
„Ähm, meinst du, ich könnte sie nicht überstehen?" Ich biss mir auf die Unterlippe. Traute er mir womöglich nicht zu, für ein großes Unternehmen zu arbeiten?
„So war das nicht gemeint, Lena." Er lief auf mich zu, legte beide Hände auf meine Schulter und sah mich durchdringend an.
„Wie dann?"
Adnan seufzte. „Vorher hattest du am Empfang in einer eher kleinen Firma gearbeitet. Das, was da auf dich zukommt, ist schon etwas anderes."
„Also traust du mir nicht zu, eine ganze Abteilung organisieren zu können mit meinem ADHS?" Ich senkte den Blick, machte mich von ihm los und setzte den Weg fort.
„So ein Unsinn!", rief er aus und griff nach meinem Arm.
„Ich bin überzeugt davon, dass du das schaffen wirst. Vielleicht gehen du und Veronika mal zusammen shoppen. Sie könnte dich bezüglich Outfits beraten. Weißt du, in so einen Millionenunternehmen legt man Wert auf ..."
„Hm, du findest also, dass mein Kleidungsstil nicht anspruchsvoll genug ist?"
Ich konnte es nicht fassen! Ich habe zuvor schon in Büros gearbeitet und konnte mich immer sehen lassen.
„Nein, Lena, ich mag deinen Kleidungsstil. Bitte dreh mir doch keinen Strick aus jedem Satz. Ich will dir doch bloß helfen!" Beschwichtigend hob er beide Arme in die Höhe. „Ich würde dich da finanziell auch unterstützen", redete er im leiseren Tonfall weiter, schob sich dann eine Haarsträhne, die sich aus seinem Dutt gelöst hatte hinters Ohr und sah mich prüfend an, wirkte ein bisschen unsicher.

„Ich habe dir schon mal gesagt, dass ich kein Geld von dir nehme!“, erwiderte ich schnippisch.
„Wenn du ein Problem damit hast, kannst du es dir doch wenigstens von mir leihen und irgendwann zurückzahlen. Du gehörst doch ...“
„Bitte nicht schon wieder dieser Satz! Lena, du gehörst doch zur Familie!“, fauchte ich genervt, ließ beide Arme nach oben schnellen, dann wieder nach unten fallen und stieg mit ihm zusammen in die Bahn.

Adnan

Ich rieb mir über den Nasensteg, ließ mich frustriert auf den Sitz neben Lena plumpsen und musterte sie weiterhin, beobachtete, wie sie scheinbar beleidigt den Kopf von mir wegdrehte und zum Fenster hinausblickte.
Oh Mann, ich scheine gerade alles falsch zu machen! Sie reagiert sehr empfindlich, wirklich. Ich muss aufpassen, dass ich nicht noch einen wunden Punkt bei ihr treffe ...
„Hey, ist schon gut. Wir reden am besten nicht mehr von dem Thema Job. Tut mir leid, wenn ich dich gekränkt habe“, versuchte ich einzulenken.
Lena stieß hörbar die Luft aus und drehte sich wieder um. „Du meinst es ja nur gut. Sorry für meine Zickerei, aber du hast wirklich genug für mich getan – und ich will kein Geld von dir leihen“, stellte sie nochmal im festen Tonfall klar. „Ich habe mit meinen Konzentrationsproblemen echte Fortschritte gemacht. Du brauchst dir keine Sorgen zu machen.“ Sie zwinkerte mir zu und stupste mit ihrer Schulter meine Schulter an.
Es war sehr stickig, trotz gekippter Fenster. Stimmgewirr und Musik drang an meine Ohren. Jugendliche schauten

sich Videos auf ihren Smartphones an und lachten immer lauter. Ein Pärchen weiter abseits brach einen heftigen Streit vom Zaun. Es ging darum, dass er mit einer anderen geflirtet hatte.
„Ja, das Bahnfahren ist schon so eine Sache für sich", flüsterte ich Lena kopfschüttelnd zu, woraufhin diese kicherte.
„Ja, du wirst plötzlich Zeuge von Dingen, von denen du lieber nichts erfahren wolltest", gluckste sie.
Ich musste plötzlich an den Vorfall von vorhin zurückdenken. Ich hatte plötzlich eine Erektion bekommen, als sie mich fast mit dem ganzen Körper umarmt hatte. Darüber war ich nach wie vor ein bisschen verwirrt. Vor Wochen die Situation mit dem Beinahe-Kuss, was ich auf mein Single-Dasein geschoben hatte. Aber jetzt war ich kein Single mehr. Ich liebte Veronika! Sie war die Frau meiner Träume. Lena war immer Lena, eine gute Freundin der Familie. Ich war stets "der große Bruder" für sie gewesen.
Es musste mit Mikes dummen Gequatsche zusammenhängen, rätselte ich weiter. Ja, ganz bestimmt hatte es damit zu tun gehabt!

Lena

Da wir noch immer satt von den Hotdogs waren, die wir unterwegs verdrückt hatten, beschlossen wir, draußen noch ein paar Körbe zu werfen. Ich hatte mich inzwischen umgezogen und trug ein graues Trikot und olivfarbene Shorts. Munter dribbelte ich drauflos.
Adnan hatte sich ebenfalls kurze Hosen angezogen. Wieder blickte ich ein wenig zu lange auf seinen athletischen Oberkörper und bemerkte plötzlich den Ball nicht, der von meinem Wurf am Korb zurückgeschleudert wurde und meine

Stirn erwischte. Benommen torkelte ich zwei Schritte zurück und fasste mir reflexartig an den Kopf.
„Alles in Ordnung?" Sofort kam Adnan zu mir herbeigeeilt und inspizierte meine Stirn.
„Ja, halb so schlimm", antwortete ich kleinlaut und fuhr mir mit der Zunge über die spröden Lippen.
„Es ist nichts zu sehen", sagte er nach einigen Sekunden nachdenklich. Seine beiden Hände ruhten an meinen Schläfen. Sein samtiger Blick nahm mich augenblicklich gefangen, fühlte sich an wie flüssiges Karamell, das warm durch meinen Körper glitt. Mein Herz pumpte zu schnell, zu unkontrolliert.
Sekunden verstrichen. Jeder von uns verweilte in seiner Position, rührte sich nicht. Unsere Blicke verschmolzen förmlich miteinander. Es fühlte sich an, als seien wir eingefroren, nur mit dem Unterschied, dass ich innerlich loderte wie Feuer.
„Was ist denn hier los?", riss mich eine Stimme aus der Trance. Veronika stelzte mit ihren hohen Absätzen über den Asphalt auf uns zu. Giftig sah sie dabei aus. Fast synchron lösten wir uns wieder voneinander.
„Hey, Schatz! Lena hat sich mit dem Ball am Kopf verletzt", erklärte Adnan räuspernd seiner Freundin.
Diese nickte langsam und zog ihn, ohne mich eines weiteren Blickes zu würdigen, näher zu sich heran.
Augenblicklich erwiderte er die Umarmung und gab ihr einen leidenschaftlichen Kuss.
Wortlos zog ich mich zurück.

***

Den restlichen Abend verweilte ich auf meinem Zimmer. Adnan und Veronika hatten beschlossen, zuhause zu bleiben und es sich mit einem Film und gutem Essen gemütlich

zu machen. Ich hatte seine Anfrage, ob ich ebenfalls eine Pizza möchte und zusammen mit ihnen essen, entschieden abgelehnt. Immer noch keinen Hunger, hatte ich gesagt und auch, dass ich müde sei.
Ich linste auf mein Handy. Es war inzwischen 20:30 Uhr durch.
Na, toll! Das wird sicher ein ganz toller einsamer Abend in meinem Zimmer werden! Aber immer noch besser, als bei den beiden Turteltauben zu hocken. Ich denke, Veronika ist sicher nicht böse drum.
Ich legte mich bäuchlings aufs Bett, klappte den Laptop, der vor mir herumlag, auf und ließ ein paar Musik-Videos auf YouTube laufen.
Irgendwann döste ich ein und wachte gegen 22:00 Uhr wieder auf. Dann ging ich in die Küche um mir ein Glas Wasser zu holen. Das Wohnzimmer und auch der Flur waren dunkel. Die beiden hatten sich wohl auf sein Zimmer zurückgezogen. Leise holte ich mir ein Glas aus dem Schrank, griff nach dem Sprudelwasser, das auf der Küchenzeile stand und goss gluckernd ein.
Ein Gestöhne war plötzlich zu hören. „Oh, Baby, hör nicht auf!“, schrie Veronika schon fast.
Super, jetzt muss ich mir auch noch ihre Sex-Geräusche geben!
Schnell griff ich mir mein Glas und flüchtete in mein Zimmer zurück. Doch auch noch durch die geschlossene Tür konnte ich Veronikas wildes Stöhnen und ihre Anfeuerungssprüche vernehmen. Ich zog mir mein Nachtshirt an, schmiss mich ins Bett und drückte mir das Kissen mit beiden Händen auf den Kopf.
Ich renne so schnell ich kann die Straße entlang. Ich spüre meinen Puls hart im Hals zucken. Dann drehe ich mich um. Andreas kommt immer näher. Er ist einfach viel schneller als ich. Mit einem Mal packt er mich und bringt mich damit zum

Stehen. Widerwillig blicke ich ihn an. Seine Gesichtszüge sind verhärtet, seine Augen sind bloß kleine Schlitze.
„Du bist schuld am Tod meines Bruders!" Seine Stimme bebt vor Groll und Zorn. „Das wirst du bereuen, du kleine Schlampe. Warte nur ab! Gregor ist schon auf dem Weg." Mit einer Hand drückt er dann meine Kehle zu.
Keuchend erwachte ich aus meinem Alptraum und blickte auf die Digitaluhr. Es war mitten in der Nacht. Schnaufend stieg ich aus dem Bett, riss das Fenster weit auf und atmete ganz tief die Nachtluft ein.
Wann hören diese Alpträume endlich auf?
Dir kann nichts passieren, Lena. Sie wissen nicht wo du bist. Hier bist du in Sicherheit, versuchte ich mich gedanklich zu beruhigen, legte mich in mein Bett zurück und hoffte, noch einmal in den Schlaf zu finden.

Am nächsten Morgen – es war schon 10:00 Uhr – hörte ich die Haustür zufallen.
Ob Veronika gegangen ist? Es würde mich jedenfalls freuen.
Träge schlenderte ich in die Küche, um mir einen Kaffee zu machen, da ließen mich folgende Wort innehalten: „Ja, er ist eben Brötchen holen. Ich muss aber leise sprechen. Seine trottelige Mitbewohnerin ist nebenan."
Ich ließ von der Kaffeemaschine, deren Knopf ich gerade im Begriff war zu drücken, ab und lauschte weiter.
„Ja, klar hat er mir die Geschichte mit dem kranken Vater abgekauft. Glaubst du, er hätte mich noch einmal in sein Leben gelassen, wenn ich nicht die treue, unschuldige Freundin gemimt hätte? Aber mal im Ernst: Ich werde jetzt wirklich sesshaft werden und monogam sein und so."
Sie machte eine Pause, erwiderte dann trotzig: „Haha! Ja, Bianca, lach du nur, aber Adnan ist ein dicker Fisch, den ich mir definitiv nicht durch die Lappen gehen lasse. Diese zweite Chance werde ich jedenfalls nutzten. Der verdient in

seinem Job viel Kohle. Außerdem ist er eine Granate im Bett."
Ich hörte ihre Schritte im Flur und hoffte inständig, dass sie nicht die Küche betreten würde.
„Ja, ich weiß, Süße! Ich komm die Tage mal rum, aber nicht mehr zum Feiern, klar?" Veronika kicherte und beendete mit einem „Ciao" und einem Kussgeräusch das Telefonat.
Noch immer hing ich an der Küchenzeile fest und traute nicht, mich fortzubewegen. *Um Himmels willen! Sie hat Adnan verarscht! Wie kann man nur so eine geschmacklose Lüge wie Schlaganfall beim Vater anwenden um seinen Verflossenen zurückzuerobern? Sie ist in erster Linie scharf auf sein Geld.*
Endlich schloss sich eine weitere Tür. Entweder die vom Schlaf- oder Badezimmer, schlussfolgerte ich und wagte es, ein paar Schritte in den Flur zu gehen. Veronika war weit und breit nicht zu sehen, stellte ich erleichtert fest und schlich auf meine Zimmertür zu.
In diesem Moment sprang allerdings die Badezimmertür auf und Veronika bewegte sich nur mit einem Negligé bekleidet auf mich zu. Die prallen Möpse guckten raus und wippten auf und ab. Ihre Gesichtszüge waren verhärtet und verliehen ihren langen, höchstwahrscheinlich angeklebten Wimpern noch mehr Ausdruck.
„Wie lange stehst du schon hier?", zischte sie und funkelte mich böse an.
„Ähm, ich bin gerade aufgestanden." Eingeschüchtert hielt ich mich mit einer Hand an der Türklinke fest.
„Jetzt reden wir mal Tacheles." Sie packte meinen Arm und drückte ihn unangenehm fest.
„Los lassen!" Ich riss mich erfolgreich von ihr los, hielt ihren grimmigen Blick stand.
„Hör zu, du kleine Kröte! Glaubst du, ich habe nicht bemerkt, dass du scharf auf ihn bist? Ich kann dir eins

garantieren: Adnan steht auf richtige Frauen und nicht auf kurzgeschorene, graue Mäuse."
Ich schluckte, denn ihre Worte trafen mich hart. Ich wollte nicht zulassen, dass sie mich verletzten, doch das war gerade unmöglich. Ein nicht zu verachtender große Teil in mir wusste, dass sie recht hatte. Im Vergleich zu ihr war ich hässlich und klein. Wenigstens schien sie nicht geschnallt zu haben, dass ich ihr Gespräch mitangehört hatte!
„Also, mach dir keine falschen Hoffnungen und funk mir nicht dazwischen", sprach sie im scharfen Tonfall weiter.
Das Aufschließen der Tür sorgte dafür, dass Veronika ein paar Schritte Abstand von mir nahm.
„Moin!" Bestens gelaunt lief Adnan in den Flur und sah abwechselnd mich und Veronika an. „Sehr gut, dass ihr beide auf seid. Dann können wir ja zusammen frühstücken", schlug er vor und wedelte mit der duftenden Brötchentüte.
Der Hunger war mir allerdings deutlich vergangen. Dennoch musste ich versuchen, mir nichts anmerken zu lassen. Ich würde mit Adnan sprechen, sobald diese Schreckschraube fort war.
„Mir ist etwas übel. Ich leg mich besser hin", haspelte ich und kaute nervös auf meiner Unterlippe herum.
„Du hast schon gestern Abend nichts gegessen. Komm, ich mach dir wenigstens einen Tee", sagte Adnan und warf mir einen besorgten Blick zu.
„Adnan, sei bitte nicht immer so eine Glucke und lass Lena doch einfach. Sie will nur ein bisschen Ruhe. Dann wird es ihr sicher auch schnell besser gehen, nicht wahr, Lena?", säuselte Veronika und warf mir einen vielsagenden Blick zu.
„Ja, deine Freundin hat recht, Adnan. Ich brauche bloß etwas Ruhe", erwiderte ich nickend und schloss die Zimmertür schließlich hinter mir zu.
Bei der fieberhaften Frage, wie ich Adnan diesen Betrug

wohl am besten verklickern sollte, war ich schließlich erschöpft eingenickt und hatte den halben Sonntag verschlafen.
Von einer Berührung an meinem Arm wurde ich schließlich schreckhaft aus dem Schlaf gerissen. Adnan saß vor mir, die Stirn in Falten gelegt.
„Tut mir leid, aber du hast laut im Schlaf gesprochen und warst einfach nicht anders wach zu kriegen", erklärte er sich kopfkratzend und musterte mich beklommen.
Ruckartig setzte ich mich wieder auf, rieb mir durchs Gesicht. „Was ... was habe ich gesagt?"
Adnan holte tief Luft. „Du sagtest: ‚Nein, Adnan, nein, ich muss es dir sagen', das waren deine genauen Worte."
Ach du Scheiße! Jetzt habe ich auch noch im Schlaf gesprochen. Wieso hänge ich mir nicht gleich eine Glocke um den Hals, damit er auch noch weiß, wo genau ich immer bin?
„Was ist los, Lena?" Beschwörend sah er mich an.
„Nichts, wirklich. Ich muss irgendwas Wirres geträumt haben." Unsicher krampften sich meine Finger um die Bettdecke.
„Du bist seit gestern Abend schon so komisch. Rede mit mir, komm schon!"
Er setzte seinen hypnotischen Samtblick ein, der mir wirklich jedes verdammte Mal den Verstand raubte. Ich kniff resigniert die Augen zusammen und ließ mich in das Kissen zurückfallen. „Ich hatte bloß etwas Kopfschmerzen, das ist alles. Jetzt geht es aber wieder", versicherte ich, ohne mein Augenmerk von der Zimmerdecke zu lösen.
Ich spürte, wie Adnan mir sanft über den Arm streichelte. „Das ist wirklich gut zu wissen. So und jetzt isst du was! Es ist schon fast Abend."
Entschlossen griff er nach meinen Händen und zog meinen Oberkörper hoch, damit ich mich aufsetzen konnte. Anschließend zog er hartnäckig an mir weiter, bis ich

schließlich vor ihm stand. Er lächelte mich so süß an, dass mir schlagartig wieder ganz heiß wurde und mein ganzer Körper prickelte.
Er sieht nie mehr in mir als eine Freundin. Außerdem liebt er Veronika. Wenn ich ihm verrate, was ich weiß, werde ich sein Herz brechen. Aber er hat die Wahrheit verdient ...

Wir gingen in die Küche. Ich setzte mich auf die Küchenzeile, beobachtete, wie er gerade Wasser in einem Kochtopf füllte. Zögerlich ergriff ich das Wort.
„Adnan, ich muss dir doch etwas Wichtiges sagen!" Beide Hände legte ich in den Schoß und sah ihn konzentriert an. Seine Aufmerksamkeit war geweckt. So stellte er den Topf auf die Herdplatte und baute sich vor mir auf. Beide Hände auf die Arbeitsplatte gestützt, fixierte er mich mit krausgezogener Stirn.
„Schieß los!"
Ich holte tief Luft. „Ich habe heute Morgen zufällig mitbekommen, wie Veronika in einem Telefonat erzählt hat, dass du ihr die Geschichte mit ihrem Vater abgekauft hättest." Ich machte eine Pause, musterte ihn unsicher.
„Ja und?"
„Ja und?", wiederholte ich fassungslos. „Aus diesem ganzen Telefonat war rauszuhören, dass sie dich belügt und Hintergedanken hat."
Adnan, der immer noch unanständig ruhig erschien, erwiderte: „Das hast du bestimmt aus dem Kontext gerissen. Wahrscheinlich irgendein Girlstalk mit ihrer besten Freundin."
Entweder er hatte komplette Scheuklappen angezogen oder wollte nicht wahrhaben, was ich ihm gerade versuchte zu erklären.
Ich stieß Luft aus, schüttelte den Kopf und hüpfte von der Küchenzeile.

„Na schön, wenn du mir nicht glauben willst, ist das deine Sache. Ich habe dich jedenfalls gewarnt!“ Fest verschränkte ich beide Arme vor der Brust und musste krampfhaft dieses Brodeln unterdrücken, das mich befiel. Ich war mehr als wütend!
„Lenchen“, sprach Adnan sanft und drehte meinen ihm abgewandten Körper zurück in sein Blickfeld. „Ich weiß deine Fürsorge wirklich zu schätzen. Veronika hat öfters einen, sagen wir, unverwechselbaren Tonfall. Sie redet wie ihr der Schnabel gewachsen ist. Ich glaube nicht, dass die Geschichte mit ihrem Vater erfunden ist. So kaltschnäuzig ist sie einfach nicht.“
Zugegeben: So eine List wäre an Widerwärtigkeit kaum zu überbieten. War sie wirklich zu so etwas fähig? Dann erinnerte ich mich an ihre übrigen Worte: „Adnan ist ein dicker Fisch, den ich mir definitiv nicht durch die Lappen gehen lasse.“ Das klang doch nach Berechnung. Nach was bitte sonst? Kann es wirklich sein, dass ich diese Äußerungen falsch interpretiere, überlegte ich weiter.
„Leeena?“, unterbrach Adnan meine Gedanken.
Ich schüttelte leicht den Kopf. „Schon gut. Vielleicht habe ich da bloß etwas missverstanden“, räumte ich ein. Definitiv wollte ich mit ihm nicht mehr darüber diskutieren. Mein Gefühl tendierte eher zum Schlechten. Aber Adnan, verliebt wie er war, konnte ich sowieso vom Gegenteil nicht überzeugen. Wenigstens hatte ich es versucht ...

Adnan

Nach dieser hitzigen Debatte war die Stimmung gekippt. Lena wirkte erneut in sich gekehrt – und wenn mich nicht alles täuschte, beleidigt.

Es war nicht so, dass ich ihr nicht voll und ganz vertraute, aber ich kannte ebenfalls Veronika, die sehr aufbrausend sein konnte. Was, wenn ich das einfach nicht wahrhaben will, rief plötzlich eine Stimme in mir, die ich schnell wieder abschüttelte.

Sowas würde Veronika nie tun!

Ich gab Lena und mir Spaghetti auf dem Teller und fügte Sauce Bolognese hinzu. „Bon Appetit", raunte ich ihr mit einem Lächeln zu, welches sie jedoch nicht erwiderte.

Gedankenverloren stocherte sie in ihren Nudeln herum, bis sie schließlich welche um ihre Gabel wickelte und sich in den Mund schob.

Ich nahm ebenfalls einen Bissen und beobachtete sie weiterhin kritisch. „Bist du jetzt sauer?" Die Frage konnte ich mir einfach nicht verkneifen.

Sie schüttelte den Kopf. „Nein, sauer nicht."

„Sondern?" Ich hob eine Augenbraue und versuchte aus ihrem Gesicht schlau zu werden, auf dem sich momentan keine Regung abzeichnete. Ihr Smartphone auf dem Tisch machte sich mit einem Brummen bemerkbar. Ohne weiter auf meine Frage einzugehen, griff sie es sich, schaute auf das Display. Lächelnd tippte sie eine Nachricht ein und schob das Handy daraufhin wieder von sich.

„Ein Hoch auf diesen Jemand, denn er scheint deine Laune verbessert zu haben. Wer war es denn?"

„Mike."

Klirrend ließ ich die Gabel auf den Teller fallen. „Was will der denn noch?"

Ich dachte, ich hätte ihm eine klare Ansage gemacht!

„Ich habe ihm das mit der Jobzusage geschrieben und mich noch einmal bedankt. Gerade hat er gefragt, ob wir uns nochmal auf einen Kaffee treffen wollen."

„Und du hast nein gesagt?" Angespannt machte ich eine Hand unter den Tisch zur Faust und zog die Luft ein.

„Ich habe ja gesagt. Wieso nicht?" Lena kratzte die letzten Nudeln vom Teller und schob ihn anschließend aus ihrem Blickfeld.
„Wieso nicht?", wiederholte ich verärgert. „Er ist ein Schürzenjäger, schon vergessen? Ich kenne Mike fast mein halbes Leben, und er war noch nie ernsthaft an einer Beziehung interessiert."
„Wieso gleich Beziehung? Man kann sich doch auf einen Kaffee treffen. Ich will ihn doch nicht gleich heiraten!"
Ebenfalls schob ich meinen noch halbvollen Teller beiseite. Irgendwie war mir der Hunger vergangen. „Bist du wirklich so naiv? Einen Kaffee trinken, ist entweder das Codewort für einen Beischlaf oder der Vorwand, um an einen zu kommen, wenn man wirklich keine ernsthaften Absichten hat. Jedenfalls gilt das für Männer wie Mike", beendete ich stirnrunzelnd meine kleine Ausführung und erkannte, dass ich mich gerade in Rage geredet hatte.
„Ich bin also naiv? Klar … Die kleine, dumme Lena, sicher!" Sie stand auf. Ihre Augen funkelten mich trotzig und schmerzerfüllt an.
„Ich halte dich nicht für dumm, das weißt du genau!" Ich erhob mich, suchte ihren Blick, den sie mir verwehrte. Stattdessen fixierte sie das Küchenregal, dann die Tischplatte.
„Ich brauche wirklich keinen Aufpasser mehr, kapier das endlich! Außerdem", sie machte eine Pause, sah mir wieder in die Augen. „Du darfst dir über meine Aussage in Bezug auf Veronika eine eigene Meinung bilden, ich bei Mike aber nicht." Mit diesen Worten verließ sie aufgebracht die Küche.
„Fein. Dann bilde dir mal deine eigene Meinung!", rief ich ihr ärgerlich hinterher.
Niedergeschlagen schmiss ich mich auf meinen Stuhl zurück und vergrub das Gesicht in meinen Händen. *Ausgezeichnet gemacht, Adnan. Du bist echt ein Hornochse.*

Warum ärgert mich die Tatsache, dass sie mit Mike ausgeht nur so sehr? Ist es mein brüderlicher Beschützerinstinkt oder mehr?

Ich musste meiner Wut Luft machen und rief auch schon den Verursacher an.

„Was fällt dir ein, Lena einfach gegen meinen Willen um ein weiteres Date zu bitten!“, fing ich ohne ein „Hallo“ unsere Unterhaltung an. Ich konnte selbst merken, wie viele Hitze und Verdruss sich mittlerweile in mir angestaut hatte. Schnell wanderte ich zur Küchentür, um diese zu schließen, ließ vorher nochmal einen Blick durch den Flur schweifen. Lena war wohl in ihrem Zimmer. Ich musste mich mit der Lautstärke zusammenreißen, nicht, dass sie noch etwas von diesem Telefonat hier mitbekam!

„Ich überhöre jetzt einfach mal diesen peinlichen Macho-Spruch und schiebe ihn deiner südländischen Mentalität zu, mein Freund“, flötete Mike.

Seine Gelassenheit und unüberhörbare Belustigung brachten mich nur noch mehr auf die Palme. Ich ließ mich plumpsend auf dem Stuhl nieder, kratzte mit den Fingernägeln auf der Tischplatte herum. „Warum Lena? Warum jetzt? Ausgerechnet sie! Sie ist wie eine Schwester. Schwestern sind tabu!“

Mike lachte auf. „Oh, Adnan, wenn Lena wie eine Schwester für dich ist, fress ich ein Besen.“

„Dann guten Appetit, du Arsch!“

„Puh, so kenne ich dich ja gar nicht.“ Mikes Lachen wurde lauter, meine Wut steigerte sich ins Unermessliche.

„Du hast doch nie im Leben ehrliche Absichten oder etwa doch?“

„Nope. Eigentlich finde ich sie nur so interessant, weil du zweifelsohne auf sie stehst.“

Jetzt platzte mir wirklich der Kragen. „Ich stehe nicht auf Lena, sie ist wie eine ...“

„Wie eine Schwester, klar! Ich habe gesehen, mit welchem Gesichtsausdruck du sie immer wieder an diesem Abend bedacht hast. Das habe ich noch nie so intensiv bei dir wahrgenommen. Glaub, mir, dafür habe ich einen Riecher."
„Du kriegst definitiv noch eins auf deinen Riecher!"
„Ruhig Blut, Junge. Gib doch einfach zu, dass du scharf auf sie bist."
Ich schnaubte, stand von meinem Stuhl auf, denn ich konnte nicht mehr ruhig sitzen bleiben und lief Kreise in der Küche. Der Hörer war nach wie vor an mein Ohr gepresst. „Du machst dir wirklich einen Sport daraus, oder? Du willst sie unbedingt in dein Bett kriegen, weil du dir einbildest, dass ich sie will. Es ist nur ein bescheuertes Spiel für dich!"
„So könnte man es in etwa ausrücken, ja."
Immer noch konnte ich es nicht glauben. So eine Nummer hatte Mike nie zuvor bei mir abgezogen. Was war nur in ihn gefahren? Ich dachte, er wäre mein Freund.
„Lass die Finger von Lena – oder du kannst unsere Freundschaft als beendet betrachten."
Mit diesen Worten drückte ich schnaubend das Gespräch weg und ließ mein Handy unsanft auf den Tisch knallen. *Ich muss mich wieder beruhigen. Komm runter, Adnan. Lena hat bei Mikes Avancen auch noch ein Wörtchen mitzureden. Sicher fällt sie erstens nicht auf so eine billige Tour rein, und zweitens ist die Sache mit ihrem Ex noch nicht lange her. Sie ist noch nicht so weit, sich auf einen anderen Mann einzulassen. Bescheuerter Beschützerinstinkt, weiche von mir!*

***

Den nächsten Tag im Krankenhaus bekam ich Mike nicht zu Gesicht, was im Grunde ja keine Seltenheit war. Immerhin betreuten wir zwei unterschiedliche Fachabteilungen. Gemeldet hatte er sich auch nicht noch einmal bei mir, woraus

ich schloss, dass ich ihm von seinem hirnverbrannten Vorhaben nicht abbringen konnte.
Als ich dann nach Hause kam, empfing mich Veronika mit einem strahlenden Gesicht.
„Hallo, Schatz", hauchte sie, fiel mir um den Hals und gab mir einen Kuss.
„Hey", murmelte ich an ihren Lippen hängend und löste mich wieder von ihr. Sie trug einen schwarzen, überkurzen Samtrock und ein hautenges Tanktop.
„Ich habe uns was vom Chinesen bestellt", verriet sie und zeigte mit dem Zeigefinger auf die Asiaboxen, die auf dem Küchentisch standen.
Erst jetzt nahm ich den Geruch nach süß-saurer Sauce und Hähnchenfleisch wahr.
„Ausgezeichnet. Wo ist Lena? Möchte sie auch was, hast du sie gefragt?"
„Sie ist ausgegangen. Kann spät werden. Endlich haben wir die Bude für uns ganz allein", jubelte Veronika und drückte mich auf den Stuhl.
Ausgezeichnet, dann trifft sie sich also heute mit Mike!
„Man hört und sieht Lena doch kaum, wenn wir unsere Abende verbringen. Ich weiß gar nicht, was du überhaupt willst."
„Es ist mir trotzdem so lieber. Den einen Morgen hat sie mich so komisch angezickt, ohne Grund." Veronika, rümpfte die Nase, nahm neben mir Platz und öffnete eine Nudelbox.
„Lena ist wirklich keine Zicke."
„Willst du etwa damit sagen, dass ich lüge?", zischte sie mir zu und zwirbelte an einer ihrer langen Haarsträhnen.
„Quatsch, so war das auch nicht gemeint." Ebenfalls griff ich mir eine Box, um sie zu öffnen. Es waren gebratene Nudeln mit Hühnerfleisch drin. Ich machte von den beiliegenden Essstäbchen Gebrauch und schob mir Fleisch in den Mund.

Noch immer bedachte mich meine Freundin mit einem vorwurfsvollen Blick. „Sag mal, wie geht es eigentlich deinem Vater?", wechselte ich schnell das Thema.
Für einen Augenblick stockte Veronika, sagte dann: „Etwas besser, danke. Er hat wirklich sehr gutes Pflegepersonal."
Ich nickte langsam und schaufelte noch mehr Nudeln in mich hinein. „Das freut mich."
Hat sie ein paar Sekunden zu lange gezögert? Hatte das etwas zu bedeuten? Aber das war sicher kein Beweis für eine Lüge.

Den Abend über konnte ich meine Sorge um Lena nicht ablegen. Ich hatte zwischenzeitlich sogar versucht, sie über WhatsApp zu erreichen. Ich wollte mich bei ihr für mein Verhalten von gestern entschuldigen. Doch entweder hatte sie dort, wo sie sich befand, keinen Empfang oder ihr Handy war ausgeschaltet.
„Nun kommen wir zum angenehmen Teil", flüsterte mir Veronika mit tiefer Stimme zu und zog mich, kaum hatte ich den letzten Bissen heruntergeschluckt, in mein Schlafzimmer.
Der Duft ihres nach Rosen duftenden Parfüms war betörend. Sie rieb ihren Körper an meinen und zog anschließend langsam und laszive ihre Kleider aus, bis sie völlig nackt vor mir stand. Währenddessen hatte ich mich bereits meiner Jeans und meines Hemdes entledigt und stand in Boxershorts vor ihr. Energisch griff sie in meinen Schritt, zog anschließend die Shorts von meinen Hüften und schubste mich aufs Bett. Kurzatmig ließ ich es geschehen und fühlte ihren weichen Körper an mir, genoss ihre Wärme. Obwohl sie so heiß und animalisch war, kam ich jedoch irgendwie nicht in Stimmung. Wir versuchten es bestimmt dreimal, doch ich bekam keinen hoch.
„Entschuldige, das ist mir wirklich noch nie passiert." Ich

legte mich auf die freie Bettseite und zog die Decke über meine Beine.
Veronika folgte mir, den Kopf an meine Brust gelehnt.
„Schon gut, kann passieren." Sie legte eine Hand um meine Hüfte und schmiegte sich noch dichter an mich.
Ich atmete tief ein und strich ihr mit einer Hand übers Haar.
„Weißt du, dass ich sehr glücklich mit dir bin, mein Schatz?", sagte meine Freundin und fuhr mir mit der flachen Hand über die Brust. „Ich bin wirklich froh, dass wir wieder zusammengefunden haben."
„Ich auch, Süße", entgegnete ich mit sanfter Stimme und fühlte mich ein Stück besser. Veronika war wirklich eine Traumfrau. Ellenlange Beine, einen Schmollmund und dazu witzig und liebevoll. Zufrieden über die mir zurechtgelegten Tatsachen, entspannte sich mein Körper endlich. Lena war alt genug. In Hinblick auf ihr Trauma war sie zwar zerbrechlicher, aber nicht aus Glas. Sie musste ihr Leben in die Hand nehmen. Dazu gehörte es auch, eigene Erfahrungen zu sammeln. Mike war ja im Grunde auch ein netter Kerl. Vielleicht würden sie einfach nur ihren Spaß haben. Bei diesem Gedanken verkrampfte sich plötzlich wieder alles in mir. *Quatsch, Lena ist nicht so eine! Sie wird schon wissen, was sie tut. Mike wird schon sehen!*

Ein Klingeln drang aus der Küche. Es war mein Handy, das ich dort hatte liegen gelassen. *Lena!* Ruckartig erhob ich mich.
„Hey, bleib doch liegen, Süßer. Lass einfach klingeln", murmelte Veronika ein wenig benommen und setzte sich ebenfalls auf. Ihre Augen wirkten klein und müde.
Wahrscheinlich war sie gerade eingedöst.
„Nur eine Sekunde, Schatz! Vielleicht ist es auch das Krankenhaus", versicherte ich und sprintete in die Küche. Da hatte es auch schon aufgehört zu klingeln. Zu meiner

Enttäuschung stellte ich fest, dass es bloß meine Schwester gewesen war, die versucht hatte, mich zu erreichen. Aber eine WhatsApp von Lena hatte ich erhalten.

„Hey, ist schon gut. Schwamm drüber. Wünsche dir einen schönen Abend."

Ich seufzte auf, nahm das Handy und kehrte ins Schlafzimmer zurück.

Schwamm drüber! Das ist alles, was sie noch zu sagen hat? Einen schönen Abend, klar. Dir auch einen schönen Abend!

Wortlos und schnaubend ließ ich mich in meine Kissen fallen und hatte, ohne es zu merken, meine Freundin erneut geweckt.

„Hey! Geht das auch sanfter?"

„Entschuldige, Schatz."

„Was ist denn los?"

„Ach, nichts."

„Komm, Baby, verrat es mir. Vielleicht kann ich dir ja helfen."

Ob das so eine gute Idee war, Veronika von meiner Sorge um Lena zu erzählen? Immerhin waren die beiden sich nicht ganz grün. Was soll's, dachte ich.

„Okay, also Lena geht heute mit meinen Kumpel Mike aus."

„Und?" Veronika kuschelte sich näher an mich und spielte mit meiner Hand herum, die träge neben meinen Körper lag.

„Ach, weißt du, Mike ist ein Womanizer, der eine Frau nach der anderen abschleppt und ..."

Veronika unterbrach mich mit lautem Gelächter. „Und dann ist der wirklich an so einer nichtssagenden Person wie Lena interessiert? Wie sieht denn dieser Mike aus? Ist er klein und dick? Dann würde es passen", spottete sie weiter und hielt sich den Bauch vor Lachen.

„Nein, Mike ist eher attraktiv, würde ich sagen, groß, schlank – und Lena ist sicher nicht nichtssagend. Ich

verstehe nicht, warum du sie nicht magst!“
Irgendwie war ich genervt von ihren blöden Sprüchen.
„Cool down, Baby! Ich weiß, die Kleine ist eine sehr gute Freundin von dir. Es ist auch wirklich nicht so, dass ich etwas Persönliches gegen sie hätte, aber sie ist ein bisschen strange. Wir sind einfach nicht auf einer Wellenlänge“, wandte meine Freundin deutlich beschwichtigend ein und verschränkte unsere Finger miteinander. „Ich drücke jedenfalls die Daumen dafür, dass sie wenigstens ein bisschen Sex von diesem Mike bekommt, sonst endet die wirklich als vertrocknete Jungfer.“
Das war zu viel für mich. Ich setzte mich auf und ließ Veronika in das Kissen fallen.
„Was ist denn jetzt schon wieder?“, wetterte sie und boxte mich am Oberarm.
„Wieso bist du eigentlich ständig so am Lästern? Immer diese Kommentare unter der Gürtellinie!“
„Oh, bitte entschuldige, ich werde kein Wort mehr über die heilige Lena verlieren.“
Der Spott in ihrer Stimme machte mich noch wütender.
Sofort kam Veronika wieder näher an mich herangerückt. „Entschuldige, Baby, ich werde mich in Zukunft zusammennehmen, versprochen.“ Sie drückte mir einen Kuss auf, setzte sich dann auf mich und fasste mir erneut entschlossen in den Schritt.
Ich seufzte auf. „Veronika, ich habe doch gesagt, dass ich nicht in der Stimmung bin.“
Ohne auf meine Ansage einzugehen, machte sie weiter, drückte meinen Kopf aufs Kissen, schien mich mit ihren Lippen verschlingen zu wollen und massierte weiterhin meinen Penis.
„Ich möchte nicht, bitte akzeptiere das doch einfach!“, sagte ich mit fester Stimme und schob sie von mir.
„Tz … ich weiß nicht, was diese Nummer soll, Adnan!“

Beleidigt kniff sie die Lippen zusammen und funkelte mich wütend an.
„Wieso akzeptierst du eigentlich kein Nein? Ich bin doch keine Maschine. Reicht es dir denn nicht, wenn wir einfach mal kuschelnd zusammen einschlafen?“ Ich konnte nicht verstehen, warum sie so verständnislos und fordernd war.
„Ich habe eben meine Bedürfnisse. Aber du bist mir gerade viel zu komisch drauf.“ Veronika hüpfte aufgebracht aus dem Bett, griff nach ihren Kleidungsstücken und steuerte die Tür an. „Ich werde heute Nacht bei mir schlafen. Du kannst dich ja wieder bei mir melden, wenn du dich abgeregt hast“, schimpfte sie und knallte die Tür hinter sich zu.
Auch gut, dachte ich, irgendwie froh darüber, meine Ruhe zu haben. Ich ließ sie einfach ziehen. Das war mir gerade viel zu stressig.
Erleichtert ließ ich mich in mein Kissen zurückfallen und schnappte mir meine Decke.
Ich werde jetzt einfach früh schlafen, dann kann ich auch morgen früher raus und mal wieder vor der Arbeit joggen.

Doch der Schlaf wollte einfach nicht kommen. Hin und her wälzte ich mich – zu meinem Ärger landeten meine Gedanken immer wieder bei Lena und Mike.
Was sie wohl gerade machen? Es ist mittlerweile schon 22:00 Uhr durch. Scheiße, was soll das? Warum kann ich nicht aufhören, an sie zu denken? Hat Mike etwa doch recht gehabt?
Ich hüpfte aus dem Bett und versuchte, mich mit einer Netflix-Serie auf der Couch abzulenken. Doch vom Inhalt bekam ich kaum etwas mit, denn meine Gedanken schweiften ständig ab und landeten abermals bei Lena.

Als plötzlich ein Schlüssel ins Schloss gedreht wurde, wäre ich fast vom Sofa gefallen. *Endlich!* Mein Herz begann zu poltern. Rückartig sprang ich auf und eilte in den Flur.

Mit einem breiten Grinsen stand Lena vor mir. Sie trug ein rotes Kleid, das ihr bis zu den Knien ging. Es saß wie eine zweite Haut an ihr und gab den Blick auf ihre schlanken Beine frei. So etwas Aufreizendes hat sie noch nie getragen, dachte ich und beobachtete, wie sie torkelnd den Raum betrat.
„Hey, Adnan", lallte sie bestens gelaunt, legte den Schlüssel auf den Garderobenschrank ab und schlüpfte aus ihren Ballerinas.
„Du bist betrunken!" Ich griff nach ihrem Arm, denn um ein Haar hätte sie sich langgelegt.
„Jup, ich habe ein bisschen Wein mit deinem charmanten Freund getrunken", kicherte sie und strich mir mit einer Hand grob über den Kopf.
„Das war wohl mehr als ein bisschen. Was ist mit deinem Ritalin?", meldete sich der Arzt in mir wieder zu Wort. „Die Medikation verträgt sich nicht gut mit Alkohol. Dadurch könntest du unter Umständen noch mehr Nebenwirkungen bekommen."
„Keine Sorge, Doc. Ich habe ohnehin keine allzu hohe Dosierung."
Ich seufzte. „Findest du, das war wirklich so eine gute Idee?"
Ich ging mit ihr ins Wohnzimmer und drückte sie auf die Couch. *So leichtsinnig! Das passt überhaupt nicht zu ihr!*
„Hach, ich komm schon klar, Herr Doktor."
Immer noch zeichnete sich ein fettes Lächeln auf ihrem Gesicht ab. Ihre Wangen waren leicht gerötet. Glanz hatte sich in ihren Augen gebildet. Lena sah so unbeschwert und glücklich aus.
„Hm, du bist so süß, wenn du dir Sorgen um mich machst", plapperte sie ungeniert weiter und zog mich zu sich aufs Sofa.
Ich bedachte sie nach wie vor mit einem skeptischen Blick.

„Hat sich Mike benommen? Ist irgendetwas vorgefallen?“
Oh Gott, diese Fragen konnte ich mir einfach nicht verkneifen.
„Wir haben nicht miteinander geschlafen, falls du das meinst. Er war von Anfang bis Ende des Abends ein echter Gentleman“, schwärmte sie schon regelrecht und tätschelte meine Schulter.
Die Anspannung fiel mit einem Mal von mir.
„Es war wirklich ein schöner Abend gewesen. Jetzt gehe ich in mein Bett“, entschied sie, erhob sich und fiel dann wie ein Stein zurück auf die Couch.
„Warte, ich helfe dir.“
Ich hielt ihre Arme fest und zog sie vorsichtig auf die Beine. Diese waren wirklich sehr wackelig. Lena war voll wie eine Haubitze. Beherzt griff ich nach ihrem Arm, hielt ihn fest umschlungen und führte sie langsam zu ihrem Bett.
„So, da wären wir. Du kannst dich jetzt hinsetzen“, verriet ich, woraufhin sich Lena auch schon fallen ließ und abermals zu kichern begann. Ich knipste das Nachtlicht an und setzte mich auf die Bettkante.
„Du bist ja so süß.“ Ihre Stimme war nicht mehr als ein Flüstern.
Plötzlich setzte sich Lena auf und zog mich näher zu sich heran. Ich stützte mich mit beiden Armen auf der Matratze ab und sah zu, wie ihr Kopf auf das Kissen zurückfiel. Ihre Augen wirkten geheimnisvoll. Sie schimmerten wie Wasser in der Sonne. Ihre Gesichtszüge waren geglättet. Unsere Blicke verschmolzen miteinander, und mein Herz schlug einen unruhigen Takt. Wärme kroch in mir hoch. Ich war wie gefangen in ihren Blick, der etwas ganz tief in mir drin berührte.
Lena schlang beide Arme um meinen Nacken. Meine Haut prickelte. Hitze durchfuhr mich.
Dann führte sie mein Gesicht nahe dem ihren und schluckte kaum hörbar. Meine Atmung wurde immer schneller.

Unsere Lippen näherten sich und verschmolzen zu einem zärtlichen Kuss. Alles in mir drin pulsierte und bebte. Meine Zunge drang voller Verlangen in ihrem Mund und streichelte ihre. Raum und Zeit schienen an Bedeutung zu verlieren. Mit einer Hand fuhr ich über ihre Haare, mit der anderen stützte ich mich nach wie vor ab. Lena atmete mit einem leisen Stöhnen in mich hinein.
Ich fühlte mich plötzlich in einem Traum, aus dem ich nicht mehr aufwachen wollte, es war viel zu schön.

Lena

Mit einem Lächeln im Gesicht wachte ich auf. Ich fasste an meinen Lippen und spürte noch immer seine Küsse, seine zärtlichen Berührungen. Sofort musste ich es meinem Tagebuch anvertrauen und lief zum Sekretär.

Liebes Tagebuch,
ich kann es noch immer nicht glauben, dass Adnan und ich uns gestern Nacht geküsst haben. Seit über zehn Jahren träume ich davon - und der Kuss hat all meine Fantasien, die ich im Laufe der Jahre gepflegt habe, übertroffen. Es war einfach unbeschreiblich schön wie in einem Märchen. Ja, es ist und bleibt auch bloß ein Märchen. Ich war betrunken, die Initiative ging von mir aus. Es ist doch klar, dass er mir, sobald ich mich aus meinem Zimmer wage, erklären wird, dass das bloß ein dummer Ausrutscher war. Er ist mit Veronika zusammen, er liebt sie! Das ist die Realität, der ich mich erneut stellen muss. Dennoch bereue ich nichts. Es

war der schönste Moment in meinem Leben. Diese Erinnerung werde ich wie einen Schatz in mir aufbewahren.

Mit einem unbehaglichen Gefühl legte ich das Buch zurück in die Schublade und verließ das Zimmer. Ich suchte Adnan und wurde schnell in der Küche fündig.
Er war dabei, Pfannkuchen zuzubereiten. Frischer O-Saft stand auf den Küchentisch. Sofort bemerkte er mich und hauchte mir ein „Guten Morgen“ zu. Seine weißen Zähne strahlten mit seinem Lächeln um die Wette. *Oh, ich weiß! Das ist ein Entschuldigungs-Frühstück. Gleich wird er mir sagen, dass es ihm leidtut, dass es gestern so weit gekommen ist mit uns und wird mir sagen, dass er unsere Freundschaft nie gefährden wollte ...*
„Guten Morgen! Setzt dich, Frühstück ist gleich fertig“, sprach er heiter.
„Morgen!“, erwiderte ich und nahm auf dem Stuhl Platz.

Nachdem Adnan sich und mir einen Pancake und einen Kaffee kredenzt hatte, saß er mir schließlich gegenüber.
Mehrmals räusperte er sich und sagte: „Ich möchte mit dir gern über gestern Nacht sprechen.“
Alles in mir drin verkrampfte sich. Meine Nägel bohrten sich unter dem Tisch in meine Oberschenkel. „Ich ... ich kann mich an nichts von gestern erinnern, wirklich. Totales Blackout. War denn irgendetwas vorgefallen? Hab ich was angestellt?“ Verlegen kratzte ich mir den Hinterkopf und sah ihn unsicher an.
Adnan holte tief Luft, biss sich auf die Unterlippe. „Ähm, nein. Ich ... ich wollte nur sagen ...“ Er machte eine Pause. Inzwischen hatte ein ernster Gesichtsausdruck das Lächeln abgelöst. „Ich wollte dir nur sagen, dass ich es für überhaupt keine gute Idee gehalten habe, dass du während

deiner Medikation Alkohol getrunken hast. Besser wäre es gewesen, du hättest die Dosierung ausfallen lassen."
Ich schluckte. „Ja, du hast ja recht. Das nächste Mal werde ich darauf achten, versprochen!"
Ein langes peinliches Schweigen trat ein, das mir wie eine Ewigkeit vorkam.
Dann sagte Adnan: „So, ich werde dann mal zur Arbeit fahren. Bis heute Abend!"
„Ja, klar. Ich wünsche dir einen schönen Arbeitstag. Bis später dann!"
Ich stieß die angesammelte Luft langsam und zischend aus meinen Backen aus und legte den Kopf auf die Tischplatte ab. „Es ist offiziell nie passiert. Wir haben uns nicht geküsst."
Gedankenverloren tauchte ich aus der Versenkung hervor und checkte die Nachrichten auf meinem Handy. Eine Nachricht von Mike:

Guten Morgen, Lena,
wie geht's es dir? Ich hoffe, du hast keinen Kater! Es war ein schöner Abend, und ich danke dir für die witzigen Geschichten über Adnan. Ich habe mich wirklich königlich über die Sache mit der zerrissenen Badehose im Schwimmbad amüsiert. Darf ich ihn damit aufziehen?

Ich musste grinsen und tippte:

Guten Morgen, Mike,
nein, behalte die Geschichten bitte für dich! Der Wein hat mich leider redselig gemacht ... Ich fand den Abend auch schön.

Schmunzelnd legte ich das Smartphone zur Seite.
Ich weiß gar nicht, was Adnan hat! Mike war wie ein Kumpel zu mir gewesen. Wir haben ständig über witzige Krankenhausgeschichten oder andere Anekdoten gelacht. Nicht ein

einziges Mal habe ich mich irgendwie angebaggert gefühlt von ihm. Er ist echt in Ordnung.
Abermals musste ich an den Kuss mit Adnan denken. Bloß bei dem Gedanken schien ich drei Meter über den Boden zu schweben. *Reiß dich zusammen, Lena! Er ist in einer Beziehung!*
Seufzend erhob ich mich und räumte das dreckige Geschirr in die Spülmaschine.

Adnan

Vor meinem Dienst traf ich auf Mike, der mir am Türrahmen gelehnt zu den Personalräumen, einen provokanten Blick zuwarf.
Mit dem habe ich noch ein Hühnchen zu rupfen.
Energisch knallte ich meinen Spind zu und blickte um mich. Weit und breit war niemand anderes zu sehen. Sehr gut, dachte ich und kam auf ihn zu.
„Was willst du hier, Mike?" Mit verschränkten Armen und einer hochgezogenen Braue blieb ich schließlich etwa einen halben Meter vor ihm stehen.
Mike atmete tief durch. „Es tut mir leid, Mann! Ich wollte wirklich kein falsches Spiel mit dir abziehen. Du kannst Lena fragen, ich habe mich vorbildlich benommen", sagte er kleinlaut und rieb sich den Nacken. Seine roten Haare glänzten im Licht der Deckenlampen und die Reue stand ihm buchstäblich ins Gesicht geschrieben.
Mit einem Mal verpuffte meine Wut auf ihn. „Schon gut." Ich klopfte ihm versöhnlich auf die Schulter und unterstrich meine Geste mit einem Nicken.
„Puh, da bin ich aber erleichtert!" Mike lachte auf und rückte das Stethoskop, welches um seinen Nacken geschlungen war, zurecht. „Ich habe das Ganze eigentlich bloß

abgezogen, um dich ein wenig aus der Reserve zu locken. Wenn ich Amore sehe, dann liege ich meistens richtig. Aber bei dir hatte ich mich dann doch getäuscht", gestand er mit einem verkniffenen Gesichtsausdruck und fügte hinzu: „Glaub mir, ich finde Lena wirklich ganz süß, aber mein Typ ist sie nicht. Ich wollte bloß ein bisschen Amor spielen. Aber dann scheinst du mit dieser Zimtzicke Veronika wohl wirklich glücklich zu sein."

Ich musste schlucken. „Also, Mike, du hast da wohl mit deiner Vermutung nicht ganz falsch gelegen." Ich fuhr mir mit der Zunge über die Schneidezähne und fasste mir durch die Haare.

„Wie jetzt?", wollte Mike mit großen Augen wissen.

„Wir haben uns gestern geküsst. Ich habe Gefühle für sie, ganz starke sogar. Ich wollte es nicht wahrhaben, aber du hattest recht."

„Ha!", rief Mike triumphierend und grinste bis über beide Ohren selbstgefällig vor sich hin. „Das ist doch klasse. Dann hast du mir wohl etwas zu verdanken. Kannst mir ja mal `ne Flasche Scotch schenken oder so."

„Wir sind nicht zusammen. Sie kann sich an nichts erinnern, sie war zu betrunken, und ich gedenke, es dabei zu belassen."

Ungläubig kniff Mike die Augen zusammen. „Warum das denn? Mach dich an die Kleine ran. Keine Scheu mehr!"

Ich stieß Luft aus und setzte mich auf eines der Bänke, die am Korridor zu den Personalräumen grenzten.

Mike setzte sich dazu und legte einen Arm um meine Schulter. „Das musst du mir jetzt wirklich genauer erklären. Erst sträubst du dich unentwegt dagegen, dann frisst die Eifersucht dich förmlich auf. Und nun, da eure Zungen endlich Tango miteinander getanzt haben, kneifst du?"

Erneut seufzte ich. „Das ist nicht so einfach. Lena hat eine sehr schlimme Vergangenheit. Ich habe ihr geschworen, es

niemandem zu verraten, aber glaub mir, sie ist traumatisiert. In all den Jahren, wo es ihr alles andere als gut ging, hat sie bloß unsere Familie gehabt. Größenteils war da meine Schwester, aber die ist inzwischen auf einer anderen Stelle der Erdkugel. Sie hat momentan bloß mich. Was, wenn es nicht klappt und unsere Freundschaft in die Brüche geht? Was, wenn sie nicht genauso fühlt?"
Mike nickte. „Ich verstehe. Dennoch musst du dieses Risiko eingehen, wenn du etwas bei ihr erreichen willst." Er sah mich durchdringend an. „Darf ich dir noch einen Rat geben?"
„Klar."
„Mach reinen Tisch und schieß diese Veronika endlich ab."

***

Den restlichen Vormittag musste ich immer wieder an Mikes Worte denken. Er hatte wieder recht, dieser Hund! Ich liebte Veronika nicht, wir passten einfach nicht zusammen. Warum wurde mir das erst jetzt richtig bewusst? Ich hatte sie einmal geliebt, ja. Aber in der letzten Zeit hatte ich immer mehr Charakterzüge von ihr kennengelernt, die mir nicht behagten und vor denen ich die Augen verschlossen hatte. Es brachte nichts, zu versuchen, eine Leiche am Leben zu erhalten. Somit musste ich mit ihr Schluss machen.
In einer kurzen Mittagspause schrieb ich ihr schließlich eine Nachricht auf WhatsApp:
Hey, wir müssen reden, es ist wichtig. Kann ich heute Abend zu dir kommen?
Ich drückte auf Senden und schob ein Stück befreiter das Smartphone in die Gesäßtasche zurück.

Dann, am späten Nachmittag, kurz vor meinen Feierabend, schaute ich nach, ob Veronika inzwischen geantwortet

hatte. Nichts. Jedoch unter meiner Nachricht entdeckte ich zwei blaue Häkchen.
Sie hat die Nachricht gelesen. Hm, wenn sie einen auf stur macht, werde ich ihr einfach trotzdem einen Besuch abstatten. So etwas sollte man persönlich mitteilen.
Ich schrieb noch zwei letzte Patientenberichte, anschließend zog ich mich um. Da ich mit dem Fahrrad hergekommen war, müsste ich zuerst nach Hause und mein Auto holen, denn Veronika wohnte in Neukölln. Das bevorstehende Gespräch lag mir schon sehr im Magen.
Hoffentlich macht sie mir keine Szene!
In meiner Wohnung angekommen, traute ich meinen Ohren kaum.
„Hey, ganz ruhig“, erkannte ich Lenas Stimme.
Eine zweite schluchzende Stimme hörte ich deutlich heraus: „Hach, es ist alles ja so schrecklich!“ Es war Veronika.
Augenblicklich näherte ich mich den Stimmen, die zweifellos aus dem Wohnzimmer drangen.
Veronika hatte den Kopf auf Lenas Schulter gelegt und wimmerte wie ein kleines Kind vor sich hin.
Lena, die einen Arm um ihre Schulter gelegt hatte, sprach ihr weiterhin mitfühlende Worte zu. „Es tut mir so leid! Ganz ruhig.“
Was ist passiert? Ich kratzte mir den Hinterkopf und ergriff das Wort, da keiner von ihnen mich bisher bemerkt zu haben schien. „Hallo zusammen, was ist los?“
Veronika löste sich von Lena und schaute zu mir auf. „Mein Vater ist gestorben“, schluchzte sie und eilte auf mich zu, schlang beide Arme fest um meinen Nacken.
„Oh Gott“, entwich es mir. „Mein aufrichtigstes Beileid. Das tut mir so leid, Veronika!“
Erneut heulte sie drauflos, drückte ihren Kopf fest gegen meine Brust. Ich sah zu Lena hinüber, die beklommen wie ergriffen dreinschaute, die Lippen fest zusammengepresst.

„Er hat in der Nacht einen weiteren Schlaganfall erlitten. Die Ärzte konnten nichts mehr für ihn tun“, sprach sie mit zittriger Stimme weiter.
Ich hielt sie fest im Arm und seufzte angespannt auf.
„Ich möchte heute Nacht nicht allein sein. Kann ich bei dir schlafen?“, fragte sie, während sie sich wieder frei von mir machte und mich mit großen rotunterlaufenen Augen ansah.
„Ähm, ja. Ja, natürlich.“
„Danke, Adnan. Übrigens tut mir unser Streit von neulich sehr leid. Sorry für meine Aktion. Das war doof von mir.“
Ich schluckte und nickte langsam. „Ist schon gut.“
Ich brachte es nicht übers Herz, ihr ausgerechnet jetzt den Laufpass zu geben. Welches Arschloch würde so etwas tun? Veronika brauchte jetzt in dieser schwierigen Trauerphase Halt und Trost.
„Soll ich dir ein Bad einlassen?“, fragte Lena und warf Veronika, die direkt zwischen ihr und mir stand, einen mitfühlenden Blick zu.
„Ja, danke. Das ist eine gute Idee. Vielleicht entspannt es mich etwas.“

Als Veronika sich schließlich ins Badezimmer zurückgezogen hatte, ging ich in die Küche zu Lena, die gerade ein paar Hähnchenflügel in den Ofen schob.
„Hey“, hauchte ich und kam näher. Sie schloss die Backofentür und beförderte dann den Kopfsalat in eine Salatschleuder.
„Ich fühle mich so schlecht“, murmelte sie nachdenklich und begann immer heftiger an dem Hebel der Schleuder zu drehen. Es gab ein rasselndes und surrendes Geräusch ab. „Ich habe Veronika noch unterstellt, die Krankheit ihres Vaters wäre erfunden“, sprach sie entgegen der Lautstärke weiter. Immer schneller und fester kurbelte sie, bis ich

schließlich nach ihren Händen griff um ihre Bewegung zu stoppen.
„Sei nicht so hart mit dir! So wie du dieses Telefonat geschildert hattest, klang es wirklich komisch", gab ich zu und blinzelte sie an.
Der Hauch eines Lächelns hatte sich nun auf ihrem Gesicht gebildet. Eine wohlige Wärme durchströmte mich. Mein Herz machte einen eigenartigen Hüpfer. Meine Hände ruhten nach wie vor auf ihren. Mit einem intensiven Blick bedachte sie mich und wirkte, als wolle sie mir ein Geheimnis anvertrauen.
„Hey, Leute!", wurde ich daraufhin aus dieser Blase gerissen, in der ich ein bisschen länger hätte bleiben wollen. Lena ging schnell auf Abstand, wirkte irgendwie eingeschüchtert.
Ich schaute zu Veronika hinüber, die in einem blauen Frottee-Bademantel gehüllt den Raum betrat und sich auf einen der Stühle niederließ.
„Ich habe mir den hier ausgeliehen. Ich hoffe, das ist okay für dich", sagte sie an Lena gewandt und zeigte auf den Bademantel. Ihr langes Haar war in einem Handtuchturban gewickelt. Ihre lila lackierten Fußnägel ragten aus den viel zu kleinen Flipflops, die sie sich auch von Lena ausgeborgt hatte.
„Natürlich, klar."
Klappernd nahm Lena ein paar Teller aus dem Schrank.
„Warte, ich helfe dir", sagte ich, als ich bemerkt hatte, dass sie sich für das oberste, viel zu hohe Schrankfach krampfhaft in die Höhe streckte. Rasch nahm ich drei Teller heraus und stellte sie auf den Tisch.
Derweil holte Lena mit Ofenhandschuhe das Blech mit den Hähnchen aus dem dampfenden Ofen und stellte es auf die Herdplatte ab. Nachdem ich die Teller mit Salat gefüllt und die Chickenwings in eine große Schüssel befördert hatte,

setzte ich mich zu den beiden Damen an den Tisch.
„Auch bei dir wollte ich mich nochmal für meine blöde Zickerei entschuldigen. Du bist ein wahrer Kumpel. Ich hoffe, wir können vielleicht sogar Freundinnen werden", sagte Veronika kauend mit vollen Backen und sah Lena erwartungsvoll an.
Diese nickte.
„Ja, würde mich auch freuen. Mach dir keine Gedanken mehr, es ist alles gut zwischen uns."

***

Niedergeschlagen teilte ich am nächsten Tag nach Feierabend meinem besten Freund mein Dilemma mit. Wir hatten uns auf ein Bier in unserer Stammkneipe getroffen. Mike sog die Luft ein, entließ diese anschließend langsam aus seinen vollen Backen und rieb sich die Stirn.
„Oh Mann, Adnan! Du hast wirklich ein Händchen für Timing." Er seufzte, nahm einen Schluck Bier. „Klar ist das so eine moralische Frage, soll ich ihr sagen, dass ich nicht mehr mit ihr zusammen sein will oder doch noch nicht? Aber im Grunde belügst du doch nur euch beide", philosophierte er vor sich hin und rieb sich über den Nasensteg.
Ich winkelte ein Bein am Barhocker und ließ meinen Blick durch die relativ leere Kneipe schweifen. Bis jetzt war hier noch nicht viel los. Bloß vier Männer saßen an einem Tisch, aßen Pommes mit Currywurst und tranken dazu ein Pils. Zwei Kerle saßen etwas abseits von uns, ebenfalls an der Bar. Über die Musikboxen lief "This is not America" von David Bowie.
„Ich kann doch jetzt nicht mit ihr Schluss machen ... Ihr Vater ist gestorben. Sie braucht mich!"
„Wenn ihr euch im Guten trennen würdet, könntest du als Freund immer noch für sie da sein."

„Tz … welche Märchen hast du denn geschaut? Sowas klappt doch nur bei den Wenigsten. Da spielt auch noch die gekränkte Eitelkeit eine Rolle“, warf ich ein, griff nach meinem Glas Bier, nahm ebenfalls einen kräftigen Schluck und schnaubte.
„Hach, das stimmt wohl, mein Freund. Aber sonst kann ich dir leider keinen anderen Rat geben. Entweder du bleibst aus Mitleid mit ihr zusammen … oder du scheißt auf dein Gewissen und klärst die Fronten.“ Mike klopfte mir verständnisvoll auf die Schulter.
„Die Ironie an der ganzen Sache ist, dass Lena und Veronika sich zusammengerauft haben und scheinbar auch noch Freundinnen werden.“
„Na ja, besser, als wenn sie sich die Augen auskratzen würden“, gab Mike trocken zurück.
Ich lachte bitter auf. „Ja, wohl wahr.“

***

Es war 22:00 Uhr. Ich lag nachdenklich im Bett und ließ diesen für meine Begriffe viel zu harmonischen Abend noch einmal Revue passieren. Veronika war wie ausgewechselt gewesen, hatte beim Essenmachen geholfen, hatte mit Lena über ihre bevorstehende, neue Arbeit gesprochen und sich scheinbar bestens mit ihr verstanden. Sogar hatten beide, bevor ich nach Hause gekommen war, einen Film zusammen geschaut, wie mir Lena berichtet hatte.
Inzwischen lag ich hier neben Veronika. Irgendwie hatte sie fröhlich gewirkt. Keine Spur mehr von Trauer. Gut, jeder geht mit seinem Schmerz anders um. Aber ungewöhnlich war das schon, überlegte ich weiter und knautschte mein Kissen zurecht.
„Gute Nacht“, sagte ich, knipste das Nachtlicht aus und legte mich auf die Seite.

Wenige Sekunden darauf kroch Veronika in meine Arme, griff unter der Decke in meine Hose und begann mich zu stimulieren.
Nein, nicht jetzt! Ich wollte nicht mehr mit ihr schlafen, dachte unentwegt an Lena.
„Komm schon, Baby. Ich brauch das jetzt einfach!" Sie begann leidenschaftlich meinen Hals zu küssen, leckte mir mit der Zungenspitze über die Brust und massierte meine Hoden.
Ich schaltete schließlich den Verstand aus, schob alle neugewonnen Gefühle für Lena in eine Schublade, verschloss sie und ließ mich auf Veronikas Zärtlichkeiten ein.

Lena

Schon wieder dieses laute Stöhnen!
Adnan und Veronika haben gerade leidenschaftlichen Sex. Na toll! Genau das, was ich unbedingt vor dem Einschlafen hören will!
Warum war sie auch so laut? Ich griff nach den Oropax und stopfte sie in meine Ohren.
Schon besser! Aber immer noch gedämpft zu hören.
Der Kuss mit Adnan ging mir nach wie vor nicht aus dem Kopf. Inzwischen wohnte Veronika schon quasi bei ihm. Ich würde dieses Konzert wohl jede Nacht zu hören kriegen. Enttäuscht kuschelte ich mich in meine Decke und lauschte dem unruhigen Takt meines Herzens.
Ich halte das nicht mehr länger aus! Bin ich froh, wenn ich endlich anfange zu arbeiten. Ich werde mir morgen mal ein paar Wohnungen im Internet ansehen. Vielleicht ist ja etwas Geeignetes dabei …
Ich musste wieder an Adnans Worte denken: „Warte lieber erst die Probezeit ab." Klar hatte er damit recht! Aber ich

könnte mich doch wenigstens einmal umschauen. Gestern war da wieder so ein intensiver Moment mit ihm in der Küche, der mir komplett den Atem geraubt hatte. Es knisterte total, jedenfalls bei mir. Natürlich bildete ich mir das bloß wieder ein!
Morgen habe ich Geburtstag. Bei diesem Gedanken legte sich eine Schlinge um meinen Hals, denn es war auch der Tag gewesen, an dem ich Dennis vor fünf Jahren kennengelernt hatte. So viele Erinnerungen flammten schon bei dem Gedanken daran auf. Damals hatte ich in einem Café einen Caffè mocha getrunken, war dort von Dennis angesprochen und eingeladen worden. Zwei Stunden hatten wir dort zusammengesessen und über Gott und die Welt gequatscht. Er war damals so charmant, so süß zu mir gewesen. Ein völlig anderer als er zuletzt gewesen war.
Ich bräuchte Lucy für morgen oder überhaupt jemanden, der für mich da sein würde. Adnan war zu beschäftigt. Er musste sich um seine trauernde Freundin kümmern. Ich war und blieb das fünfte Rad.

Nach mehrmaligem Hin- und her Wälzen glitt ich schließlich in einem unruhigen Schlaf.
Dennis sitzt auf meinem nackten Körper, schaut mich mit Überlegenheit und Besessenheit in seinen Augen an. Beide Hände hat er um meine Handgelenke geschlungen. Sein Griff ist stählern. „Du gehörst mir! Du machst nur das, was ich dir sage!“
Meine Beine beginnen vor Unbehagen zu zittern. So einen Sex will ich nicht mehr, ich will überhaupt keinen mehr, schießt es mir augenblicklich durch den Kopf. Dann legt er eine Hand um meinen Hals und drückt feste zu. Ich röchele wie ein Fisch auf dem Trockenen und bekomme keine Luft mehr ...

Keuchend wachte ich auf und saß kerzengerade in meinem

Bett. Kleine Schweißperlen benetzten meine Stirn. Ich wischte sie mit dem Handrücken ab und blickte auf den Digitalwecker. Es war 07:02 Uhr.
Später stand ein Therapietermin für 09:00 Uhr auf dem Plan.
Ich erhob mich seufzend aus dem Bett. Happy Birthday, Lena, sagte ich mir in Gedanken und hoffte, dass dieser Tag schnell vorbeigehen würde. Doch da gab es auch einen Teil in mir, der gern ein bisschen mit Adnan feiern wollte.
Mein Vater hatte dies früher nie mit mir getan, woraufhin ich meine Geburtstage bei den Faizans verbracht hatte, die jedes Jahr eine kleine Party für mich geschmissen hatten. Diese Feier hatte aus ein paar Mitschülerinnen und Lucy bestanden. Wir waren den ganzen Abend im Garten, es gab gegrilltes Fleisch. Wir hatten Musik aus den Charts gehört. Adnan war auch oft dazugestoßen. Er hatte mir jedes Jahr gratuliert.
An eine Party wagte ich zwar nicht zu denken, aber vielleicht würde Adnan abends mit mir anstoßen. Der Gedanke, dass er mir gleich gratulieren würde, brachte mein Herz zum Flattern.
Mit kribbligem Bauch schlich ich aus dem Zimmer, denn ich wollte Veronika nicht wecken. Sie schlief momentan in ihrem Urlaub lang. So konnte ich wenigstens morgens mal mit Adnan allein sein.
Ich hörte ein Knarren, das aus dem Flur kam. Als ich rüberging, um nachzuschauen, sah ich, wie Adnan seinen Rucksack schulterte.
„Guten Morgen“, sagte er eine Spur zu hektisch und drehte leise den Schlüssel ins Schloss, um aufzuschließen.
„Morgen! Du musst schon los?“ Nervös zog ich am Saum meines Shirts herum und sah in seine müden Augen. Dunkle Augenringe erkannte ich darunter.
„Ja, ich habe jetzt gleich eine wichtige Besprechung mit dem

Professor meiner Station und zwei Oberärzten“, erklärte er und war auch schon mit einem Bein über der Türschwelle getreten.
„Oh, verstehe“, antwortete ich und verlagerte mein Gewicht erst auf das linke, dann auf das rechte Bein.
„Du kannst ja gleich mit Veronika frühstücken. Ich habe übrigens versprochen, heute Abend mit ihr ins Kino gehen. Sie muss mal wieder unter Leute, hat sie gesagt. Aber du kannst uns gern begleiten.“
Enttäuschung legte sich wie Blei auf meiner Seele. „Nein. Nein, danke. Geht ihr zwei ruhig mal allein“, erwiderte ich mit gesenktem Blick.
„Okay, wir werden wohl gegen 22:00 Uhr wieder zuhause sein. Ich hoffe, du bist dann noch wach und wir sehen uns.“
„Mal sehen“, sagte ich knapp.
„Bis dann.“ Damit zog er die Tür hinter sich zu.
Ich konnte es nicht fassen, er hatte meinen Geburtstag vergessen.

Adnan

Ich legte der Kassiererin das Geld auf dem Tresen und griff nach der Jumbo-Popcorntüte, drückte sie Veronika in die Hand und schnappte mir beide Becher Pepsi. Hinter uns hatte sich eine große Schlange gebildet. Der Film würde gleich beginnen. Jeder wollte sich noch schnell etwas zum Knabbern organisieren. Ich ließ meinen Blick über die alten Filmposter aus den 50ern und 60ern schweifen, die diesem schönen, alten Kino einen nostalgischen Touch verliehen.
„Wir müssen in Raum 3“, sagte ich und stieg mit ihr die Treppen nach oben, nachdem wir unsere Tickets beim Kontrolleur vorgezeigt hatten.
Ich hatte null Bock auf diesen Abend und tat es wirklich nur

Veronika zuliebe. Auch wenn es feige von mir war, musste ich zunächst eine Zeit verstreichen lassen, bis ich mit ihr ein ernstes Gespräch führen würde. Dafür müsste sie zuerst stabiler sein. Mit ihr gestern Nacht zu schlafen, war für mich mehr oder weniger maschinell abgelaufen. Nur war sie dieses Mal unverschämt laut gewesen, noch lauter als sonst. Dies war mir im Nachhinein etwas peinlich vor Lena gewesen. Meine Worte heute Morgen an sie waren sehr knapp ausgefallen. Hoffentlich war das nicht zu unhöflich rübergekommen. Lena ... Unentwegt musste ich an sie denken. Seit dem Kuss kriegte ich sie einfach nicht mehr aus meinem Kopf. Doch wer weiß, ob sie überhaupt in naher Zukunft bereit ist, eine Beziehung einzugehen oder überhaupt mit mir, dachte ich weiter.

Nach all den Jahren war sie stets die Freundin meiner Schwester, meiner Familie gewesen. Ich hatte sie behandelt wie eine kleine Schwester, hatte nie mehr in ihr gesehen. Es war verrückt, aber auch unbekannt, aufregend und schön.

„Adnan?", riss mich Veronika aus meinen Gedanken und sah mich mit hochgezogenen Bauen an.

Ich setzte ein kurzes Lächeln auf. „Bitte entschuldige, was hast du gesagt?"

Wir saßen bereits auf unseren Sitzen, der Raum verdunkelte sich und ein Werbeblock wurde eingespielt.

„Ich habe dich gefragt, ob du den letzten Avengers gesehen hast?"

Ich rutschte tiefer in den Sessel und griff in die Popcorntüte, stopfte mir eine Handvoll davon in den Mund.

„Nein, ich war das letzte Mal vor drei Jahren im Kino", gestand ich und warf ihr einen Seitenblick zu.

„Wow, so lange? Umso besser, dass wir uns für einen Kinoabend entschieden haben." Sie kraulte mir über den Kopf, beugte sich zu mir hinüber und drückte mir einen feuchten Kuss auf. Anschließend lehnte sie sich an ihrem Platz

zurück und griff ebenfalls nach dem Popcorn.
Vorschau flimmerte über die Leinwand. Ich hörte Getuschel anderer Leute, die sich, wie ich annahm, über die Trailer austauschten.
Dann begann der Film, von dem ich nicht sonderlich viel mitbekam, weil er mich zum einen nicht begeistern konnte und weil zum anderen meine Gedanken abermals abschweiften und bei Lena hängenblieben.
Was sie wohl gerade macht? Schließlich fielen mir die Augen zu, und ich döste ein.

***

„Aufwachen, du Schlafmütze!", wurde ich unsanft von Veronika geweckt. Mit den Fingern piekte sie mir in die Rippen, so dass ich reflexartig aufschreckte, bevor ich wieder richtig zu mir kam. „Du hast den ganzen Film verschlafen", sagte sie ärgerlich.
Ich beobachtete den Credit im Abspann, der über die Leinwand abgespielt wurde und stand gähnend auf.
„Sorry, aber ich war so müde. Hauptsache, du hattest Freude." Beschwichtigend tätschelte ich ihre Schulter.
„Tja, noch mehr Freude hätte es mir gemacht, wenn mein Freund nicht eingepennt wäre", erwiderte Veronika spitz und verließ mit mir und einer Schar Leuten den Kinosaal.
„Komm schon, du hast den Film langweilig gefunden", bohrte sie weiter und fixierte mich prüfend.
Ich musste lachen. „Ja, das auch. Superhelden-Filme sind nicht so mein Ding."
„Ach, Schatz! Wir hätten doch aber auch etwas anderes gucken können."
„Schon gut!" Ich winkte ab und steuerte die Treppenstufen an, bis eine fremde Stimme mich innehalten ließ.
„Hey, Veronika!"

Abrupt blieb die Angesprochene ebenfalls stehen und drehte sich um.
„Ach, hi, Marlene!“
Beide Frauen liefen aufeinander zu und umarmten sich mit einem Wangenkuss. Mittlerweile waren die übrigen Kinobesucher nach unten verschwunden.
Ich näherte mich den beiden.
„Hallo, ich bin Adnan!“, sagte ich höflich zu Marlene und streckte ihr eine Hand entgegen, die sie lächelnd schüttelte.
„Ich bin Marlene, eine alte Freundin von Veronika.“
Ich nickte und schaute dann Veronika an, die auf einmal ziemlich verhalten und eingeschüchtert wirkte, so als wäre ihr irgendetwas peinlich.
Komisch, so verschüchtert kenne ich sie ja gar nicht. Vielleicht ist diese Marlene ja eine Person, die Veronika nicht so gern wiedersehen wollte, überlegte ich und bemerkte, wie sie auf dem Boden starrte, dann hektisch an meinem Arm zog. Es war ihr sichtlich unangenehm.
„Komm, wir müssen ...“, murmelte sie an mein Ohr.
Ich nickte.
„Hat mich sehr gefreut“, sagte ich und wandte mich zum Gehen ab.
„Mensch, Veronika, hast du nicht ein paar Minuten? Wir haben uns ewig nicht mehr gesehen“, stieß Marlene enttäuscht hervor, strich sich eine ihrer schwarzen Locken aus dem Gesicht und sah abwechselnd mich und ihre Freundin an. Sie war eine sehr hübsche, aber äußerst magere Frau. Ihre Knochen zeichneten sich deutlich unter ihrem weißen Top ab.
„Woher kennt ihr euch?“, wollte ich daraufhin wissen und merkte wie Veronika, die nach wie vor meinen Arm umklammerte, verkrampfte.
„Aus dem Pflegeheim. Ich bin genau wie Veronika ohne Eltern großgeworden. Wir beide hatten uns stets allein

durchschlagen müssen."
Ich stutzte, starrte Veronika irritiert an. „Du ... du sagtest mir, dass du bis zum achtzehnten Lebensjahr bei deinen Eltern gelebt hast."
Nur langsam verstand ich.
Marlene, die gemerkt hatte, dass sie mit ihrer Antwort wohl in ein Wespennest gestochen hatte, verabschiedete sich kleinlaut von uns.
Veronika und ich schauten uns an, im dämmrigen Licht, während die nächste Meute von Kinobesuchern die Treppen hochmarschierte.
Ich konnte es nicht fassen. Mein Oberkörper verkrampfte sich, erschwerte mir das Durchatmen.
„Du hast mich nach Strich und Faden belogen! Es gab nie einen kranken Vater, der gestorben ist!"
Enttäuschung wallte in mir auf, stach wie kleine Nadeln unter meiner Haut.
„Ich ... ich wollte dich nicht verlieren, es tut mir leid, wirklich!", wimmerte Veronika und griff nach meinem Arm, den ich ihr augenblicklich entzog.
„Das ist einfach unfassbar, dass du mir solche Lügen aufgetischt hast!" Angewidert schüttelte ich den Kopf und sah in Veronikas nassen Augen, die mich verzweifelt fixierten. „Baby, ich habe das doch bloß für uns getan! Wir gehören zusammen. Ich konnte es dir nach allem, was vorgefallen war, nur auf diese Art begreiflich machen", heulte sie drauflos und griff erneut nach meinem Arm.
Ich ging zwei Schritte rückwärts und rieb mir mit einer Hand abgekämpft durchs Gesicht.
Veronika schluckte, sah mich flehend an. „Bitte, Adnan!"
„Nein. Nein, Veronika. Ich möchte nichts mehr mit dir zu tun haben!", erwiderte ich monoton, wandte mich von ihr ab. Ihr Plärren drang an meine Ohren. Im schnellen Tempo lief ich die Treppen hinunter, ohne mich noch einmal

umzudrehen.

Die ganze Zeit war ich einer Lüge aufgesessen und Lena hatte recht gehabt! Ich wollte ihr nicht glauben, schoss es mir durch den Kopf, als ich gerade im Auto durch die bereits dunklen Straßen fuhr. Es war fast 23:00 Uhr. Es regnete wie aus Eimern. Das Licht der Scheinwerfer spiegelte sich grell in den Pfützen wider.
Ich schaltete die Scheibenwischer an und beschleunigte mein Tempo.
Lena, ich wollte bei ihr sein!
Die dudelnde Musik im Radio stellte ich ab. Mir war momentan nicht danach. Diesen ganzen Mist mit Veronika musste ich erst einmal verarbeiten. Doch neben der Enttäuschung, die ich empfand, überwog doch die Erleichterung. Endlich war ich frei. Ob mich Lena nun wollte oder nicht, ich würde ihr jedenfalls mitteilen, was ich für sie fühlte! Euphorie und Hoffnung durchströmten mich, ließen es mich kaum noch abwarten.
Wie der Teufel rannte ich die Treppen des Wohnhauses empor, schloss eilig die Tür auf und knipste das Flurlicht an. Aus keinem der Wohnräume drang Licht. Gut, es war spät. Lena schlief wahrscheinlich schon.
Normalerweise war es nicht meine Art, jemanden einfach mitten in der Nacht zu wecken, aber ich konnte definitiv nicht mehr bis zum nächsten Morgen abwarten, um ihr zu erzählen, zu welcher Erkenntnis ich gelangt war.
Mit einem Herzen, das Pirouetten schlug, klopfte ich an ihre Tür. „Lena, bist du noch wach?"
Keine Antwort war zu hören. „Ich muss mit dir reden, es ist wichtig!"
Keine Reaktion. Also öffnete ich. Licht das aus dem Flur ins Zimmer fiel, offenbarte mir ein leeres Bett. Ungläubig schaltete ich das Zimmerlicht an und stellte fest, dass ihr Bett

unberührt war, das Zimmer leer.
Ich griff zum Smartphone, um sie anzurufen. Doch nur die Mailbox meldete sich zu Wort.
Wo ist sie? Wo könnte sie nur … Ich unterbrach meine Gedanken und rief Mike an. Nach dem sechsten Klingeln ging er schließlich ran.
„Hey, Kumpel, ich habe Nachtschicht. Was gibt's denn so Dringendes?“
„Oh, verstehe. Ich will dich nicht länger aufhalten. Ich dachte nur, Lena wäre bei dir.“
„Nein, ist sie nicht. Hatten wir das nicht geklärt?“, sein Tonfall klang gereizt.
„Sorry, ja klar. Aber sie ist verschwunden und kennt kaum Leute hier außer dir. Ich dachte …“
„Schon gut“, sagte Mike deutlich milder. „Das Arbeitshandy klingelt gerade. Wir reden später, okay?“ Ehe ich etwas erwidern konnte, hatte Mike bereits aufgelegt.
Ich setzte mich auf Lenas Bett und rieb mir nachdenklich über die Stirn.
Wo könnte sie zu so später Stunde stecken? Hoffentlich ist nicht irgendetwas vorgefallen!
*I*ch dachte an ihre Panikattacke vor Wochen zurück. Aber ihr Ex war tot, also an für sich kein Grund Angst haben zu müssen, überlegte ich weiter und verwarf diesen Verdacht. Wo war sie nur? Mehr und mehr Unruhe beschlich mich. Das war überhaupt nicht ihre Art gewesen. Heute Morgen hatte sie ganz normal gewirkt. Erneut griff ich zum Telefon und rief meine Schwester an, der einzige Mensch, der mir jetzt wohl noch weiterhelfen konnte. Gut, dass gerade einmal eine Stunde Zeitunterschied zwischen Afrika und Deutschland herrschte!
„Hey, Ad, alles okay?“, fragte Lucy.
„Nein. Lena, sie ist verschwunden. Ich hatte gehofft, dass du mir vielleicht mehr sagen kannst.“ Unruhig drückte ich mir

das Handy ans Ohr und kaute auf meiner Unterlippe herum.
„Ich habe heute Morgen mit ihr telefoniert und ihr zum Geburtstag gratuliert. Sie hat nichts Besonderes erwähnt. Habt ihr denn gar nicht gefeiert?"
Oh, scheiße. Sie hat doch heute Geburtstag. Ich habe es total vergessen!
Welch Ironie in Anbetracht dessen, dass ich unentwegt an sie denken musste. Aber diese ganze Sache mit Veronika hatte mich zu sehr eingenommen, mich belastet ... Anders konnte ich mir meinen Blackout nicht erklären.
„Adnan!", unterbrach meine Schwester mein Gedankenkarussell.
„Nein, ich ... ich habe ihren Geburtstag vergessen."
Ich ließ mich in die Kissen fallen.
„Oh!"
„Ja, allerdings. Ich hatte so viel am Kopf. Ich erzähl dir demnächst ausführlich, was genau passiert ist, versprochen. Hier erstmal die Kurzfassung: Ich habe mich von Veronika getrennt und mich in Lena verliebt."
„Was sagst du da?" Ich erkannte Euphorie in Lucys Stimme. Ein hohes Quieken war daraufhin zu hören.
„Das scheint dich wohl sehr zu freuen", stellte ich überrascht fest.
„Ja, klar. Mein Bruder und meine beste Freundin ein Paar? Das wäre der Oberknüller! Und endlich hast du diese alte Krähe in den Wind geschossen", jubelte sie.
Sie zog es bereits in Betracht, dass wir ein Paar werden könnten? Wusste sie da mehr als ich? Ohne weiter nachzubohren, fragte ich: „Aber wo könnte Lena sein? Hat sie nie etwas bei dir erwähnt, wo sie einmal hingehen wollte?"
Langes Schweigen, dann antwortete sie: „Nein, hat sie nicht. Aber ..."
„Aber was?", hakte ich ungeduldig nach.
„Ihr Geburtstag ist auch gleichzeitig der Tag, an dem sie

Dennis kennengelernt hatte. Sie hat heute vor mir zwar nichts erwähnt, aber ich kann mir vorstellen, dass ihr das doch zu schaffen macht."

Oh Gott, ich Rindvieh habe sie heute früh so schnell abgefertigt, hab kaum ein Wort an sie verloren.

„Ich hoffe wirklich, sie ist nach der ganzen Aktion mit ihren Haaren stabil", sprach Lucy plötzlich das aus, was ich in diesem Moment dachte.

Ich stieß Luft aus und setzte mich ruckartig wieder auf. Sorge und Angst befiel mich.

„Es gibt vielleicht doch eine Möglichkeit, zu erfahren, was mit ihr los ist und wo sie stecken könnte, aber das wäre moralisch nicht okay", sprach sie in Rätseln.

„Was? Was gibt es für eine Möglichkeit?", wollte ich wissen und fuhr mir unruhig mit der flachen Hand über den Oberschenkel.

„Ihr Tagebuch", antwortete Lucy knapp.

„Sie schreibt Tagebuch?"

„Auch das weiß ich nicht ganz genau, wir haben nicht darüber gesprochen. Jedenfalls, ich hatte ihr das Buch damals geschenkt und zu ihr gemeint, sie solle da alles hineinschreiben, was sie wegen Dennis belastet."

„Verstehe." Nachdenklich rieb ich mir das Kinn. „Aber ich kann nicht einfach in ihre Privatsphäre eindringen. Das wäre echt mies."

„Ja, na klar. Doch nachts einfach wegzubleiben, ist so gar nicht Lenas Art – und dann auch noch an ihrem Geburtstag, Schrägstrich Jahrestag mit Dennis."

„Ja, ungewöhnlich ist das schon. Soweit ich weiß, kennt sie hier keine Leute außer Mike und mich. Sie geht so gut wie kaum unter Leute, abgesehen von ihrer Therapie und mit mir."

Lucy seufzte auf. „Ich halte auch nicht viel davon, aber, wenn sie morgen früh immer noch nicht aufgetaucht ist,

mache ich mir richtig Sorgen. Was, wenn ihr was zugestoßen ist? Dann kannst du es, denke ich, in Erwägung ziehen, im Tagebuch zu schauen. Der Zweck heiligt in diesem Fall die Mittel."
Ich musste meiner Schwester versprechen, sie auf dem Laufenden zu halten und beendete schließlich das Telefonat.
Mittlerweile war es 01:00 Uhr nachts. Noch immer war nichts zu hören von Lena.

Verrat

Ich versuchte, mich mit dem Gedanken zu beruhigen, dass sie vielleicht in einem Club feiern war und morgen früh vor mir stehen würde und legte mich schließlich schlafen. Doch ich wälzte mich unentwegt unruhig von der einen auf die andere Seite. Es ist nicht ihre Art, die ganze Nacht wegzubleiben. Es ist nicht ihre Art, hämmerte es in meinem Kopf herum. Die Sorge um sie fraß mich regelrecht auf. Ich hatte doch immer auf sie aufgepasst, auf sie und auf Lucy. Wenn die beiden mal feiern waren, habe ich immer vor dem Club gestanden, um sie nach Hause zu bringen.
Was solls`? Ich werde jetzt in dieses Tagebuch gucken, vorausgesetzt, ich finde es.
Ich sprang aus dem Bett und ging mit schnellen Schritten in ihr Zimmer zurück. *Hm, wo bewahrt man so ein Tagebuch auf?* Wahrscheinlich in der Nachttischschublade, überlegte ich wie im Fieber und riss diese auf. Fehlanzeige. Da drin waren bloß Oropax, Taschentücher und ein Handyladekabel zu finden. Ich ließ meinen Blick durch das Zimmer schweifen, woraufhin dieser dann an dem Sekretär hängenblieb. *Der perfekte Platz zum Schreiben, klar.*
Ich ging hinüber und nahm die Tischplatte im Augenschein,

die bis auf zwei Kugelschreiber komplett leer war. Ich öffnete die Schubladen des Sekretärs und wurde nach der zweiten fündig. Jedenfalls sah das, was sich darin befand, wie ein Tagebuch aus. Langsam nahm ich es in den Händen und betrachtete das ledergebundene Buch. Vorsichtig öffnete ich es und erkannte nach dem ersten Satz, dass es das war, wonach ich gesucht hatte:

... Ich hatte mir damals geschworen, meine Gefühle für ihn in eine Kiste zu stecken und ganz tief zu vergraben. So jemand wie er, würde sich nie für jemanden wie mich interessieren. Ich hörte auf zu lesen. Adrenalin schoss durch meine Venen. „Sie, sie hat Gefühle für mich?“, sagte ich lächelnd zu mir selbst. Tief atmete ich durch und fuhr mit den Fingerspitzen über den Einband des Buches. Die Verlockung, einfach weiter in ihm zu lesen und zu erfahren, was Lena noch über mich geschrieben hatte, war groß, extrem groß.

Nein, nein ... Das war falsch! Sie hat in diesem Tagebuch nicht nur über ihr Trauma geschrieben, sondern über mich ... Es waren ihre intimen Gefühle! Schon jetzt hatte ich eine Grenze überschritten. Ich wollte sicherlich nicht schnüffeln. „Scheiße“, stieß ich laut hervor, wischte mir mit einer Hand über die Stirn, lief im Zimmer auf und ab. *Aber wenn ich nicht weiterlese, werde ich nichts Genaueres erfahren, nichts! Kein Anhaltspunkt, wo sie stecken könnte. Ich muss wissen, was da los ist. Vielleicht ist es ja doch wichtig.*

Erneut setzte ich mich am Sekretär und las weiter. Immer weiter.

Ich stelle mir manchmal beim Duschen vor, dass Adnan plötzlich hinter mir steht und mir in den Nacken küsst, meine Brüste streichelt ...

Wieder hielt ich inne und schluckte, war erregt. Plötzlich

musste ich die Augen schließen und mir ebenfalls vorstellen, dass ich ihre Brüste in beide Hände nahm. „Halt, Adnan, Das geht zu weit!“ Wieder konnte ich nicht widerstehen und las weiter.

... er braucht so eine kaputte Frau nicht ...

... ich will kein Klotz am Bein mehr für ihn sein ...

„Nein Lena, bitte denk nicht so einen Quatsch! Ich würde dich nie so sehen.“
Ich las von Dennis′ kranken Nummern, die er bei ihr abgezogen hatte, von seinen Misshandlungen ... Alles in mir zog sich zusammen. Er wollte sie bloß beherrschen ... Meine Wut, mein Hass über dieses Monster waren kaum zu zügeln. Wegen so einem Stück Scheiße fühlte Lena sich wertlos und hässlich. Über Jahre hatte er sie einer Gehirnwäsche unterzogen und sie damit gefügig gemacht, stellte ich angewidert fest und flog nur so über die nächsten Seiten.

Mit den unterschiedlichsten Gefühlen in der Brust, klappte ich das Buch zu und legte es an seinem Platz zurück. Zwar war ich jetzt schlauer als vorher, jedoch nicht in Hinblick auf ihren aktuellen Standort.
Reue durchfuhr mich, kaum hatte ich ihr Zimmer verlassen. Ich wusste alles über ihre tiefsten Sehnsüchte, ihre erotischen Fantasien, ihre Selbstzweifel und Ängste. Es war, als war ich mitten in ihrem Kopf drin gewesen.

***

Die ganze Nacht hatte ich vor Sorge kein Auge zugetan, saß wie auf Abruf bereit auf der Couch, wartete und wartete. Immer wieder hatte ich versucht, Lena über Handy zu erreichen. Doch es blieb aus. Ihre geschriebenen Worte fegten wie kleine Irrlichter in meinem Kopf umher, flackerten wie ein Feuer in mir, welches mich wärmte. Völlig verspannt erhob ich mich gegen 06:00 Uhr von meinem Wachposten, um mir Kaffee zu kochen.

Das wird ja ein toller Arbeitstag werden mit null Stunden Schlaf!

Als ich die Küche anvisierte, hörte ich, wie sich die Wohnungstür öffnete. Ich eilte sofort in den Flur und sah wie Lena ihre Jeansjacke am Mantelstock hängte und ihre Tasche unachtsam in die Ecke schmiss, dann aus ihren Sommerschuhen stieg. Ihr Gesicht war blasser als sonst, ihre Augen wirkten so müde, wie ich mich zuvor noch gefühlt hatte, doch jetzt war ich hellwach. Sie trug ein blaues, fließendes Sommerkleid, das ihre Hüften betonte.

„Gott sei Dank! Dir geht es gut. Ich bin ja so froh, dich zu sehen!", sprach ich mit einem Lächeln im Gesicht, das mir bis zu den Ohren ging. Ohne großartig nachzudenken, kam ich auf sie zu und schloss sie ganz fest in meine Arme. Tief sog ich den Duft ihres Pfirsich-Shampoos ein und war so verdammt erleichtert.

Lena erwiderte die Umarmung und mir wurde plötzlich immer heißer.

„Es tut mir leid, dass ich mich nicht bei dir gemeldet habe. Der Akku war leer, und ich hatte mein Ladegerät vergessen", erklärte sie mit reuevollem Unterton in der Stimme und löste sich wieder von mir.

Ich sah in das tiefe Blau ihrer Augen, das mich gefangen nahm. Noch immer war das Lächeln nicht aus meinem Gesicht gewichen.

„Du wirkst so gut gelaunt", stellte sie fest. Der Hauch eines Lächelns huschte über ihr Gesicht, verschwand dann aber wieder. Scheinbar verlegen kratzte sie sich den Hinterkopf.

„Hauptsache du bist nicht sauer auf mich. Adnan?" Lena sah mich mit zusammengezogenen Brauen an. „Alles klar bei dir?“

Ups, ich muss dieses Dauergrinsen unter Kontrolle kriegen! Gerade scheine ich wie ein Schwachkopf auszusehen ... Reiß dich zusammen!

„Ja, ja, natürlich“, antwortete ich hastig und machte eine Pause, sah in ihr Gesicht, das Verwunderung und Belustigung preiszugeben schien.

„Herzlichen Glückwunsch nachträglich zum Geburtstag“, sagte ich dann und nahm sie nochmal in den Arm. Es fühlte sich so gut an. „Es tut mir wahnsinnig leid, dass ich deinen Geburtstag vergessen habe. Kannst du mir noch einmal verzeihen?“, flüsterte ich in ihr Ohr und schaffte einen Abstand zwischen uns, um ihre Miene studieren zu können.

„Ja, aber klar. Du hast viel am Kopf gehabt. Sie lächelte verständnisvoll.

„Und jetzt erzähl mir bitte, wo du die Nacht über warst.“

„Das klingt schon eher nach dir“, witzelte Lena und ging mit mir für einen Kaffee in die Küche.

Nachdem ich diesen zubereitet hatte, stellte ich beide dampfende Becher auf dem Tisch ab und setzte mich gegenüber von ihr.

Sie schlang ihre Finger um den Henkel der Tasse, führte sie vorsichtig an ihren Mund und nippte.

„Also?“ Beide Hände unter mein Kinn gestemmt, wartete ich gespannt auf ihre Antwort.

Lena stellte den Kaffeebecher ab und fuhr nervös mit den Fingerspitzen über die Tischplatte. „Ich ... ich war in einem Hotel.“

Ich zog beide Brauen zusammen.

„Alleine“, fügte sie schnell hinzu und starrte zu Boden. Da fielen mir wieder ihre geschriebenen Worte ein: „Ich halt das nicht mehr aus, ich muss bald hier ausziehen.“ *Sie hatte keine Lust gehabt Veronika und mich weiterhin als Paar zu beobachten. Natürlich! Adnan, du bist echt ein Blitzmerker!*

„Ich war lange aus, es war spät und da ... da dachte ich, ich übernachte besser in der Nähe und erspare mir die lange Fahrt zurück“, ergriff Lena erneut das Wort und schaute mich wieder an. Sie sah plötzlich traurig aus.
Am liebsten würde ich jetzt nach ihren Händen greifen, aber ich darf das alles nicht zu offensichtlich machen. Es würde komisch auf sie wirken, so von null auf hundert.
„Ich habe mich gestern Abend von Veronika getrennt.“
Lenas Augen wurden groß, daraufhin bedachte sie mich mit einem ernsten wie auch mitfühlenden Blick. „Das ... das tut mir leid! Willst du darüber reden?“
Ich schnaubte. „Du hast recht gehabt. Veronika hat mir die ganze Zeit nur etwas vorgespielt. Sie hat gar keinen Vater, jedenfalls kennt sie ihn nicht. Diese ganze Geschichte über den tödlichen Schlaganfall war bloß eine dreckige Lüge“, erwiderte ich bitter und musterte sie aufmerksam.
Lena schüttelte seufzend den Kopf, griff über den Tisch hinweg nach meiner Hand.
Wellenartige Hitze durchfuhr mich. Ich musste mich zusammenreißen, denn am liebsten wäre ich jetzt zu ihr hingegangen und hätte sie geküsst.
„Ist schon gut. Ich bin froh, dass alles ans Licht gekommen ist und ich diese Person endlich losgeworden bin. Weißt du“, ich lächelte, während ich das sagte, „ich wollte schon längst mit ihr Schluss machen, weil ich nichts für sie fühle, aber nach dieser ganzen Story über ihre tiefe Trauer, habe ich es nicht über mich gebracht.“
Wieder sah ich sie aufmerksam an.
Doch leider schien ihr Gesicht wie eingefroren. „Hey, du musst doch los, oder?“ Lena deutete mit der Nasenspitze zur Wanduhr, die schon 07:45 Uhr zeigte und zog ihre Hand langsam wieder zurück.
Mist! Ich habe die Zeit ganz vergessen!
Schlagartig erhob ich mich. „Ich muss mich wirklich

beeilen, denn ich komme jetzt schon zu spät."

Oh Gott, ich habe von je her immer pünktlich meinen Dienst angetreten. So etwas ist mir noch nie passiert! Lena, was machst du nur mit mir?

Ich kam auf sie zu und legte meine Hände auf ihre Schulter. Sie saß bewegungslos da, sagte keinen Mucks. Langsam beugte ich mich zu ihr nach unten und konnte ausmachen, dass ihre Atmung flacher wurde.

„Wir sehen uns heute Abend und diesmal läufst du mir nicht weg, okay?", flüsterte ich mit dem Kopf an ihrem gelehnt, in ihr Ohr. Noch immer brachte sie kein Wort raus, wirkte angespannt. *Ihr ganzer Körper reagiert auf mich.* Selbstzufrieden lachte ich in mich hinein, ließ dann von ihr ab.

„Bis heute Abend, Lenchen!", rief ich ihr noch schnell beim Weggehen hinterher.

„Bis heute Abend", antwortete sie, gerade, als ich die Tür hinter mir schloss.

Lena

Noch immer spürte ich seinen warmen Atem im Nacken und an meinem Ohr. Ich war vorhin unfähig gewesen, etwas zu ihm zu sagen. So etwas hatte er noch nie gemacht! Diese Geste war so intim. Ich hatte das Gefühl gehabt, mein Herz würde mir aus dem Brustkorb springen. Alle Worte waren wie weggefegt gewesen. Gegen seine Wirkung konnte auch kein Ritalin der Welt für Konzentration sorgen. Bei Adnan verlor ich noch immer meine Worte und mich selbst. Die Tatsache, dass er nicht mehr mit Veronika zusammen war, erleichterte mich, obwohl ich ihm so einen Reinfall niemals gewünscht hätte! Ich wollte, dass er glücklich ist.

Mit einem Satz stand ich auf, spülte beide Kaffeetassen ab

und stellte sie zum Abtropfen auf die Ablage. Das gestern war der blödeste Geburtstag, den ich je gehabt hatte. Alles hatte besser gewirkt, als Adnan und Veronika in trauter Zweisamkeit zu erleben, genau an diesem Tag.
Das mit dem Zimmer – es war eine billige Absteige gewesen – hatte mir für gestern genau richtig erschienen. Ich hatte ja keine Ahnung, dass Adnan eigentlich Trost gebraucht hätte und ich ehrlich gesagt auch. Den ganzen Abend hatte mein Kopf die erste Begegnung mit Dennis abgespult, die vor fünf Jahren stattgefunden hatte, unseren ersten Kuss, später dann meine ersten Schläge … Es war grauenvoll gewesen, das alles quasi noch einmal erleben zu müssen. Aber vielleicht brauchte ich das ja um etwas Wichtiges zu erkennen! Wenigstens hatte ich mich meinem Therapeuten gestern ein Stück geöffnet, indem ich ihm von meiner toxischen Beziehung erzählt hatte. Da gab es für mich wirklich noch eine Menge aufzuarbeiten, wie er gemeint hatte.
So, ich brauche jetzt erst mal eine Dusche!
In dieser Absteige gab es bloß einen Duschkopf mit einer einzementierten Halterung in der Wand, ohne Kabine, was ein bisschen an Gefängnis erinnerte und ich nicht hatte benutzen wollen. Schnurstracks lief ich ins Bad, streifte mir mein Kleid, mein Slip vom Körper, riss den BH runter und ließ alles unachtsam zu Boden gleiten. Ich stellte mich unter den heißen Wasserstrahl und schäumte mich großzügig mit Adnans Duschgel ein, das nach Erde und Tannen roch.
Er riecht immer so gut.
Abermals musste ich mir vorstellen, dass Adnan in diesem Moment hinter mir stand, mich an den Schultern packte wie vorhin in der Küche. Durch dieses Erlebnis wurde auch meine Fantasie lebendiger. Es fühlte sich an, als ob flüssiges, warmes Gold durch meinen Körper rieseln würde.
Ich musste mir vorstellen, wie er seine Arme um mich schlingt und mich ganz fest an sich drückt. Pulsierende

Hitze erfasste meinen Körper.
Schluss jetzt, Lena, stoppte ich mich. *Er will nichts von dir.*
Ich unterbrach diese Vorstellung, verbot es mir, sie bis zum Schluss zu träumen und stieg mit einem Handtuch um den Körper geschlungen, aus der Dusche.

Adnan

Nachdem ich mir innerhalb des Vormittages einen doppelten Espresso in die Kehle geschüttet hatte, wurde es mit meiner Müdigkeit besser. Meiner Schwester hatte ich zuvor schnell eine Nachricht mit den Worten: *„Lena ist wieder da, ihr geht es gut“,* geschickt. Auf der Arbeit folgten einige Gehirnstrommessungen, ich schaute mir ebenfalls zwei Computertomographien vom Kopf meiner Patienten an und schrieb jeweils eine Anamnese dazu, besprach den weiteren Terminplan. Außerdem hatte ich weitere Praxistermine, die wiederum weitere Untersuchungen von Patienten mit sich zogen.
Mein Job war zu wichtig, um durch Unachtsamkeit womöglich irgendetwas zu übersehen. Der Schlaf vor der Arbeit war mir von je her heilig gewesen. So etwas kommt nie wieder vor, tadelte ich mich gedanklich.
Zum Nachdenken über Lena kam ich erst zum Feierabend wieder.
Ich stieg in meinem Mercedes Benz, schaltete die Freisprechanlage an und versuchte Mike zu erreichen. Nach seinem 24-Stunden-Dienst von gestern, müsste er sich mittlerweile ausgeschlafen haben, so hoffte ich jedenfalls. Zu meinem Glück ging er ran.
„Hey!“
„Hi, Mike, wie geht es dir?“, fragte ich höflichkeitshalber nach. Nicht, dass es mich nicht interessiert hätte, aber ich

trug ein Päckchen mit mir herum, was definitiv Klärungsbedarf besaß. Ich konnte nicht länger damit warten, es ihm alles zu berichten. Guter Rat war in meinem Fall teuer.
„Alles bestens. So und jetzt möchte ich wissen, was mit Lena ist."
Ich startete den Motor und fuhr los.
„Sie ist heute Morgen wieder aufgetaucht", verriet ich, während ich in den vierten Gang hochschaltete und die nasse Straße entlangfuhr. Der Regen wurde immer stärker, so dass ich den Scheibenwischer anschaltete. „Ich habe ein Problem, aber zuerst Folgendes zur Info: Ich habe mit Veronika Schluss gemacht, sie war eine falsche Schlange."
„Wow! Cool, dann steht einer Beziehung mit Lena doch nichts mehr im Weg", flötete er ohne den genauen Grund der Trennung wissen zu wollen.
„Leider steht da doch noch eine Sache im Weg."
„Boah, Alter! Was ist denn nun schon wieder? Hat sie jetzt etwa einen anderen? War sie deshalb weg?"
Ich bog in die nächste Kreuzung ein. „Nein, sie hat keinen anderen. Ich habe Mist gebaut, großen Mist."
Mike stieß die Luft aus. „Spuck es schon endlich aus!", forderte er mich ungehalten auf.
„Ich habe ihr Tagebuch gelesen."
Lautes Gelächter an der anderen Leitung.
„Mann, hör schon auf! Das ist nicht witzig!"
„Oh, doch! Der stets ehrliche, rechtschaffene Adnan hat die Regeln gebrochen. Oje, dich hat´s wirklich stark erwischt."
Ich trommelte mit Zeigefinger und Daumen gegen das Lenkrad. „Ich hatte es anfangs wirklich nur angefangen zu lesen, um zu erfahren, wo Lena stecken könnte. Aber auf einmal, da konnte ich nicht mehr aufhören."
„Hm, ich vermute mal, weil da einiges über dich drinstand."
„Richtig kombiniert, Sherlock. Sie fühlt das Gleiche wie ich."
„Na, wunderbar! Dann ran an den Speck!"

„Ich fühle mich wirklich sehr schlecht, in ihre Privatsphäre eingedrungen zu sein und habe das Gefühl, es würde jetzt zwischen uns stehen."
„Da haben wir ihn wieder: den rechtschaffenen Typen. Du machst die ganze Sache komplizierter, als sie sein sollte. Schmeiß dich jetzt endlich an Lena ran und werde glücklich mit ihr. So einfach ist das."
Ich seufzte. „So einfach ist das alles leider nicht. Ich will dir keine Details verraten, nur so viel: Sie ist durch den ganzen Mist mit ihrem Ex gebrandmarkt. Nichtsdestotrotz frisst mein Gewissen mich auf."
„Es gibt nur zwei Möglichkeiten. Für die erste würde ich dich allerdings für verrückt erklären. Also, entweder du beichtest es Lena und verscherzt es dir gleichzeitig wieder mit ihr. Oder du ziehst deinen Vorteil daraus."

Nach einer hitzigen Debatte, die mich zu keiner Entscheidung hatte kommen lassen, beendete ich schließlich das Gespräch.
Ich hielt noch kurz vor einem Blumenladen an und kaufte einen schönen bunten Blumenstrauß mit weißen Rosen, Chrysanthemen, Gerbera, Freesien und Schleierkraut. Bei mir zuhause angekommen, hielt ich ihn Lena zur Begrüßung unter die Nase.
„Das ist ein Geburtstagsstrauß", fügte ich noch hinzu.
Lenas Augen begannen zu leuchten. „Der ist wunderschön. Vielen Dank. Ich hole schnell eine Vase." Mit einem zarten Lächeln auf den Lippen stellte sie die Blumen wenige Sekunden darauf ins Wasser. Anschließend suchte sie nach einem geeigneten Platz dafür und wurde schließlich im Wohnzimmer fündig. Dort auf dem gläsernen Couchtisch stand der Strauß, den sie noch immer bewunderte, als wäre er der Schatz aus Ali Baba und die vierzig Räuber.
„Ich habe noch nie Blumen geschenkt bekommen", verriet

mir Lena und setzte sich aufs Sofa, den Blick noch immer auf den Strauß gerichtet.

Wow, sie hat wirklich noch nie einen Strauß von irgendeinem Verehrer oder von ihrem Ex bekommen?

Ich nahm direkt neben ihr Platz und war über ihre fast kindliche Freude fasziniert. Um so etwas hatten meine Verflossenen nie sonderlich viel Aufhebens gemacht. Meist hatte nur ein „Danke" erfolgt. Das war es schon gewesen.

„Ich würde dich gern zum Essen einladen, hast du Lust?", durchbrach ich die Stille und sah sie hoffnungsvoll an.

Lena schien einen Moment über meine Worte nachzudenken, erwiderte dann: „Das ist sehr lieb von dir, aber es ist nicht nötig."

Wie immer war sie viel zu bescheiden. Aber da war noch etwas anderes in ihr, was sie zweifeln ließ, das spürte ich irgendwie – und das irritierte mich mächtig.

„Außerdem habe ich schon etwas für uns gekocht", sagte Lena und lief daraufhin eilig in die Küche. Ich folgte ihr.

„Gott sei Dank!", meinte sie, einen Blick in den Ofen geworfen. Der Schmorbraten darin war in bester Verfassung und duftete überaus lecker.

„Du sollst dich wirklich nicht ständig dazu verpflichtet fühlen, zu kochen", wandte ich ein und sah Lena ernst an.

Mit einer Hand winkte sie ab und holte klappernd die Teller aus dem Schrank. „Das mache ich wirklich gern. Wenn ich bald arbeite, werde ich das auch nicht mehr jeden Tag machen, also ..." Sie bedeutete mir mit einem Kopfnicken in Richtung der Stühle, dass ich mich setzen sollte. „Ich werde dir dann auch Miete für das Zimmer bezahlen."

Ich schüttelte entschieden den Kopf, während ich mich hinsetzte. „Nein, das wirst du nicht! Ich möchte das nicht."

Lena stellte beide Teller auf den Tisch, legte das Besteck auf Servietten dazu und protestierte: „Keine Widerrede! Ich möchte es so. Die ganze Zeit schon wohne ich hier komplett

umsonst. Das ist mir zu viel." Entschlossen sah sie mich an. „Ich werde mich auch demnächst um eine Wohnung bemühen!"
Noch immer schien ihr Blick keinen Widerspruch zu dulden, doch ich konnte nicht schweigen. „Gefällt es dir hier nicht auf Dauer?" Prüfend sah ich sie an.
„Doch, tut es. Sehr sogar, aber …"
„Kein aber. Du kannst bei mir wohnen, solange du willst. Mir gefällt unsere kleine WG. Wenn du dich wirklich nicht damit wohl fühlst, überweis einen Betrag, den du für angemessen hältst. Hauptsache, du bleibst!"
Lena schenkte mir ein bezauberndes Lächeln und fuhr sich mit einer Hand flüchtig durch die Haare.

Nach dem Essen gingen wir auf den Hinterhof für ein kleines Basketball-Match. Der Regen war verflogen. Es hingen zwar noch dicke, graue Wolken am Himmel, aber dafür war es schwül.
In Shirts und Shorts bekleidet, kämpften wir um den Ball. Lena dribbelte, schüttelte mich gekonnt immer wieder ab und warf schließlich einen Korb aus maximal drei Meter Entfernung. Sofort rannte ich los und schnappte mir den Ball, dribbelte, lief näher zum Korb. Lena flitzte mit einem Blitzen in den Augen auf mich zu. Doch ich drehte mich schnell um, dribbelte weiter. Dann kam sie schnell von der anderen Seite, berührte plötzlich meinen Arm. Ein Blitz durchzog mich. Es war so, als wäre mein Kopf komplett ausgeschaltet. Wärme durchströmte mich. Ich musste entschieden gegen den Drang ankämpfen, sie jetzt einfach zu packen und zu küssen, wollte ich doch behutsamer bei Lena vorgehen.
Meine missliche Lage hatte sie natürlich sofort ausgenutzt und warf den nächsten Ball in den Korb, grinste mich frech von der Seite an.

Diese Frau ist bezaubernd. Wie konnte ich das vorher nur nicht gemerkt haben? Wir gehörten zusammen, daran hatte ich keinen Zweifel mehr. Doch ich konnte Mikes Rat nicht annehmen, auch wenn er schon irgendwie recht damit hatte. Es war eine Gewissensfrage, eine Art von Betrug für mich. Ich hatte das Gefühl, wenn ich vorher keinen reinen Tisch mit Lena machen würde, könnte das unsere gemeinsame Zukunft eventuell belasten. Ich wollte im Reinen sein, wollte keine Geheimnisse haben vor ihr.
„Adnan? Ist alles klar?"
Kein Wunder, dass sie gefragt hatte, denn ich stand bestimmt schon seit einer Minute einfach so da und starrte Löcher in die Luft.
„Nein", antwortete ich wahrheitsgemäß und senkte den Blick. „Ich muss dir ein Geständnis machen. Am besten, wir gehen dafür in die Wohnung."

Lena

Ich beobachtete, wie beklommen Adnan auf den Boden starrte.
Was ist nur los mit ihm? Irgendetwas scheint ihn zu belasten.
„Ja gut. Komm, gehen wir rein", erwiderte ich schnell.
Zwei Minuten darauf saßen wir auf dem Sofa.
Adnan schaute ins Leere, so als wäre er gerade Millionen von Lichtjahren entfernt von mir.
Sein wundervoller Blumenstraß duftete herrlich. Ich konnte kaum in Worten ausdrücken, wie sehr ich mich über diese Geste gefreut hatte. Er war so süß zu mir, doch schon beim Match hatte ich gemerkt, dass etwas nicht stimmte. Er war plötzlich immer ernster und unkonzentrierter geworden. Normalerweise war das mein Ding gewesen.
„Komm, rede mit mir", bat ich, griff nach seiner Hand, die

auf seinem Oberschenkel ruhte und konnte merken, wie verkrampft sie doch war. Langsam bekam ich Angst. „Hey", hauchte ich, strich mit einer Hand über seine Wange. Adnan schaute mir direkt in die Augen. Sein samtiger Blick, der mir für gewöhnlich eine Gänsehaut nach der anderen über den ganzen Körper jagte, war mit einem Mal verschwunden. Seine Augen wirkten traurig und müde. Tief atmete er durch, rieb sich das Gesicht und schien mit sich zu ringen.

„Ich habe etwas getan, was ich nicht hätte tun dürfen", begann er seinen Satz, blinzelte und seufzte.

Noch immer ruhte meine Hand auf seiner.

„Was es auch ist, du kannst mit mir über alles reden", versuchte ich ihm Mut zuzusprechen und schenkte ihm ein kleines Lächeln, das er aber nicht erwiderte.

Vorsichtig entzog er mir seine Hand, schaffte einen kleinen Abstand zwischen uns und sah mich mit krausgezogener Stirn an. „Hör zu, vorweg will ich bloß anmerken, dass ich das, was ich dir jetzt sagen werde, getan habe, weil ich mir gestern Nacht tierische Sorgen um dich gemacht habe", begann er stockend und sah mich erneut kritisch an. Tief, ganz tief holte er Luft, so als würde er sich dadurch mehr Mut zusprechen und sagte dann: „Ich habe dein Tagebuch gelesen."

Mein Herz setzte einen Schlag aus. Noch immer fiel es mir schwer, das Gesagte zu verarbeiten. *Er hat was?* Ungläubig schüttelte ich den Kopf und blickte in sein reuevolles Gesicht.

„Ich ... ich wusste nicht, wo du warst, wie es dir geht. Das hat mich fast verrückt gemacht. Ich fand das Buch in einer Schublade, ich meine, ich wollte doch nur ..."

„Du wolltest nur wissen, wo ich gesteckt habe und hattest dir also eine Antwort in meinem Tagebuch erhofft?" Fassungslos starrte ich Adnan an.

„Ja, genauso war es."

„Woher wusstest du überhaupt von dem Buch?“ Meine Stimme wurde kratzig und panisch, meine Knie begannen zu zittern.
„Spielt das eine Rolle?“
Ich schnaubte. „Lucy!“
„Ja, meine Schwester hat erzählt, dass sie dir ein Tagebuch geschenkt hat. Aber sie kann nichts dafür. Ich allein bin dafür verantwortlich.“ Er rieb sich mit der flachen Hand über die Stirn, sah mich schuldbewusst an.
„Wie viel? Wie viel hast du ...“
Hörbar konnte ich ihn schlucken hören. „Alles.“
Ich war wie erstarrt, der Schock hielt mich gefangen.
Er weiß jetzt, dass ich seit vierzehn Jahren in ihn verknallt bin, er weiß von meinen erotischen Fantasien über ihn, von meinen Misshandlungen, einfach alles!
„Lena? Es tut mir leid, es tut mir so leid! Bitte sag etwas, irgendetwas!“
Ich schüttelte wie benommen den Kopf. Meine Atmung wurde von Sekunde zu Sekunde immer unruhiger. Das war kein Alptraum. Das passierte wirklich.
Ich will sterben, ich will sterben! Hilfe, er weiß alles!
Ich stand auf, meine Knie waren bloß noch Grießbrei.
„Wie konntest du ... wie konntest du das tun?“ Tränen sammelten sich in meinen Augen, ein tiefer Schmerz durchzog mich. Ich schaffte es nicht mehr, in seine Augen zu sehen und fixierte die Wohnwand. „Du bist einfach in meine Intimsphäre eingedrungen. Du hattest kein Recht dazu!“, sagte ich mit zitternder Stimme.
„Ich weiß, und es tut mir ehrlich leid!“
Ich merkte im Seitenblick, dass Adnan ebenfalls aufstand, er griff nach meiner Schulter. Entschieden riss ich mich von ihm los, rannte in den Flur und rettete mich schließlich in mein Zimmer.
Mit einem lauten Knall ließ ich die Tür zufallen und schloss

schnell ab. Abgekämpft warf ich mich aufs Bett.
„Lena!“, rief Adnan und klopfte gegen meine Tür. „Lena, ich weiß, dass ich einen Fehler gemacht habe. Aber ich habe dieselben Gefühle für dich! Schon die ganze Zeit fühle ich so, seit ich dich wiedergesehen habe. Anfangs hatte ich es nicht wahrhaben wollen, doch dann unser Kuss ...“
Ja, stimmt! Er weiß jetzt, dass ich mich an den Kuss erinnern kann. Auch die Fantasie in der Dusche ... Oh Gott!
Ich lief hinüber zur Tür, lehnte mich dagegen. „Ich glaube dir kein Wort!“ Tränen rannen mir die Wange hinunter, ich ging kraftlos in die Hocke, eine Hand am Türrahmen gepresst.
„Lena!“ Adnans Stimme wurde sanft. „Ich liebe dich!“
„Hör auf damit!“, fauchte ich. Das alles war zu viel zum Verarbeiten, es war surreal.
„Bitte verzeih mir. Ich will mit dir zusammen sein. Seit Tagen kann ich nur noch an dich denken. Die Sehnsucht nach dir macht mich fertig.“
Irgendein Teil in mir konnte seinen Worten keinen Glauben schenken, nicht, weil er mich hintergangen hatte, sondern – so sehr ich mir das auch immer gewünscht hatte – weil es nicht stimmen konnte.
„Bitte, Lena, mach auf!“, flehte er und strich mit seinen Fingern quietschend über die Tür.
Ich kann ihm nie wieder unter die Augen treten!
Keuchend verschränkte ich meine Arme hinter dem Nacken. „Ich ... ich kann dir nicht mehr vertrauen.“
Wie ein Schlosshund fing ich an zu weinen, steuerte erneut mein Bett an. Keine Kraft schien mehr in meinem Körper zu sein. Ich wollte schlafen, ich wollte nur noch schlafen.

Adnan

Das Klingeln meines Weckers riss mich aus dem Schlaf.

Trotz meines Grübelns und den Vorwürfen, die mein Hirn förmlich zermartert hatten, war ich dann irgendwann doch vor Müdigkeit eingeschlafen. Mein Körper hatte von der letzten schlaflosen Nacht noch Nachholbedarf gehabt. Ich rieb mir die Augen, stand auf und ging so leise wie möglich in den Flur, schaute um mich und lauschte.
Es war still wie in einer Kirche.
Sie scheint noch immer in ihrem Zimmer zu sein. Vielleicht wartet sie, bis ich zur Arbeit gehe, um es zu verlassen oder schläft noch.
Ich seufzte tief. Ein Stein lag auf meinem Herzen.
Was, wenn meine Beichte jetzt unser ganzes Verhältnis zueinander kaputt gemacht hat? Doch ich konnte nicht anders, ich wollte ehrlich zu ihr sein.
Schnell sprang ich unter die Dusche und zog mich an. Dann machte ich mir einen doppelten Espresso. Ich brauchte heute viel Koffein, um wach zu werden. Immer noch war ich viel zu müde. Ich zwang mich, ein Müsli mit reichlich Obst und Nüssen zu essen. Ich wusste, dass es Energielieferant war und meine Konzentration stärken würde. Immerhin stand ein langer Tag im Krankenhaus bevor – Liebeskummer hin oder her. Für meine Patienten hatte ich die Verantwortung. Arzt war ich mit Leib und Seele geworden. Ich wollte Menschen mit schweren Nervenleiden gesund machen, wollte ihnen Wege in Form von Therapien aufzeigen. Schon immer war das mein großer Traum gewesen.
Selbst wenn das mit der Liebe nicht klappen würde, so habe ich meinen Sinn im Leben längst gefunden, dachte ich und stellte den Rest meines Müslis in den Kühlschrank. Blitzartig kam mir eine Idee.
Schnurstracks ging ich zur Wohnungstür, rasselte mit dem Schlüsselbund, dann drehte ich den Haustürschlüssel im Schloss und zog lautstark die Tür zu. Jedoch blieb ich im Flur stehen und wartete, ob sich was tat. Tatsächlich hörte

ich Schritte, die aus Lenas Zimmer drangen. Mir war klar, dass sie Zeit brauchte und ich nichts erzwingen konnte, aber der Drang, mit ihr zu reden war viel stärker.
Ein Blick auf meine Armbanduhr verriet mir, dass ich noch zwanzig Minuten Zeit hatte, bevor ich losmusste.
Gespannt wartete ich. Tatsächlich hörte ich bald darauf, wie sie ihre Zimmertür aufschloss. Ich wartete ab, bis ich Schritte hörte, denn wenn sie mich bemerken würde, wäre sie schneller wieder in ihrem Zimmer als ich „Guten Morgen" sagen konnte.
Eine weitere Tür wurde geschlossen.
Hm, sie ist ins Bad gegangen. Ich näherte mich leise mit ein paar Schritten und hörte das Plätschern von Wasser.
Hoffentlich dauert das jetzt nicht so lange. Wenn ich doch noch einmal kurz mit ihr reden, ihr dabei in die Augen sehen könnte ...
Ich beschloss schließlich, von der Badezimmertür wegzutreten und in den Flur zurückzugehen, damit sie, wenn sie mich sehen würde, nicht gleich wieder Reißaus nehmen könnte. Doch schneller als erwartet sprang die Tür auf. Lena stand splitterfasernackt vor mir.
„Oh Gott, was soll das denn?", piepste sie und hechtete ins Bad zurück, in dem sie sich wohl jetzt verbarrikadierte.
Ganz toll gemacht, Adnan, jetzt hält sie dich nicht bloß für einen Stalker, sondern auch für einen Spanner!
Endlich fand ich meine Sprache wieder und klopfte mit den Fingerknöcheln leicht gegen die Tür.
„Es tut mir leid, Lena. Ich wollte nur reden. Ich habe nicht gewusst, dass ..."
Stille legte sich wie eine unsichtbare Mauer zwischen uns.
„Es war keine Absicht, hörst du?", versuchte ich mich bei ihr zu rechtfertigen. „Ich bin wirklich ein Trottel, tut mir leid!"
„Ja, du bist ein Trottel", schimpfte sie. „Erst liest du mein Tagebuch wie einen Roman, was mich ohnehin schon

entblößt hatte und nun hast du dem Ganzen nochmal die Krone aufgesetzt. Jetzt weißt du wirklich alles, herzlichen Glückwunsch!"
„Nochmal: Es war keine Absicht! Ich wollte doch nur mit dir reden. Du hast mir gar keine andere Wahl gelassen."
Sie schnaubte. „Als zu spannen?"
„Ich bin alles Mögliche, aber kein Spanner!", stieß ich ein wenig beleidigt hervor und fasste mir ins Haar. „So etwas kann passieren. Vor ein paar Wochen zum Beispiel hattest du mich nackt aus der Dusche steigen sehen", erinnerte ich sie noch einmal daran zurück. Wenn die Umstände nicht so ernst und schwierig gewesen wären, hätte ich glatt darüber lachen können.
In diesem Moment, als sie da plötzlich vor mir stand, hatte ich nicht wegsehen können, jedenfalls nicht sofort. Ich hätte aber in der nächsten Sekunde den Blick abgewandt, wenn sie mir nicht zuvorgekommen wäre.
„Bitte, Lena, zieh dir doch etwas über, damit wir reden können!"
„Bitte geh endlich!"
Ihre Stimme klang scharf und eindringlich.
„Ich konnte doch nicht ahnen, dass du nichts anhast", versuchte ich mich abermals zu erklären.
Doch Lena schien mir nicht zu glauben, denn es folgte ein Schweigen als Antwort. Ich merkte, dass es keinen Sinn machte. So etwas kann man nicht erzwingen, du Hornochse, rügte ich mich in Gedanken.
„Gut, ich werde dann mal zur Arbeit gehen", sagte ich, lief zur Wohnungstür, schnappte mir meinen Rucksack, der in der Nische zwischen Wand und Garderobenschrank ruhte und zog die Tür hinter mir zu. Wahrscheinlich wartet sie jetzt erstmal, weil sie denkt, ich könnte wieder tricksen, schoss es mir durch den Kopf, während ich eilig die Treppen runterlief. Obwohl ich versuchte, dagegen

anzukämpfen, hatte ich die ganze Zeit ihren wundervollen Anblick vor Augen.

Sie hat schöne, wohlgeformte Brüste und eine schlanke Taille, lange wundervolle Beine ... Stopp! Hör auf damit! Jetzt fühle ich mich auch noch wie ein Voyeur ... Ich lasse auch keine einzige Peinlichkeit aus, wie es scheint.

Ich schüttelte den Kopf in der Hoffnung, die nicht jugendfreien Fantasien aus ihm zu verbannen. Doch Lena hatte alles in mir durcheinandergewirbelt.

***

Nach Feierabend änderte ich meine Strategie und beschloss, Lena noch mehr Raum zu geben. Sie sollte sich auf keinen Fall von mir bedrängt fühlen. An diesem Abend hatte ich mich mit Mike auf ein Feierabendbier in unserer Stammkneipe verabredet. Die letzten Tage hatte er mehrere Doppelschichten gehabt und seit Langem einmal um 18:00 Uhr Feierabend. Meine Arbeit in der Praxis bot dagegen schon geregeltere Arbeitszeiten.

Wie gewohnt saßen wir am Tresen und hatten unsere Pils im Blickfeld. Die Musik war mir etwas zu laut und wurde von dem Geplapper der Leute beinahe übertönt. Die Kneipe war gut besucht. Es war ja auch Freitagabend.

Ab Montag hatte ich sogar zwei Wochen Urlaub. Normalerweise hatte ich für ein paar Tage zu meiner Familie gewollt, doch ich konnte nicht eher gehen, bis ich die Sache mit Lena geklärt hätte. Eine Reise nach Ägypten war erst im Herbst geplant.

Ich erzählte meinen Kumpel, was gestern Abend zwischen Lena und mir abgelaufen war und natürlich vom Vorfall heute Morgen.

Daraufhin verfiel er in lautes Gelächter. Er fasste sich in sein kupferfarbenes Haar und schlug mit der Faust dreimal

auf dem Tisch auf, so als hätte er gerade einen Witz zu hören bekommen.
„Haha, sehr witzig!", erwiderte ich genervt und ließ meine Hände matt über den Tresen gleiten.
„Tut mir leid, Mann! Aber du lässt wirklich nichts aus, da bleibt kein Auge trocken." Mike ließ seinen letzten Lacher verebben und sah mich durchdringend an. „Ich hatte dich gewarnt. Du hättest längst mit ihr im Bett liegen können, ebenfalls nackt."
„Quatsch! So einer bin ich nicht, jedenfalls nicht bei Lena", warf ich ein und führte mein Bierglas an die Lippen, um einen kräftigen Schluck daraus zu nehmen.
„Ach ja, stimmt. Du hast ja erwähnt, dass sie viel durchgemacht hat und so. Aber trotzdem wärt ihr jetzt schon weiter als jetzt."
„Stimmt. Schon, klar. Aber es war richtig so."
„Gut, Bro. Nur musst du jetzt versuchen, deine Suppe bei der Kleinen auszulöffeln." Mike nahm ebenfalls einen Schluck Bier und kratzte sich den Hinterkopf. „Schon eine Idee, wie es weitergeht?" Er schien wirklich sehr interessiert und vor allem belustigt zu sein.
Aber Mike war dennoch immer ein guter Ratgeber, naja, fast immer.
„Ich gebe ihr Zeit. Irgendwann müssen wir ja wieder miteinander reden."
„Cooler Plan." Mike zeigte mir einen Daumen nach oben und grinste mich neckend an.
Dann sprachen wir über seine letzten One Night Stands und die vergangenen Arbeitstage. Er erzählte mir von seinen Reanimationen, seinen Notarztfahrten und erwähnte, dass er morgen Abend ein Date mit einer Krankenschwester aus der Gynäkologie haben würde. Interessiert hörte ich zu, dennoch schweiften meine Gedanken hin und wieder ab und landeten zum gefühltesten tausendsten Mal bei Lena.

Wann sie wohl wieder mit mir reden würde? Was, wenn sie mir nicht verzeiht, drängte sich die nächste Frage auf.
Als ich gegen 21:00 Uhr nach Hause kam, war ihre Zimmertür geschlossen, auch war sie nach genauerem Hinsehen weder im Wohnzimmer noch in der Küche zu finden. Ich hatte Lena eine WhatsApp geschickt, wann ich wieder da sein würde. Deswegen war das nicht verwunderlich. Gut, dass ich unterwegs ein Sandwich an der Tanke gegessen hatte.
Ich schlüpfte rasch aus meinen Schuhen, ließ meinen Rucksack unachtsam zu Boden gleiten. Dann visierte ich mein Zimmer an, zog die Jeans und das Hemd aus und legte mich in die kühlen Laken. Das Fenster war einen spaltbreit geöffnet. Noch immer war es lau draußen. Ich schnappte mir mein Handy und rief meine Schwester an.
„Hey, Brüderchen", flötete sie nach wenigen Sekunden.
„Hey", entgegnete ich eine Spur zu melancholisch und begann an eines meiner sich gelösten Haarsträhnen zu zwirbeln. Beide Beine hatte ich weit von mir gestreckt.
„Oh, das klingt gar nicht gut. Was ist los? Ist wieder etwas mit Lena?", wollte sie mit ängstlicher Stimme wissen.
„Warum hast du mir nie gesagt, dass Lena in mich verliebt ist?", fragte ich, ohne direkt auf ihre Frage einzugehen.
„Hm, dass sie damals auf dich stand, hat wirklich ein Blinder mit einem Krückstock gesehen. Sogar Mama und Papa haben es gemerkt. Aber, dass sie noch immer Gefühle für dich hegt, das hatte ich ab und zu zwar geahnt, wusste aber nicht genau, ob ich richtig lag. Das Ganze ist ja auch schon über zehn Jahre her."
„Wieso hat mir denn keiner ein Wort gesagt?", fragte ich ärgerlich und legte eine Hand auf meinen Mund.
Lucy seufzte. „Ich musste es Lena schwören. Außerdem glaube ich nicht, dass du damals so darauf angesprungen wärst. Du hattest ganz einfach keine Augen für sie."

„Schon gut, schon gut", wimmelte ich ab und pustete Luft aus. „Jetzt habe ich aber Augen für sie."
Lucy lachte. Es war ein amüsiertes und zugleich ungläubiges Lachen. „Aber wo liegt dann bitte das Problem? Sie hat dir ihre Gefühle doch auch gestanden. Wovor hast du bitte Angst?"
„Na ja, so direkt hat sie mir ihre Gefühle nicht gestanden."
„Adnan, sag mir bitte, dass du nicht das getan hast, was ich annehme!"
„Doch. Leider schon. Und jetzt brauche ich deine Hilfe. Du bist ihre beste Freundin. Wie kann ich wieder Vertrauen zu ihr aufbauen?" Mein Herz machte einen eigenartigen Satz. Der Gedanke, dass sie bloß ein Zimmer von mir entfernt lag und ich sie weder sehen noch mit ihr reden konnte, machte mich verrückt.
„Ach, Brüderchen. Das wird Zeit brauchen. Ich dumme Nuss habe dir ja erst den Tipp mit dem Tagebuch gegeben."
Ich konnte hören, dass sie scharf die Luft einzog.
„Ja, aber es war allein meine Entscheidung. Genauso habe ich es auch Lena gesagt. Sei unbesorgt, sie ist nur sauer auf mich, wobei ich glaube, dass sauer noch untertrieben ist."
„Ich wünschte, ich könnte dir helfen. Die nächsten Tage werde ich mal ein gutes Wort für dich einlegen. Wenn ich direkt morgen anrufe, würde sie wissen, dass wir die Köpfe zusammengesteckt haben."
„Ja, du hast recht. Danke, Schwesterherz. Ich hau mich hin. Gute Nacht."
„Gute Nacht!"
Ich legte mein Smartphone auf den Nachttisch, knautschte mein Kissen und hoffte, dass ich in den Schlaf finden würde. Müde genug dazu war ich, aber diese kreisenden Gedanken um Lena waren wie Blitze, die immer wieder in mir aufschlugen und für Unruhe sorgten. Vielleicht sollte ich es wie sie machen. In ihrem Tagebuch hatte Lena geschrieben,

dass sie Filme über sich und mich im Kopf abspielt, bis sie irgendwann einschläft. Die Dusch-Fantasie war zu aufwühlend. Also stellte ich mir vor, dass sie mir verzeiht und ich sie daraufhin fest in meine Arme schließe und küsse. Das wiederum ließ die Erinnerung von unserem heißen Kuss wieder aufleben. Ich wusste nicht, wie sie es anstellte, aber bei mir bewirkte dieses Kopfkino das genaue Gegenteil. Ich war erregt. Mein Verlangen in ihrer Nähe zu sein, raubte mir beinahe den Verstand.

Nein, ich werde mir jetzt keinen runterholen.

Ich sprang vom Bett, lief auf mein Wandregal zu, das nahe dem Fenster angebracht war und zog ein Buch heraus. "Fachliteratur der Neurologie". Das konnte für mich als Arzt nie verkehrt sein. Doch dann musste ich mich plötzlich wieder an diesem Vorfall mit Lena zurückerinnern, als sie einen Bücherband für mich holen wollte und ganz ungeschickt gefragt hatte: „Soll ich dir einen runterholen?" *Welch Ironie!* Ein bitteres Lachen konnte ich nicht mehr verkneifen. Ich schnappte mir das Buch, legte mich in mein Bett zurück und begann zu lesen.

Irgendwann wurde ich müde und dämmerte weg.

***

Am nächsten Morgen stand ich schon früh auf. Der lange Schlaf war sehr erholsam für mich gewesen, so dass ich voller Energie und neuem Tatendrang steckte. Ich duschte, zog mir meine ockerfarbenen Shorts an und dazu ein weißes, ärmelloses Shirt. Laut Wettervorhersage sollte es heute 32 Grad geben. Nachdem ich meine Zähne geputzt hatte, bereitete ich Omelett zu, presste Orangen für frischen O-Saft, schnitt ein paar Äpfel und Erdbeeren in kleine Stücke und gab sie in eine große Schüssel mit Naturjoghurt. Euphorisch holte ich Servietten und Besteck aus der Schublade

und betrachtete mein Werk. Das war ein Super-Frühstück. *Ich hoffe, ich kriege sie irgendwie dazu, sich mit mir an einen Tisch zu setzen*, überlegte ich und rieb mir mit einer Hand über den Bart. Mittlerweile war es 08:00 Uhr.
Ob ich einfach mal an ihre Zimmertür klopfen soll?
Ich fasste mir schließlich ein Herz.
„Lena!“, sagte ich mit gedämpfter Stimme und klopfte mit zwei Fingerknöcheln gegen ihre Zimmertür. Die Schritte verrieten mir, dass sie längst wach war. „Bitte, komm doch raus! Ich habe Frühstück gemacht.“
„Ich habe keinen Hunger“, antwortete sie monoton.
Ich biss mir auf die Unterlippe. „Du kannst dich doch nicht ewig hier drin vor mir verstecken“, wandte ich ein und seufzte. „Ja, ich habe einen Fehler gemacht und wünschte, ich könnte ihn ungeschehen machen. Aber das kann ich leider nicht. Und soll ich dir noch was sagen?“ Ich machte eine Pause. Lena schienen meine Worte nicht im Geringsten zu interessieren, doch ich sprach trotzdem weiter. „Ich bin dennoch froh, dass ich es weiß und ich wünschte, ich hätte es eher gewusst. Nachdem ich dich nach über zehn Jahren wiedergesehen hatte, habe ich gespürt, dass etwas anders ist zwischen uns. Aber ich wollte es nicht wahrhaben.“ Wieder legte ich eine Pause ein, wartete auf eine Reaktion, irgendetwas von ihr. Aber da kam nichts. Frustriert ging ich in die Hocke und lehnte gegen Tür.
„Es muss dir nichts von all dem peinlich sein, wirklich!“
Ich hörte ein „Tzzz …“
Wenigstens eine kleine Reaktion!
„Nein, wirklich. Ohne dich in Verlegenheit bringen zu wollen, ich habe auch Fantasien von dir. Das ist auch völlig normal.“ Ich holte tief Luft. „Ich werde dir jetzt ein paar Geheimnisse über mich erzählen oder besser gesagt, ich schreibe sie dir auf, das ist einfacher.“
Gerade, als ich mich erhob, um Stift und Papier zu holen,

öffnete sich die Tür und Lena stand in einem Nachtshirt, das ihr bis zu den Knien ging, vor mir. Ihre Wangen waren leicht gerötet. Sie schaffte es noch immer nicht, mir in die Augen zu schauen. Aber sie war aus der Deckung getreten, immerhin ein Fortschritt.

„Hey", hauchte ich, widerstand dem Drang, sie am Arm zu berühren. Eine Stimme in mir sagte, dass es noch zu früh sei.

Verlegen kratzte sich Lena den Hinterkopf und lief an mir vorbei in den Flur.

„Du musst das nicht tun, wirklich", murmelte sie.

„Ich habe kein Problem damit", erwiderte ich und beobachtete, wie sie das Badezimmer ansteuerte. „Warte bitte in der Küche auf mich, ich will mich erstmal fertig machen." Ihre Stimme war so dünn wie ein seidener Faden.

„Ist gut", sagte ich schnell und räusperte mich.

Lena

Obwohl ich immer noch mächtig sauer und vor allem verletzt war, musste ich gerade schmunzeln, während ich die Badezimmertür hinter mir zuschloss. Adnan war so süß. Wie er da so hilflos dagestanden hatte, so komplett eingeschüchtert, fast so eingeschüchtert wie ich, berührte einen Teil in mir.

Ich beäugte mich kritisch im Wandspiegel und putzte meine Zähne.

Ich kann mich wirklich nicht ewig vor ihm verstecken! Aber wie geht es weiter? Wie verhalte ich mich?

Ich zog mein Shirt aus und stieg unter die Dusche. Dabei musste ich unweigerlich daran denken, wie ich gestern nackt vor ihm gestanden hatte. Zuerst hatte ich einen Schrecken bekommen, doch dann hatte es überall unter meiner Haut gekribbelt. Er hatte mir Geheimnisse anvertrauen wollen, damit wir quitt waren. Vielleicht wollte er mich nur mit alten Jugendgeschichten aufheitern, wie auch immer. Ich hatte es dennoch nicht zulassen wollen, dass er blankzog, nicht auf diese Weise.

Schließlich stieg ich, diesmal mit einem Handtuch um den Körper geschlungen, aus der Dusche und verließ das Badezimmer. Hastig suchte ich in meinem Kleiderschrank nach meinem Lieblingsjeanskleid und zog es mir über, nachdem ich BH und Unterwäsche angezogen hatte. Einen Blick warf ich in den Wandspiegel, betrachtete noch einmal mein Spiegelbild, zupfte kritisch an meinem immer noch viel zu kurzem Haar herum, atmete einmal tief durch und ging mit einem Adrenalinpegel, der in die Höhe schoss, in die Küche.

Adnan, der frisches Brot schnitt, erspähte mich. Sein Gesicht erhellte sich und sein Blick ging mir durch und durch.

„Setz dich doch!“, sagte er mit der sanften Stimme, die ich so an ihm liebte und rückte mir den Stuhl zurecht auf dem ich schließlich Platz nahm. Er setzte sich ebenfalls, räusperte sich einmal kurz, sagte dann: „Ich hoffe, dir schmeckt das Omelett. Es wäre mir fast angebrannt.“

Ich nickte schnell, setzte ein kleines Lächeln auf. Denn er tat mir ein bisschen leid, so unsicher, wie er mich ansah und hilflos in seinem Omelett herumstocherte.

Ich nahm einen Bissen. „Mmh“, machte ich. „Wirklich lecker.“

„Freut mich.“ Er wirkte erleichtert.

Während wir aufaßen, sprachen wir kein weiteres Wort miteinander. Noch nie hatte ich Adnan unsicherer erlebt.

Ich ertrug dieses peinliche Schweigen nicht weiter, alles war verkrampft zwischen uns, und er packte mich in Watte, was ich noch viel weniger ertragen konnte.

„Hör zu, ich glaube dir, dass es dir leidtut und dass du anfangs nur aus Sorge zu dem Buch gegriffen hast, aber es hat

dennoch alles verändert zwischen uns." Eindringlich sah ich ihn an und erkannte die kleinen Fältchen an seiner Nase, das Flackern in seinen braunen Augen.
Adnan pustete Luft durch die Nasenlöcher und fuhr mit der Hand über den Tisch. „Ich weiß, aber das ist auch gut so. Ich will mit dir zusammen sein, egal wie. Ich liebe dich, Lena!"
Ein warmer Schauer rieselte durch meinen Körper. Wie oft hatte ich von diesem Moment geträumt? Wie viele Filme hatte ich im Laufe der Jahre schon in meinem Kopf abgespult, in denen er mir diese drei Worte gesagt hatte? Aber warum nur konnte ich es noch immer nicht glauben? Wahrscheinlich, weil ich zu gestört war. Ich war wohl nur mit Fantasien klargekommen, hatte mich an ihnen gewärmt. Die Realität war viel schwerer und immer mit Schmerz und Enttäuschung verbunden, jedenfalls war das bei mir immer so gewesen.
Langsam schüttelte ich den Kopf, ich wollte weg, zurück auf mein Zimmer. Ich wollte mich in meinem Bett verkriechen, da, wo ich sicher war.
„Ich habe gerade geschafft, dir in die Augen zu sehen ohne rot zu werden", sprach ich langsam und bedacht, denn es fiel mir wieder verdammt schwer, mich zu konzentrieren, meine Gedanken zu greifen und auszusprechen. „Zu mehr bin ich momentan nicht imstande", gestand ich und nahm schnell einen Schluck Kaffee.
Adnan schloss für einen Augenblick die Augen und nickte. „Verstehe. Wir gehen es ganz langsam an. Ich bin schon froh, dass du wieder mit mir redest", sagte er kleinlaut und begann den Tisch abzuräumen, stellte die geleerten Schalen in die Spüle.
„Komm, ich helfe dir", schlug ich vor und fing an, die Teller aufeinander zu stapeln und die Gläser darauf zu stellen. Dann berührten sich plötzlich unsere Hände, als wir beide gleichzeitig nach einer Tasse greifen wollten. Kleine

Funken schien seine Hand auszusenden. Ich zuckte unmerklich zusammen. Mein Herz hämmerte wie bekloppt. Instinktiv zog ich meine Hand schnell wieder weg und schluckte. Dann sah ich in seinen samtigen Augen, die Verlangen auszustrahlen schienen.
„Ich … werde dann mal Wäsche waschen gehen“, haspelte ich schnell vor mich hin, weil mir nichts Besseres eingefallen war, um mich aus dem Staub zu machen.
„Bitte warte! Hat das denn nicht Zeit? Ich dachte, wir könnten heute vielleicht nochmal mit den Rädern rausfahren bei dem genialen Wetter.“ Beschwörend sah er mich an.
„Ich weiß nicht“, wandte ich ein und starrte zu Boden.
„Wir tun so, als wäre nichts passiert. Wir schieben das heute alles weit von uns. Gib mir eine Chance, dir zu beweisen, dass das klappen kann.“
Einen Augenblick dachte ich über seine Worte nach.
„Also, schön!“, gab ich schließlich nach, sah wieder zu Adnan auf und bemerkte ein Leuchten in seinen Augen. Der Anblick war viel zu schön, als dass ich wieder wegsehen konnte.
Wir schmierten ein paar Brote und packten sie zusammen mit ein paar Getränken in Adnans Rucksack. Dann fuhren wir los.
„Dieselbe Strecke wie neulich?“, fragte ich, als ich hinter ihm den Fahrradweg entlangfuhr, der zu einer Gabelung führte.
„Also, von mir aus gerne“, antwortete Adnan, drehte sich mit einem kurzen Blick zu mir um und wandte sich wieder der Strecke zu.
Wir befuhren die Straße, vorbei an den umherbrausenden Autos, vorbei an Menschen, die in alle Richtungen marschierten. Die Sonne schickte heiße Strahlen zu uns nach unten.
„Ich habe Sonnencreme eingepackt. Wir müssen uns

definitiv gleich eincremen, wenn wir nicht wie Krebse aussehen wollen", rief er mir zu.
„Ja, ist gut."

Endlich verließen wir nach zwanzig Minuten die Straße und erreichten den Landweg. Hier war es ruhig und unbelebt. Der Blick auf die Maisfelder und den blauen Himmel war atemberaubend und schön. Ich genoss die frische Luft und die Fahrt in vollen Zügen. Es tat gut, war befreiend.
Nach weiteren zwanzig Minuten erreichten wir den kleinen Waldsee. Wie beim letzten Mal waren wir die einzigen. Adnan breitete die Decke drei Meter vor dem See aus, kramte die Sonnenmilch aus dem Rucksack und zog sein Shirt über den Kopf aus. Sorgfältig verteilte er die Creme auf seinem Oberkörper. Derweil hockte ich mich auf die Decke, löste mich endlich vom Anblick seiner Muskeln und ließ meinen Blick stattdessen auf dem glitzernden und funkelnden See schweifen.
„Könntest du mir vielleicht mit dem Rücken helfen?", fragte er etwas unsicher nach und warf mir einen Seitenblick zu.
„Klar." Meine Stimme klang jedoch recht dünn.
Ich schnappte mir die Tube, die er mir entgegenstreckte, während er mit dem Rücken zu mir abgewandt saß und inzwischen ebenfalls auf den See schaute. Ich drückte langsam etwas von der Creme heraus und ließ es in meine Handfläche gleiten. Dann begann ich, alles gleichmäßig auf seinem Rücken zu verteilen. Behutsam strich ich über seine Haut. Dabei wurde mir mit einem Mal ganz heiß, und ich musste meine Augen schließen. Nach etwa dreißig Sekunden stoppte ich mich endlich.
Das reicht, Lena! Du hast alles längst verteilt!
„Bitte sehr!", sagte ich innerlich angestrengt, drückte eine weitere Portion der Sonnencreme heraus und begann meine Arme und Beine einzucremen. Als ich fertig war,

schraubte ich den Deckel wieder auf die Tube und schmiss diese auf die Decke.
„Und was ist mit deinem Rücken? Willst du gar nicht schwimmen?“
Zwar hatte ich einen Bikini unter meiner Kleidung gezogen, doch hielt es plötzlich nicht mehr für so eine gute Idee, schwimmen zu gehen.
„Wir tun so, als wäre nichts passiert“, echoten seine Worte in meinem Kopf.
So eine blöde Idee! Das klappt nicht. Scheiße! Wie denn auch? Er weiß, dass ich ihn seit Jahren begehre, mich nach ihm verzehre. Er kennt jedes Detail meiner Sehnsüchte und jetzt weiß er auch noch, wie ich nackt aussehe. Ich komme einfach nicht damit klar!
„Ich bleibe lieber hier auf der Decke liegen und genieße die Sonne“, behaarte ich angespannt und rieb mir den Nacken.
„Ach komm, Lena! Bei der Hitze ist das doch die beste Abkühlung.“
Ich schüttelte entschieden den Kopf.
„Bitte, komm schon!“ Lange sah er mich an und faltete dabei seine Bitte bekräftigend, die Hände vor dem Brustkorb.
Resigniert seufzte ich.
„Na gut.“ Ich knöpfte das Kleid mit leicht zittrigen Händen auf, schlüpfte heraus und setzte mich wieder.
Seine plötzlichen Berührungen auf meiner Haut ließen mich zusammenzucken. „Entschuldige, das war sicher etwas kalt, ist gleich vorbei.“
Bedächtig fuhren seine Hände meinen Rücken entlang, um die Creme zu verteilen, so kräftig, dass es auch hätte eine Massage sein können. Wellenartige Hitze erfasste meinen Körper. Wie von selbst schloss ich meine Augen und genoss seine Berührungen, die ein unerträgliches Prickeln auf meiner Haut hinterließen.
„So, fertig.“

Wir warteten etwa zwanzig Minuten ab, bis die Creme gut genug eingezogen war. Schließlich machte Adnan den Anfang und rannte los, sprang mit voller Wucht in den See.
„Komm rein, das Wasser ist herrlich!“, rief er mir vergnügt zu und schwamm auf und ab.
Ein Seufzer verließ meinen Mund, dann folgte ich ihm ins Wasser. Er hatte recht, das kühle Nass tat bei der Hitze ungemein gut. Ich schwamm rücklings und sah zum tiefblauen Himmel hinauf, blinzelte gegen die Sonne und musste plötzlich lächeln.
„Sag ich doch!“ Ich bemerkte sein freches Grinsen, als ich wieder die Augen öffnete. Er umkreiste mich wie ein Hai, grinste dabei schelmisch.
„Was hast du vor?“, wollte ich wissen und konnte mir ein Lachen nicht mehr verkneifen. Es sah wirklich zu witzig aus.
Dann packte er mich, hob mich hoch und schmiss mich ins Wasser.
Ich quiekte freudig auf, ehe mein Körper unter Wasser geriet, um daraufhin lachend wieder aufzutauchen. „Hey!“
Er tauchte unter und schließlich an einer anderen Stelle des Sees wieder auf. Ich konnte hören, wie er nach Luft schnappte und auflachte. Entschieden bewegte er sich auf mich zu. Eilig schwamm ich davon und fühlte mich wie ein Kind beim Fangen spielen.
Nach einer Weile hatte er mich eingeholt. Er packte mich an den Hüften, hob mich an, hielt dann allerdings inne. Mein Herz hämmerte bis zum Hals. Mir wurde ganz schwindelig. Wir verloren das Gleichgewicht. Instinktiv schlang ich beide Arme um seinen Nacken, bevor wir unter Wasser gerieten. Fast gleichzeitig tauchten wir wenige Sekunden darauf wieder auf, keuchten und lachten.
„Du bist ein Spinner“, sagte ich und piekte ihm in die

Rippen.

Adnan

Angeheitert und bestens gelaunt erreichte ich mit Lena zusammen die Wohnung. Der Tag mit ihr war wunderschön verlaufen. Ich war so wahnsinnig froh darüber, dass das Eis zwischen uns gebrochen war und ich meine Lena zurückhatte. Die Lena, die immer mit mir rumalberte und für jeden Spaß zu haben war. Wir hatten den Abend auf einem nahegelegenen Gasthof verbracht und dort zu Abend gegessen.

Völlig erledigt vom Fahrradfahren steuerte ich die Couch an und ließ mich darauf niederfallen. Lena nahm im gegenüberliegenden Sessel Platz.

„Du siehst ein wenig zerzaust aus vom Fahrtwind“, meinte sie schmunzelnd.

Ich tastete mit der flachen Hand an meinen Kopf und fühlte, dass sich mehr Haarsträhnen aus meinem Dutt gelöst haben mussten, als dieser noch zusammenhielt. Ich riss das Gummi von meinen Haaren, vereinte sie erneut zu einem Zopf, steckte sie dann wieder nach oben, band das Gummi und zog es fest.

„So besser?“

Lena nickte, schenkte mir ein Lächeln, das ihre weißen Zähne offenbarte.

„Danke für den schönen Tag“, sagte ich und legte meine ausgestreckten Füße auf dem Wohnzimmertisch ab.

„Mir hat der Tag auch gefallen.“

„Siehst du, ich habe dir doch gesagt, dass es klappt.“ Ich zwinkerte ihr heiter zu.

„Nur, weil du so ein Spinner warst.“

„Wenn es dich zum Lachen bringt, bin ich gern ein Spinner

für dich", erwiderte ich und verschränkte beide Arme hinterm Nacken.
Amüsiert schüttelte sie den Kopf und blinzelte.
Ein Schweigen legte sich daraufhin zwischen uns, was mir nicht gefiel. Allerdings wusste ich in diesem Augenblick nicht, was ich sagen sollte. Noch immer war ich vorsichtig, wollte keinen Fehler machen, der uns womöglich zurückwerfen könnte.
„Ich werde dann mal schlafen gehen", sagte Lena nach etwa einer Minute und erhob sich.
Ich stand ebenfalls auf. „Ja, ich auch. Es war ein langer Tag."
Wir liefen in den Flur.
„Gute Nacht!" Ich bedachte sie mit einem intensiven Blick.
Sie stand vor ihrer Zimmertür, eine Hand auf die Klinke gelegt.
„Gute Nacht, Adnan!" Lenas Stimme war nicht mehr als ein Flüstern. Ihre Augen wirkten wie Diamanten, leuchteten und funkelten geheimnisvoll.
Ich fühlte Wärme in mir aufsteigen und konnte dem Drang nicht mehr länger widerstehen, beugte mich ein Stück zu ihr nach unten, um sie zu küssen.
Doch Lena drehte ihren Kopf zur Seite. „Ich kann nicht, Adnan", sagte sie mit brüchiger Stimme, lief eilig in ihr Zimmer und schloss die Tür hinter sich zu.
Wie betäubt stand ich da und fühlte mich obendrein auch noch geohrfeigt.

Lena

Mein Herz raste wie eine Achterbahn mit zehntausend Loopings pro Minute. Meine Beine fühlten sich wie Gummi an. Als Adnan mich gerade küssen wollte, hatte ich nichts lieber tun wollen, als mich darauf einzulassen, doch es ging

nicht! *Er küsst so gut!* Ich schüttelte schnell den Kopf, kniff die Augen zu und ließ mich auf mein Bett fallen.
Nein, das alles wird niemals funktionieren. Jetzt, da er meine Geschichte kennt, fühle ich mich sogar noch gehemmter. Ich bin keine normale Frau. Seine Bedürfnisse kann ich nicht erfüllen. Früher oder später würde ich ihn enttäuschen – und dann würde ich enttäuscht werden. Es geht einfach nicht!
Rasch setzte ich mich wieder auf, fuhr mit beiden Händen durch meine Haare und merkte, wie meine schnelle Atmung sich langsam wieder regulierte.
Ich lief zum Fenster und schaute auf das Stück Wiese des Hinterhofes, auf dem zwei Amseln nach Futter suchten. Es dämmerte bereits. Die Sonne war längst untergegangen. Langsam öffnete ich das Fenster und sog die milde Abendluft ein. Ich beobachtete ein paar Schwalben, die mir fast vor die Nase flogen. Wenn die Schwalben niedrig fliegen, werden wir bald Regen kriegen, fiel mir eine alte Bauernregel wieder ein. Adnan hatte ja Urlaub. Auch, wenn ich ihm Erholung von seinem stressigen Job von Herzen gönnte, wäre es mir lieber gewesen, wenn er den Tag über arbeiten wäre. Immer, wenn ich mich mit ihm in einen Raum befand, konnte ich förmlich diese elektrisierende Spannung spüren, die in der Luft lag. Das machte mich ganz wuschelig. Wenigstens würde ich übernächste Woche meine neue Arbeitsstelle antreten und hoffte, dass alles gut verlaufen würde. Vielleicht konnte ich dann doch ausziehen und eine eigene Wohnung nehmen, überlegte ich weiter. Auch wenn es mir schwerfallen würde, Adnan zu verlassen, wäre es doch auf Dauer besser so für uns beide. Seinen Vertrauensbruch konnte ich ihm noch immer nicht verzeihen. So etwas hätte ich ihm nie zugetraut.
Ich wandte mich wieder vom Fenster ab, zog mein Kleid wie auch den Bikini aus und schlüpfte in ein bequemes Nachtshirt.

Eigentlich wollte ich vor dem Schlafen gern nochmal duschen, aber ich hielt das momentan für keine gute Idee. Ich wusste, dass der Vorfall, als er mich nackt gesehen hatte, ein Versehen war. Dennoch wollte ich nicht riskieren, ihm heute Abend noch einmal über den Weg zu laufen.

Wer weiß, ob er nicht nochmal auf dumme Gedanken kommt und versucht, mich zu küssen! Er hat sich da nur in etwas hineingesteigert. Seine Gefühle können nicht so tief liegen. Es wird ihm sicherlich bald klarwerden – und dann ist die ganze Sache hier hoffentlich vom Tisch.

Ein leichtes Klopfen an der Tür unterbrach meine Gedanken. Als ich aufsah, bemerkte ich, wie ein Zettel durch den Türspalt geschoben wurde. Ich legte die Stirn in Falten, trat näher, um das Stück Papier aufzuheben und stellte fest, dass es sogar zwei ineinander liegende geschriebene Seiten waren. Ich setzte mich aufs Bett und begann zu lesen.

Liebe Lena,

ich weiß, dass du mir noch immer nicht verzeihen kannst. Dennoch hast du heute all deine Enttäuschung beiseitegeschoben und mit mir diesen Tag verbracht. Das weiß ich sehr zu schätzen. Klar habe ich eine Grenze überschritten und dich damit verletzt. Aber ich kann dir doch auch helfen, ein bisschen Frieden mit den Schatten deiner Vergangenheit zu schließen. Ich will für dich da sein, nicht nur bloß als Freund! Ich will mehr sein für dich. Meine Gefühle sind aufrichtig. Warum fällt es dir nur so schwer, das zu glauben? Du brauchst dich wirklich wegen nichts zu schämen, was in dem Buch steht. Ich trage all deine niedergeschriebenen Worte im Herzen und bewahre sie wie einem kostbaren Schatz. Nun ist es an der Zeit, dir all meine gehüteten Geheimnisse mitzuteilen. Ich weiß, dass du das nicht von mir verlangst, ich will es aber trotzdem. So, Folgendes:

Ich habe mit vierzehn in einem Geschäft ein Videospiel geklaut. Darauf bin ich am wenigsten stolz, aber ich war ein blöder Bengel, der sich dem Gruppenzwang seiner Clique gebeugt hatte. Zu meinem Glück ist es nie rausgekommen …

Du willst vielleicht wissen, warum ich eine Zeit zu einem Therapeuten gegangen bin. Darüber hatte ich bisher bloß mit Mike gesprochen, denn es fällt mir noch schwer, es zu erzählen. Ich hatte vor drei Jahren bei einer Patientin NMO diagnostiziert. Viel zu spät stellte sich dann heraus, dass es MS war. NMO ist eine andere, sehr seltene Autoimmunerkrankungen mit ähnlichen Symptomen wie bei MS. Sie hatte somit von mir eine falsche Therapie verordnet bekommen. Am Ende hat die Patientin ihre Sehkraft verloren. Wahrscheinlich wäre das mit der richtigen Therapie nicht so weit gekommen. Ich habe mir das nie verzeihen können. Es hatte mich damals in ein tiefes Loch geworfen. Diese ganze Sache hat mich noch kritischer und vorsichtiger werden lassen.

Ich wurde mir über meine Gefühle zu dir nach unserem ersten Kuss völlig im Klaren und wollte am nächsten Tag mit Veronika Schluss machen. Wenn sie mich nicht gelinkt hätte, wäre es mit dem Tagebuchlesen nie so weit gekommen. Dann wären wir längst zusammen. Manchmal aber geht das Leben Umwege.

Hier noch ein paar intime Dinge über mich:
Als du den einen Morgen auf mein Bett gesprungen bist, mir von deinem neuen Job erzählt und mich umarmt hast, musste ich eine ganze Zeit unter der Decke bleiben, um meine Reaktion darauf zu verbergen …

Ich habe auch Fantasien von dir, die den deinen sehr ähnlich sind. In einer von ihnen stehst du vor mir und verzeihst mir endlich. Dann liegen wir uns in den Armen und küssen uns. Ich ziehe dich langsam aus und küsse jede Stelle deines Körpers, weil ich mir wünsche, den dunklen Teil in dir zu berühren, der dir ständig einredet, du wärst nicht richtig oder gut genug. Ich will, dass du endlich begreifst, dass du perfekt bist, so wie du bist.

Falls meine Offenbarungen deine Hemmungen noch immer nicht vertreiben konnten, hier ein Vorschlag, den ich vielleicht morgen schon bereuen werde:

Spiel mir ein paar Streiche, so wie früher immer. Blamier mich, stell mich bloß! Lass uns nochmal die Kids von damals sein, auch wenn es albern ist. Wenn wir dann endlich quitt sind, werde ich meine Idee am Ende wohl doch nicht bereuen.
Denk darüber nach!

Ich liebe dich.
Adnan

Ich stieß ein langes „Puh“ aus, gefolgt von einem Seufzer, faltete die Papiere zusammen und legte sie in meine Nachttischschublade. Seine Worte hatten mich gepackt, berührten mich tief in der Seele. Jetzt wusste ich ebenfalls seine Geheimnisse. Sicherlich war es ihm nicht leichtgefallen, über diese Fehldiagnose zu schreiben. Die Tatsache, dass er es trotzdem getan hatte, rührte mich zu Tränen. Obwohl ich mich durch seine Geste viel besser fühlte, war diese Angst davor, wie es mit uns werden könnte, noch immer nicht verflogen. Was, wenn es nicht klappte? Natürlich gab es hierfür nie eine Garantie, aber Adnan war immer Teil meiner Gedanken gewesen. Ich kannte ihn fast mein ganzes Leben. Die Enttäuschung, falls es in die Hose gehen würde, hätte somit viel stärkeres Gewicht. Ich musste grinsen, als ich an seine Textstelle mit den Streichen denken musste. Damals waren Lucy und ich gnadenlos gewesen und hatten nichts ausgelassen. Ich bin doch aber keine 12 mehr! Kichernd dachte ich daran zurück, als wir Färbungsmittel in sein Shampoo gegeben hatten und er daraufhin eine Woche lang graue Haare hatte. Der Arme hatte schon was mitmachen müssen! *Das ist doch albern! Warum sollte ich mich darauf einlassen?* Es war eine weitere nette Geste gewesen,

die ich nicht annehmen konnte. Oder vielleicht doch? Wir waren doch mittlerweile eigentlich schon quitt.
Ich beschloss, eine Nacht darüber zu schlafen. Adnans süße Worte in dem Brief schwirrten mir im Kopf herum, sorgten immerzu dafür, dass ich lächeln musste, bis ich schließlich friedlich einschlief.

Versöhnung

Adnan

Langsam öffnete ich die Augen, warf einen Blick auf meinen Digitalwecker, der in dicken roten Ziffern 10:21 Uhr anzeigte.
Schon so spät? Es hat ja auch wirklich gedauert, bis ich gestern eingeschlafen bin. Ich rieb mir die immer noch müden Augen, stieg aus dem Bett und schlüpfte in meine Pantoffeln. Doch ich fühlte etwas Nasses, zog einen Fuß wieder heraus und beäugte diesen. *Lena!* Ich musste lachen. Sie hatte Rasierschaum in meine Pantoffeln gesprüht! *Sie ist also doch auf meine Idee eingegangen.*
Ich würde mir die Füße unter der Dusche waschen, entschied ich und steuerte auch schon das Bad an. Es war still in der Wohnung, verdächtig still. Was hatte sie sich wohl noch für mich einfallen lassen? Plötzlich fühlte ich mich wieder wie fünfzehn. Es war ein leichtes und zugleich unbehagliches Gefühl. Ich klappte die Klobrille hoch und warf einen misstrauischen Blick in das Klobecken, hoffte, dass sie nicht wie einst Folie drunter gelegt hatte. Zu meiner Beruhigung war dem nicht so. Ich stieg nach dem Pinkeln unter die Dusche und schäumte mein Haar ein. Erst jetzt fiel mir auf, dass mein Haargummi fehlte. Außerdem fühlte sich dieses Shampoo irgendwie leichter und fluffiger an, als für

gewöhnlich. Ich leckte mit der Zungenspitze kritisch daran. Es war Mayonnaise! Ich verfiel in lautes Lachen. So konnten meine Haare natürlich nicht bleiben. Schließlich schnappte ich mir Lenas Shampoo. Besser nach Pfirsich zu duften als nach Mayonnaise!

An meinem Duschgel wagte ich mich gar nicht erst ran.

Wer weiß, was da drin ist …

Schnell griff ich nach einem Handtuch und schlang es mir um die Hüften, putzte meine Zähne mit ihrer Zahnpasta, denn in meiner war definitiv keine Zahnpasta enthalten. Dann ging ich in mein Zimmer zurück und zog mir blaue Shorts und ein schwarzes Shirt an. Ich durchsuchte die Schublade meines Wäscheschrankes nach den tausenden Haargummis, die ich dort gelagert hatte, aber an ihrem gewohnten Platz waren sie nicht zu finden. Ohne sie könnte ich meine Haare nicht bändigen. Grinsend schüttelte ich den Kopf und lief in die Küche.

Dort sah ich Lena, wie sie emsig mit einem Schneebesen in einer Schüssel herumrührte.

„Guten Morgen!“ Sie musterte mich unübersehbar amüsiert und widmete sich wieder der Schüssel.

„Morgen!“

„Ich backe uns einen Kuchen“, verriet sie breit lächelnd und tat so, als wäre nichts passiert.

„Hey du, wohin sind denn meine ganzen Haarbänder verschwunden?“, wollte ich von ihr wissen und stützte mich mit beiden Händen an der Arbeitsplatte ab.

„Die bekommst du später wieder. Langes Haar steht dir doch echt gut!“

Ich lachte auf, verdrehte die Augen und fuhr mir mit einer Hand in meine gewellte, lange Mähne. „Ich bin ja schon froh, dass sie nicht grau sind.“

Lena begann zu kichern und ließ vom Teig ab, um mich noch genauer zu betrachten. Sie kam näher, schnappte

nach einer Haarsträhne und roch daran. „Gut, du hast mein Shampoo benutzt."
„Aber erst, als ich gemerkt hatte, dass ich mir zuvor mit Mayo die Haare gewaschen hatte. Ich hoffe, in der Zahnpasta war keine Schuhcreme?" Ich zog eine Braue nach oben und sah sie prüfend an.
„Nein, so gemein bin ich dann doch nicht. Da ist sogar immer noch Zahnpasta drin."
„Ach, echt?"
„Das mit dem Rasierschaum, der Mayo und den Haarbändern war aber wirklich alles, ich schwör`s!", sagte Lena, hob zwei Finger in die Höhe und seufzte theatralisch.
„Schon gut. Ich glaub dir", sagte ich und war doch erleichtert, dass nicht noch mehr Schabernack folgte. „Dann sind wir jetzt quitt?" Unsicher sah ich Lena an und bemerkte, dass ihre Miene ernst wurde.
„Ich denke schon. Eigentlich waren wir das auch schon gestern, nach deinem Brief. Aber dann konnte ich der Verlockung, dich noch einmal zu pranken, nicht widerstehen" Sie ließ herausfordernd eine Augenbraue nach oben schnellen.
„Echt jetzt? Wir sind längst ausgeglichen? Du verzeihst mir?" Ich strich mir eine Haarsträhne aus dem Gesicht und sah sie prüfend an.
„Ja, ich verzeihe dir."
Ich stieß ein sieghaftes „Ja" aus, kam zwei Schritte auf Lena zu, beobachtete, dass sie sich erneut ihre Teigschüssel geschnappt hatte und weiterrührte. Sie wirkte nervös. Ich konnte merken, wie ihr Oberkörper sich anspannte.
„Hey, was macht dir Sorgen?" Vorsichtig legte ich eine Hand auf ihre Schulter, sah sie forschend an.
Lena hörte auf zu rühren, löste ihren Blick von der Schüssel und sah langsam zu mir auf.
„Adnan, es ist wirklich nicht so einfach wie in deiner Fantasie. Könnten wir es vielleicht erst dabei belassen, dass wir

im Reinen miteinander sind?“, sagte sie heiser und senkte den Blick.
„Ich werde dich niemals zu irgendetwas drängen, versprochen.“
Endlich schaffte es Lena, mir wieder in die Augen zu sehen. Ein dankbares Lächeln huschte über ihr Gesicht. „Gut.“
„Darf ich dich etwas fragen?“, ergriff ich das Wort, nahm den Holzlöffel, der auf der Ablage herumlag und warf ihn in meiner Hand auf und ab.
„Sicher.“
„Du hast geschrieben, dass unser Kuss all deine Fantasien übertroffen hat. Warum scheint dir gerade dann ein Kuss solche Angst zu machen?“
Lena wurde rot, schaute erneut zu Boden.
Ich weiß, diese Frage ist gemein, aber ich konnte nicht anders. Ich finde es irgendwie süß, wie verlegen sie wird.
„Ich ...“ Lena schluckte. „Kannst du bitte mal kurz damit aufhören?“ Sie schnappte nach dem Löffel, den ich immer noch in die Luft warf und legte ihn auf die Arbeitsplatte zurück. „Ich möchte nicht so gern darüber reden. Außerdem stand doch alles in meiner kleinen Lektüre“, sagte sie spitz, kratzte sich den Hinterkopf und wirkte dabei leicht überfordert.
In diesem Moment ließ ich mich von meinem Bauchgefühl leiten, griff nach der Tüte Mehl, die auf der Küchenzeile stand und schüttete ihr etwas davon auf den Kopf.
Mit großen Augen sah sie mich an und zog scharf die Luft ein. Eine weiße Spur war auf ihren Schulterblättern wie auf ihrer Nasenspitze zu finden. Lena schniefte, rieb sich über den Kopf, nahm dann etwas vom Kuchenteig in die Hand und donnerte ihn mir mitten ins Gesicht.
Ich lachte beherzt auf, wischte mir das Gemisch aus den Augen, griff ebenfalls in die Teigschüssel und schmierte ihr etwas davon in die Haare. Ein gackerndes Lachen erfolgte.

Dann packte sich Lena die Mehltüte und leerte den Rest über meinem Kopf aus. Ich schüttelte mich wie ein Hund nach einem Regenschauer. Von oben bis unten sah sie mich an und verfiel in einem Lachflash.
„Na warte!", rief ich und nahm noch eine Ladung Teig in die Hand, sah sie dabei herausfordernd an. Lena, die immer noch lachte wie ein kleines, albernes Kind, griff nach meinem Arm, um mein Vorhaben zu stoppen. Erfolglos. Der Teig klebte an ihren Haaren. Dann musste auch ich ganz laut lachen. Mit beiden Händen schmierte sie mir Teig auf die Wangen, so als wolle sie eine Creme auftragen. Unsere Blicke verschmolzen urplötzlich miteinander.
Instinktiv zog ich sie näher an mich heran. Ihre Hände lagen noch immer auf meinen glühenden Wangen. Ich legte den Kopf schräg, sah in ihre Augen, erkannte ein unruhiges Flackern darin und konnte mich nicht mehr beherrschen. Mein Gesicht näherte sich langsam aber bestimmt den ihren. Sanft berührten sich unsere Lippen. Ein Hochgefühl durchströmte mich. Es war wie ein Rausch. Lena schlang beide Arme um meinen Nacken und erwiderte hingebungsvoll meinen Kuss. Sie schmeckte nach Mehl und Teig, doch das war mir egal. Meine Zunge drang ungeduldig in ihrem Mund und umkreiste die ihre. Dabei drückte ich sie an die Arbeitsplatte. Lena keuchte in meinem Mund, was mich noch mehr in Fahrt brachte. Mit beiden Händen umschlang ich ihrer Taille, hob sie schließlich auf die Kochzeile und drückte erneut meine Lippen auf ihre. Mein Kuss wurde fordernder und ihr Mund immer heißer. Mit einer Hand wühlte sie in meinem Haar, die andere krallte sich an meine Schulter fest. Gern hätte ich jetzt noch mehr mit ihr angestellt, aber ich nahm mich zurück. Sanft ließ ich den Kuss nach einer halben Ewigkeit ausklingen, löste mich wieder von ihren Lippen, strich ihr zärtlich über den Kopf und lächelte.

Unverkennbares Verlangen sah ich in Lenas Augen aufblitzen, was mich noch mehr freute. Immer noch ein wenig kurzatmig sagte sie dann: „Das war noch viel besser."
Ich gab ihr einen saften Kuss auf die Stirn und hob sie auf den Boden zurück.
„Ich möchte, dass wir keine Fantasien mehr brauchen, bloß Realität."

Lena

Den ganzen Sonntag hatten wir engumschlungen auf einer Decke im Park verbracht. Ich schwebte auf Wolke 7, es war wie ein Traum. Ein paar Mal hatte ich es wirklich für einen gehalten, doch nach unserem zehnten Kuss fing ich an, es zu glauben.
„Was meinst du zu diesem Film?", fragte mich Adnan und klickte mit der Fernbedienung den Filmbutton irgendeines spanischen Actionstreifens an.
„Der Klappentext klingt spannend."
„Prima!", sagte er und schaltete den Film an.
Dicht an ihm gekuschelt lag ich auf der Couch und verfolgte den Filmvorspann, atmete tiefenentspannt ein und aus.
„Möchtest du noch etwas essen oder trinken?", wollte er zwei Sekunden darauf von mir wissen und streichelte meinen Kopf.
„Nein, danke. Ich bin immer noch satt vom Abendessen."
Sein Gesicht kam näher. Zärtlich küsste er mich.
Zufrieden atmete ich in seinen Mund hinein. *Davon kriege ich nie genug!*
Zärtlich strich Adnan mit einer Hand meinen Rücken auf und ab und hinterließ eine wohlige Gänsehaut darauf.
„Was soll`s, wir kriegen eh nichts vom Film mit."
Mit einem Knopfdruck schaltete er den Fernseher aus und widmete sich meinen Hals, den er lange und

hingebungsvoll küsste.
Ein brennendes Verlangen breitete sich in mir aus. Ich legte mich zurück und hielt mich mit beiden Händen an seiner kräftigen Schulter fest, während ein Stöhnen meinem Mund entwich. Seine Hand wanderte meinen Po entlang. Natürlich wollte er mehr. Ich war noch nicht so weit, auch wenn mein Körper anders reagierte. Schließlich hob ich meinen Kopf an, setzte mich wieder auf und blickte in seine fiebrig glimmenden Augen.
„Entschuldige, bin ich zu weit gegangen?" Adnan bedachte mich mit einem reuevollen Blick und strich mir mit den Daumen die Wange entlang.
„Ich ... ich ... sorry!" *Ich schäme mich so! Wenn ich doch nur nicht so kaputt wäre ...*
„Hey!" Mit einem Finger hob er mein Kinn an. „Du allein bestimmst das Tempo. Ich will, dass du dich wohlfühlst. Wir haben alle Zeit der Welt."
Er war so verständnisvoll, so ruhig. Seine Art ließ mein verkrampftes Herz wieder gleichmäßig klopfen. Ich schwieg, denn noch immer überwog die Verlegenheit. Wie eine fünfzehnjährige Jungfrau benahm ich mich. Ich zog beide Beine an meinem Körper und stützte mein Kinn auf die Knie.
„Lena, du brauchst dich für nichts zu schämen", sprach Adnan sanft weiter und schlang einen Arm um meine Schulter.
Ich schluckte, warf ihm einen schnellen Seitenblick zu. „Na ja. Das sehe ich ein bisschen anders." Schnaubend wog ich den Kopf.
Er nahm einen tiefen Atemzug. „Was du da über deinen Ex geschrieben hast, ist einfach nur grauenvoll. Als ich das gelesen habe, hat sich einfach alles in mir verkrampft. Ich wollte diesem Typen bloß noch die Zähne einschlagen."
Seine Stimme klang aufgebracht und ich spürte, wie sich sein ganzer Körper plötzlich anspannte. „Dieses kranke Schwein hat dich misshandelt, dir auf die abscheulichste

Art und Weise eingeredet, du wärst für keinen Mann etwas wert. Das alles tat er aber bloß, um dich gefügig zu machen, Lena!"

Adnan stand ruckartig auf, kniete sich vor der Couch nieder, um mir direkt in die Augen zu sehen. Sein beschwörender Blick, gepaart mit Traurigkeit und Liebe war an mich geheftet und wärmte mein Innerstes.

„Ich bin so wahnsinnig froh, dass wir seit heute so weit gekommen sind. Noch vor einigen Monaten hätte ich das nie für möglich gehalten, weil ich blind war für das Offensichtliche, für das Schöne, für dich."

Ich musste lächeln.

Er hauchte mir ein Kuss auf die Stirn. „Wie kann ich dir nur begreiflich machen, dass dieser Dennis dich mit seinen Lügen nur manipulieren und schwächen wollte? Keiner ist unfähig für Sex. Es ist eine Gefühlssache, bei der beide Seiten sich wohlfühlen sollten. Sex steht nicht für Gewalt und Schmerz. Verstehst du?" Mit dem Finger zeichnete er die Konturen meiner Lippen nach und sah mich durchdringend an. „Er hat entweder etwas von dir genommen und nichts zurückgegeben oder dich gefoltert. Dabei kann sich bei keiner Frau der Welt etwas regen, es sei denn, sie steht auf den Mist. Lena, du bist völlig normal."

Ich schloss die Augen, schluckte mit aller Kraft den dicken Kloß herunter, der sich in meiner Kehle gebildet hatte. Meine Augenlieder flatterten, denn ich kämpfte gegen die Tränen an.

„Alles ist gut. Er kann dir nichts mehr anhaben. Komm her!" Seine Arme umschlossen mich wie eine schützende und wärmende Decke, schenkten mir auf eine Weise Frieden, wie ich es noch nie zuvor empfunden hatte.

Ich legte den Kopf auf seinen Rücken, fühlte mich geborgen. Ein paar Tränen liefen mir die Wange hinunter. Ich schluchze leise auf. Sein Griff um mich wurde fester.

Adnan

Die nächsten Tage verbrachten wir am See, im Wald, im botanischen Garten oder in Cafés. Ich genoss jeden einzelnen Tag mit ihr in vollen Zügen. Es war schön, mit Lena zusammen einzuschlafen und wieder aufzuwachen, auch wenn es natürlich eine kleine Herausforderung für mich darstellte. Ich war auch nur ein Mann. Manchmal, wenn sie schon schlief, duschte ich sogar kalt. Doch das nützte nicht viel. Sie war so warm, so weich und so verdammt sexy. Ich beschloss, mich bis auf Küsse und kleine Zärtlichkeiten solange zurückzunehmen, bis sie den ersten Schritt tun würde. Ich wusste, dass sie ebenfalls mit mir schlafen wollte. Doch noch immer saßen Hemmungen wie hohe Mauern in ihrem Kopf fest. Es war das jahrelange Werk eines Sadisten gewesen. Worte ließen sich nicht so schnell verbannen, wenn sie förmlich eingebrannt worden waren. Das alles brauchte Zeit und ich war bereit, zu warten.

Ich stand am Spiegel und band mein Haar zu einem Knoten zusammen, als ich mitbekam, wie Lena langsam näherkam, beide Arme um meinen Bauch schlang und mir kleine Küsse auf die Wange hauchte. Ich drehte mich zu ihr um, zog sie in meine Arme und gab ihr einen innigen Kuss.

„Wie lange bist du schon wach?", nuschelte sie an meinen Lippen und legte beide Hände an meine Hüften. Langsam löste sich mein Mund von ihrem.

„Seit einer Stunde, ich war noch kurz joggen", verriet ich und betrachtete sie eingehend. Lena hatte ein weißes, fließendes Kleid angezogen. Ihr schwarzer Spitzen-BH blitzte durch den fast transparenten Stoff hervor.

„Ist es auch wirklich okay für dich, wenn ich am Montag zu meinen Eltern fahre?", fragte ich und kräuselte die Stirn.

Lena setzte ein Lächeln auf und fuhr mir mit dem Zeigefinger den Nasensteg entlang. „Hey, wir haben das doch alles schon besprochen: Du fährst für ein paar Tage nach Duisburg, und ich trete meine neue Stelle an. Ich komm schon klar." Ihre Aussage unterstreichend tätschelte sie meine Schulter.

„Gut", sagte ich ein wenig beruhigt. „Wir haben dann ja noch das ganze Wochenende vor uns und können jederzeit telefonieren."

„Klar doch. Ich werde dich natürlich auf dem Laufenden halten, wie es Montag im Büro wird."

„Ja, ich bitte darum!" Mit einem Lachen drückte ich sie ganz fest an meinen Körper und konnte den kühlen Stoff ihres Kleides spüren. Ihr Duft nach Jasmin und Kokosnuss stieg mir verführerisch in die Nase. Tief sog ich ihn ein.

„Komm, wir müssen noch was essen, bevor es los geht", sagte sie fröhlich.

Nur widerwillig gab ich sie frei. Lena verließ eilig das Bad und summte eine Melodie vor sich hin, die ich plötzlich nachsummen musste, obwohl ich sie nicht kannte.

Lena

Wir liefen den endlos wirkenden Steinweg entlang, der zu einer Burg führte, die von weitem schon gut zu erkennen war. Es war die Slawenburg Radusch, unser heutiges Ausflugsziel. Ein dicker und hoher Schutzwall war wie ein Kreis um die Burg gezogen. Großflächiges Land mit akkurat geschnittener Wiese und einem kleinen See sorgten für ein außergewöhnliches Panorama. Der Himmel war tiefblau und von nur wenigen Wolken durchzogen. Sonnenstrahlen tauchte das satte Gras in goldenes Licht und verliehen der Landschaft einen idyllischen Charakter.

„Es ist wirklich schön hier“, sagte ich, während ich neben Adnan herlief und in die schwarzen Gläser seiner Sonnenbrille blickte, die seine Augen nicht einmal schemenhaft zu erkennen gaben. Er nahm meine Hand und nickte.
„Ich wollte schon seit Jahren hier her. Immer wieder hatte ich mir vorgenommen, die Ausstellung zu besuchen. Doch immer wieder habe ich es verschoben.“
„Warum?“, wollte ich wissen und zupfte am Riemen meines Rucksacks herum.
„Ich hatte dann allein doch keinen Bock. Mike wollte nie mitkommen und bisher auch keine einzige Frau bis ...“ Er machte eine kurze Pause und tippte dann mit dem Finger gegen meinen Brustkorb. „Auf dich.“ Ein Lächeln umspielte seine Mundwinkel. Er drückte meine Hand leicht, während er das Tempo anzog. „Komm, wir haben noch ein Stück zu laufen“, flötete er enthusiastisch und zog mich mit sich.
Seine gute Laune war ansteckend. Entschieden beschleunigte ich mein Tempo, um mit ihm mithalten zu können.
Von weitem sah ich einige Radfahrer. Ein paar Wanderer bemerkte ich ebenfalls etwa fünf Meter vor uns herlaufen. Ich hörte lautes Stimmgewirr hinter uns und stellte, als ich mich umdrehte fest, dass es eine Schulklasse war. Kinder rannten und sprangen fröhlich umher. Einige knipsten schon jetzt Fotos mit ihrem Handy. Ich wusste nicht, wer wohl ungeduldiger war, die Burg zu erreichen. Adnan oder die Kinder?

Nach etwa zehn Minuten waren wir am Eingang angelangt. Die meterlange, hohe Mauer bestand aus quer und längst gelegten Holzbalken, die mit Steinen – und wie ich vermutete – Lehm, zusammengesetzt worden war.
„Der Schutzwall besteht aus 1.500 Eichenstämmen“, erzählte Adnan fasziniert und trat näher an die Mauer heran, um sie berühren zu können.

Da hat sich aber einer bestens informiert.
„Das slawische Volk war hier im neunten und zehnten Jahrhundert vor Christus angesiedelt. Vor etwa zwanzig Jahren erfolgten originalgetreue Rekonstruktionen“, verriet er weiter und betrat andächtig mit mir zusammen das Innere der Burg.
Seine schon fast kindliche Freude brachte mich zum Schmunzeln. Er steuerte eine der vielen Schautafeln mit historischen Informationen an und begann aufmerksam zu lesen. Ich ließ meinen Blick über das gigantische Gelände schweifen. Eine meterlange Terrasse erstreckte sich weiter abseits. Kleine Blockhütten, ebenfalls nachgestellt, reihten sich nebeneinander. Ein alter Brunnen mit Holz-Bottich stand wenige Meter vor mir. Viele Touristen schossen eifrig Fotos vom Burgwall und den kleinen Ausstellungsständen, die sich mittig aneinanderreihten. Wir durchkämmten das komplette Gelände, ließen uns dabei viel Zeit.
Immer wieder legte Adnan seinen Arm um meine Schulter, küsste mich.
Wir sind zusammen, wir sind wirklich ein Paar, sagte ich in Gedanken zu mir selbst. Es fühlte sich hin und wieder immer noch unwirklich an, und ich wusste nicht, wie viel Geduld er noch für mich aufbringen konnte. Außer Küssen, Händchenhalten und ein bisschen Kuscheln konnte ich ihm bisher nicht viel bieten.
Schnell schob ich meine Zweifel ganz nach hinten, denn ich wollte den Tag mit ihm genießen. Bald würden wir mehrere Tage getrennt voneinander sein.
Schließlich betraten wir eine Blockhütte, die liebevoll mit Krügen, einem alten Holztisch, Schaufeln und Speeren aus der damaligen Zeitepoche nachgestellt worden war. Alte Knochen, die damals als Spielzeuge gedient hatten und Holzstelzen und andere nachgeahmte Gegenstände gab es zu entdecken.

Nach dieser Erkundung nahmen wir zusammen mit der Schulklasse an der Museumsausstellung teil. Zwar versuchte ich aufmerksam zuzuhören, was der Museumsführer zu berichtete hatte, doch schien mich die kulturelle Geschichte von Steinzeit bis hin zu Römern und Germanen nicht so sehr zu interessieren wie Adnan. Meine Gedanken schweiften immer wieder ab und blieben bei der Frage hängen: Was, wenn ich ihn auf Dauer nicht glücklich machen kann? Während ich die antiken Waffen und alten Steine unter den Glasvitrinen betrachtete, ließ ich die zweifelnde Stimme in mir erneut verstummen.

„Ich hoffe, das Ganze war wenigstens halbwegs interessant für dich", flüsterte mir Adnan nach dem Vortrag ins Ohr.

Ich nickte bloß und verschränkte unsere Hände miteinander, während wir das Museumsgebäude verließen und die Treppen, die zum oberen Teil der Burgmauern führten, emporstiegen. Ich lehnte mich gegen das Geländer und genoss die herrliche Aussicht von satten, grünen Wiesen und Bäumen, die schier endlos wirkten. Ich fühlte Frieden und Glück in mir aufsteigen. Mit ihm zusammen wäre sogar ein Vortrag über Quantenphysik schön gewesen!

Schließlich drehte ich mich wieder zu Adnan um, der ganz vertieft in die Landschaft zu sein schien. „Wahnsinn, was?", sagte ich und merkte, dass er mir gar nicht zugehört hatte. Er schien tausend Meter entfernt von mir zu sein.

Eine weitere Frage, die mich ebenfalls ständig umkreiste wie ein Adler, war: Wie sehr beschäftigte ihn die Sache mit der Fehldiagnose noch? Ich hatte mich bisher nicht getraut, ihn darauf anzusprechen.

Vielleicht wäre jetzt ein guter Zeitpunkt.

Endlich bemerkte Adnan meinen Blick und zog eine Braue nach oben. „Entschuldige, wie lange war ich weg?" Er lachte auf und zog mich in seine Arme. „Die Aussicht ist wirklich phänomenal", sagte er dicht an mein Ohr gepresst.

„Hhm“, machte ich und atmete tief ein. „Darf ich dich etwas fragen?“ Ich machte mich wieder von ihm frei, um in seine Augen sehen zu können.
„Du kannst mich alles fragen“, entgegnete er scheinbar unbefangen und sah mich interessiert an.
Ich fuhr mit einer Hand die Reling entlang und musterte ihn, dann räusperte ich mich langsam. „Wie geht es dir nach der Sache mit …“
„Mit der Fehldiagnose meinst du?“, vervollständigte er meine Frage. Er hielt ein paar Sekunden inne, antwortete dann: „In meinem Beruf passieren wie in jedem Beruf Fehler. Früher war ich wirklich zu überzeugt von mir selbst. Ich war einer der besten meines Jahrgangs. Ja, ich bildete mir etwas darauf ein, dass ich nach dem Studium eine Stelle in einer großen Uniklinik bekam. Ich hielt mich immer an sämtliche Leitlinien, las ein Lehrbuch nach dem anderen. Aber die Praxis sieht immer anders aus.“ Adnan setzte ein bitteres Lächeln auf und fügte hinzu: „Wir sind alles Menschen – und Menschen machen leider Fehler. Doch die können in meinem Beruf erhebliche Folgen haben. Es geht nicht selten um Leben oder Tod. In diesem Beruf dürfen dir keine großen Fehler passieren. Ich wusste ja von Anfang an, was das bedeutet, aber komischerweise ist es mir nach dieser Fehldiagnose erst richtig bewusst geworden.“ Seine Stimme klang schmerzerfüllt.
Ich fuhr ihm mit einer Hand sanft durchs Haar, versuchte aus seinem kritischen Blick schlau zu werden.
Adnan schwieg eine Weile. Gerade, als ich ihn fragen wollte, ob alles okay ist, sagte er: „Ich bin darüber hinweg, falls du das wissen wolltest.“ Ruhig zwinkerte er mir zu, wirkte dennoch nachdenklich. „Es gehört leider zu meinem Leben. Ich bin Arzt geworden, um den Menschen zu helfen und werde immer mein Menschenmögliches dafür tun. Durch diese Sache bin ich natürlich noch viel vorsichtiger

geworden, aber mehr kann ich leider nicht tun“, sagte er langsam und wirkte dabei abgeklärt und mit sich im Reinen, was mich froh machte.

Adnan

Spät abends erreichten wir völlig erschöpft vom Wandern die Wohnung, aßen noch ein paar Sandwiches und Obstsalat und ließen uns träge aufs Sofa fallen. Ich musste gerade daran denken, als Lena mich wegen der Fehldiagnose gefragt hatte. Süß, wie besorgt und unsicher sie mich angesehen und wie vorsichtig sie sich ausgedrückt hatte. Hin und wieder dachte ich noch immer an den Vorfall von damals zurück. Das Heimtückische bei MS und NMO war, dass die Symptome so gut wie gleich waren. Damals war ich zu überheblich gewesen, hatte nie für möglich erachtet, dass ich mich hätte täuschen können. Diese Sache hatte mich ganz schön in die Tiefe fallen lassen, obwohl mir natürlich bewusst war, dass Ärzte Fehler machen. Im Großen und Ganzen hatten mir die Therapiesitzungen geholfen. Als guter Arzt musste man auch damit umgehen können, dass so etwas hin und wieder geschehen konnte. Wenn ich der ganzen Sache überhaupt etwas Positives abgewinnen konnte, dann war es die Tatsache, dass ich auf den Boden zurückgeholt worden war und mich nicht mehr als unfehlbar betrachtete.
Lenas warmer Atem brach sich auf meinem Gesicht.
Entschieden schob ich die Schatten der Vergangenheit beiseite, beugte mich ein Stück zu ihr vor, küsste sanft ihre Nasenspitze. Sie kicherte und schmiegte sich an meine Brust. Ich konnte ihren Herzschlag spüren, der sich, wie ich merkte, beschleunigte. Eine Hand schob sie unter mein Shirt und fuhr meine Brust entlang, während sich ihr

Oberkörper leicht anspannte. Ihre Berührungen ließen meinen Puls augenblicklich nach oben steigen. Ein brennendes Verlangen erfasste mich wie ein Waldbrand. Ich drehte sie auf den Rücken, war über sie gebeugt, beide Hände hinter ihrem Kopf abgestützt. Einen Moment sah ich in ihre verträumten Augen, in denen ich einen besonderen Glanz erkannte, ein Verlangen, welches meines widerspiegelte. Dann gab ich ihr einen hingebungsvollen Kuss, der von Sekunde zu Sekunde immer intensiver wurde. Lena krallte sich mit einer Hand in meinen Haaren fest.

Alles fühlte sich so natürlich, so gut an, dass ich es wagte, eine Hand unter ihr Kleid zu stecken. Vorsichtig hob ich eine Brust aus dem Körbchen des BHs, um sie in die Hand nehmen zu können. Sie fühlte sich so weich und warm an. Zärtlich streichelte und knetete ich sie, spielte mit ihrer Brustwarze. Ihr Atem ging stoßweise und ein Stöhnen entwich ihr. Dann nahm ich mir die andere Brust vor und tat genau dasselbe mit ihr. Ein weiteres Stöhnen verließ ihren Mund. Sie schloss die Augen. Mehr Zustimmung brauchte ich eigentlich nicht, um weiterzumachen. Mit beiden Händen knöpfte ich ihr Kleid auf.

Doch als ich an ihrem BH angelangt war und diesen öffnen wollte, griff sie nach meinem Handgelenk und setzte sich ruckartig auf. Sie sah mich mit einem Blick an, der Unsicherheit vermittelte.

„Es tut mir leid, ich kann nicht“, presste sie reuevoll hervor und biss sich auf die Unterlippe.

„Komm mal her“, wisperte ich ihr zu und zog sie auf meinen Schoß. „Du brauchst dich für nichts entschuldigen. Wir werden nichts tun, was du nicht willst.“ Behutsam strich ich ihr über den Nacken.

Lena presste ihre Stirn gegen meine, holte Luft, um zum Sprechen anzusetzen, schwieg dann aber.

„Hey, du musst nichts sagen, wirklich.“ Ich legte einen Arm

um ihre Schulter.
Sie atmete tief durch. „Doch, ich will aber!“ Sie sah mich an und schluckte. „Ich schäme mich dafür, was ich dir jetzt sage, aber ich fühle mich nicht bereit, weiterzugehen. Noch nicht.“ Sie schüttelte den Kopf und seufzte. „Ich weiß, wie bescheuert sich das anhört, aber es ist alles so anders, so neu und ich ... ich will nichts falsch machen ... ich meine ...“
Sie war aufgrund ihres gestörten Ex komplett verunsichert. Irgendwie musste ich es schaffen, ihre Zweifel und die Angst zu nehmen. Natürlich kannte sie solche Zärtlichkeiten nicht. Überwiegend hatte sie nur grobe und gewaltsame Handlungen erfahren müssen.
„Das hört sich nicht bescheuert an. Du kannst auch wirklich nichts falsch machen, Lena“, sagte ich besänftigend und streichelte ihren Rücken.
Einen Arm hatte sie um meinen Nacken geschlungen und hielt sich an meiner Schulter fest. „Da ist aber trotzdem diese Blockade im Kopf. Ich bin nicht normal, sorry!“ Frustriert stieß sie Luft aus, ihr Oberkörper bebte.
„Bitte hör auf, das immer wieder zu sagen. Du bist eine ganz normale Frau, zwar eine ganz besondere und außergewöhnliche, aber dennoch normal.“ Ich grinste, während ich ihr diese Worte ins Ohr flüsterte. „Wir machen das, womit du dich wohl fühlst. Du sagst mir dann einfach, was du schön findest, okay?“
Lena nickte. „Das vorhin war sehr schön“, verriet sie mit dünner Stimme.
Ihre unschuldige und schüchterne Art rührten und erregten mich zugleich.
„Das freut mich.“
Sanft fuhr ich mit der Hand abermals ihre Brust entlang. Entspannt legte sie den Kopf gegen meine Schulter. Dann ließ ich meine Hand in ihrem Slip wandern. Mir war bewusst, dass es ein großer Schritt war, aber ich ließ mich

einfach von meinem Bauchgefühl leiten. Für einen kurzen Moment verkrampfte sie sich, weil sie damit nicht gerechnet hatte. Doch, als ich behutsam über ihre feuchte und empfindliche Körperstelle strich, stöhnte sie zustimmend vor sich hin. Ihre Anspannung verebbte. Mit dem Finger massierte ich in kreisenden Bewegungen ihre Klitoris und vernahm ein Keuchen, das in ein weiteres Stöhnen überging. Ich machte weiter und erhöhte den Druck. Lena krallte sich mit beiden Händen an meinen Nacken fest. Ihr gesamter Oberkörper war vor Erregung angespannt. Schnell und flach atmete sie vor sich hin. Meine Hose wurde immer enger und sie immer feuchter, bis sie schließlich gekommen war. Das übermäßig lange und laute Stöhnen hatte es mir verraten.

Noch immer außer Atem schnaufte sie vor sich hin und sackte entspannt in sich zusammen. Ich konnte spüren, wie ihr rasendes Herz sich mehr und mehr beruhigte.

„Das war ... das war ... Ich habe es mir niemals so schön vorgestellt", flüsterte Lena in mein Ohr.

„Ich sagte doch, dass es schön sein kann."

Gerade als sie in meine Hose greifen wollte, hielt ich ihre Hand fest.

„Warum? Du hast doch nichts davon gehabt?", fragte sie mich irritiert.

Sacht schob ich ihre Hand wieder zurück und atmete gegen mein schmerzhaftes Verlangen. „Doch, ich habe dich glücklich gemacht. Es geht momentan nur um dich. Wenn wir irgendwann miteinander schlafen, werde ich mich umso mehr freuen", antwortete ich innerlich angestrengt. Auch wenn meine Hose fast platzte, hielt ich es für richtig, Lena komplett in den Mittelpunkt zu stellen. Sie sollte erkennen, dass ich keine Gegenleistung von ihr verlangte und dass sexuelle Gefühle schön und natürlich waren.

Geheimnisse

Lena

„Ich decke schon mal den Tisch!“, rief ich Adnan zu, der im Wohnzimmer ein paar Liegestütze machte, schnappte mir Teller, Servietten, Besteck und brachte alles auf die Terrasse, stellte das Geschirr auf dem Tisch ab. Mike wollte abends zum Grillen kommen. Es war drückend und schwül draußen. Der Wind, der hin und wieder wehte, war so warm wie Föhnluft. Die Sonne powerte erbarmungslos und lud den Steinboden und den Tisch hitzig auf. Schnell ging ich in die Küche zurück, nachdem ich eingedeckt hatte, schnitt Tomaten, Mozzarella in dünnen Scheiben, würzte sie mit Salz und Pfeffer und vermengte sie zu einem Salat. Als ich diesen in den Kühlschrank gestellt hatte, schellte es an der Tür.

Ich öffnete und traute meinen Augen kaum. Es war Lucy. Ihr Teint war dunkler als üblich. Sie trug ein schwarzes Kleid aus dünnem Stoff, dass ihr bis zu den Knien ging. Die Enden und der Ausschnitt waren mit feiner Spitze versehen.

„Hey, Lenchen“, rief sie fröhlich. Kleine Grübchen zeichneten sich beim Lächeln auf ihren Wangen ab.

„Lucy!“

Blitzschnell fielen wir uns in die Arme.

„Ich bin so froh, dich zu sehen“, sagte ich überglücklich.

„Ich auch, Süße!“

„Hallo, Schwesterchen!“

Lucy löste sich aus der Umarmung und lief auf Adnan zu, der sich direkt hinter mir aufgebaut hatte. „Hey, Ad! Endlich!“

Es folgte eine ausgedehnte Umarmung, die mich innehalten ließ. Die beiden hatten ein außergewöhnlich gutes geschwisterliches Verhältnis zueinander. Schon damals

waren sie gemeinsam durch dick und dünn gegangen.
Schließlich packte Adnan Lucys Koffer, der immer noch im Hausflur stand. „Meine Güte, hast du da Steine drin?“, witzelte er, während er das Gepäck in den Flur abstellte.
„Ja, habe ich. Es sind besonders schöne, afrikanische.“
„Nicht dein Ernst!“ Verdutzt hob Adnan eine Braue nach oben.
„Nein, das war nur ein Scherz, Spinner.“
„Erst zwei Minuten hier, und schon muss sie ihren großen Bruder verarschen“, sagte er lachend an mich gewandt und schüttelte amüsiert den Kopf.
„Wieso hat mir keiner von euch etwas gesagt?“
Ich blickte abwechselnd in Lucys und in Adnans schelmisch grinsendes Gesicht.
„Wir hatten beschlossen, dich zu überraschen“, erklärte Lucy und ging mit uns zusammen auf die Terrasse, ließ sich in einem der Rattan-Sesseln nieder. Beide Beine weit von sich gestreckt, atmete sie zufrieden ein und aus.
„Wie war dein Flug?“, wollte ihr Bruder wissen.
Ich hatte mich inzwischen neben Lucy gesellt und war noch immer überwältigt von unserem Wiedersehen.
„Anstrengend“, antwortete sie knapp.
„Du hast sicher Durst. Möchtest du ...“
„Ein Bier, egal welches du im Kühlschrank hast“, unterbrach sie Adnan hastig und ließ sich pustend tiefer in den Sitz fallen.
„Das ist ja mal `ne Ansage! Kommt sofort“, kündigte er an und marschierte schnurstracks in die Küche.
„Ich freu mich so für euch zwei“, zwitscherte Lucy und griff nach meiner Hand.
Ich musste lächeln. „Danke. Ich hätte das nie für möglich gehalten. Ich bin so glücklich.“
„Endlich hat mein Bruder es geschnallt. Zwar hat es vierzehn Jahre gedauert, aber jetzt sind die wichtigsten

Menschen in meinem Leben ein Paar."
Ich drückte ihre Hand leicht, wollte ihr gerade mein Herz über die Hemmungen ausschütten, die mich noch immer fest im Griff hatten, da kam Adnan mit zwei Flaschen Bier und einer Cola zurück.
„So, für uns Krombacher und für Lena eine Cola." Er drückte mir liebevoll ein Kuss aufs Haar und hielt mir die Flasche hin. Ich ergriff sie und nahm einen kräftigen Schluck. Wir plauderten noch ein Weilchen über Lucys Arbeit, dann wollte sie sich noch für eine Stunde ein bisschen in meinem Zimmer ausruhen, bevor der Abend später losgehen würde.

***

Lucy und Adnan schmissen zusammen den Grill an, während ich dem nächsten Klingeln aus dem Flur folgte und die Tür öffnete. Mike, der in Bermuda-Shorts und einem weißen Shirt vor mir stand und mir bestens gelaunt zuzwinkerte, gab mir einen leichten Wangenkuss und drückte mir eine Flasche Chardonnay in die Hand. „Hallo, Lena! Schön dich zu sehen. Gut schaust aus", sagte er in seiner gewohnt charmanten Art. Seine Haare hatte er gegelt und nach hinten gekämmt, was ihn ein wenig älter wirken ließ.
„Hi, Mike, danke sehr. Es freut mich auch."
Ich stellte die Flasche auf dem Garderobenschrank ab und führte ihn zur Terrasse.
„Hey, Leute", rief Mike, gab Adnan einen High five, Lucy einen angedeuteten Wangenkuss links und rechts und ließ sich in einem der Sessel plumpsen.
„Oh Mann, Lucy! Wie lange ist es jetzt her, dass wir zwei uns das letzte Mal gesehen haben?"
„Puh, das müsste gute fünf Jahre her sein. Das letzte Mal, als Adnan hier eine Einweihungsfete geschmissen hatte", antwortete Lucy und schlug ein Bein über das andere. „Ich

weiß noch, wie besoffen ihr beide wart!“
„Na ja, nüchtern warst du aber auch nicht“, konterte Mike mit einem angriffslustigen Blitzen in den Augen und machte dann eine wegwerfende Geste.
„Bist du immer noch Single?“, wollte er wissen und warf Lucy einen intensiven Blick zu.
Diese lachte bloß auf und nickte.
„Du baggerst immer noch meine kleine Schwester an und auch noch in meinem Beisein? Manche Dinge ändern sich wohl nie, Alter!“, sagte Adnan und klopfte seinem Freund spielerisch mit der Faust gegen den Oberarm.
„Ach, du weißt doch, wie das gemeint ist“, verteidigte sich Mike und schnappte sich das Bier, das für ihn schon trinkbereit dastand und nahm einen großen Schluck. Dann ging er zum Grill hinüber, der gut einen Meter von uns entfernt stand und an dem Adnan gerade ein paar Steaks wendete.
„Sieht gut aus“, meinte er, legte eine Hand auf Adnans Schulter. Beide tauschten ein paar Krankenhaus-Geschichten aus.
„Lena, du bist so ruhig. Alles in Ordnung?“, wollte Lucy mit einer hochgezogenen Augenbraue wissen und wickelte sich eine ihrer langen, lockigen Haarsträhnen um den Finger.
„Ja“, erwiderte ich.
Sie legte eine Hand auf mein Knie. „Ich kenne dich zu gut. Was ist los, Lenchen?“
Schnell warf ich einen Blick auf Adnan und Mike, die noch immer in ihre Unterhaltung vertieft waren. „Komm, wir gehen kurz rein.“
„Ist gut.“
Wir setzten uns an den Küchentisch.
Prüfend sah Lucy mich an, eine Hand unter ihr Kinn gestemmt. „Also, jetzt sind wir völlig ungestört, Süße. Was ist los?“
Ich atmete tief durch, fuhr nervös mit einer Hand auf der

Tischplatte auf und ab. „Ich habe Angst, mit ihm zu schlafen."

Lucy seufzte auf und nickte langsam. „Ich verstehe. Dennis war ein gestörtes Arschloch. So etwas muss sicher schwer sein, zu vergessen. Mein Bruder würde nie ..."

„Ich weiß", unterbrach ich sie mit enger Kehle. „Ich kann trotzdem nichts gegen diese Blockade machen. Noch immer höre ich in Gedanken seine Stimme, seine Worte." Ich sprach sie nicht aus. Lucy wusste schon, was ich meinte.

Du bist ein dummes, dreckiges Stück. Du kannst keinem Mann das geben, was er wirklich braucht. Du bist wertlos, eine Enttäuschung, eine Niete ...

Wieso traute ich bloß mehr diesen Worten als Adnans? Warum fiel es mir nur immer noch so schwer, das zu glauben, was Adnan mir sagte?

„Es ist so, als wäre Dennis immer noch bei mir und hat die Fäden in der Hand." Ich spürte einen Kloß in meinem Hals feststecken.

Lucy stoppte das unruhige Gezappel meiner Hand, indem sie ihre darauf legte. „Du musst das alles erstmal richtig verarbeiten und auch am besten bei deinem Therapeuten ansprechen." Durchdringend sah sie mich an. Die Iris in ihren Augen verdunkelte sich. „Du musst ihm am besten alles sagen. Wirklich alles."

Ich schluckte schwer, presste meine Lippen aufeinander. „Dann ist da noch etwas, das mich die letzten Tage belastet. Es geht um Gregor."

Ich sah, wie Lucy plötzlich die Augen weit aufriss. „Hast du meinen Bruder denn von ihm erzählt?"

„Nein, davon habe ich ihm nichts gesagt", entgegnete ich kleinlaut und senkte den Blick.

„Wer ist Gregor? Was hast du mir nicht gesagt?"

Adnans Stimme ließ mich zusammenzucken. Ich blickte auf. Er stand mit angespanntem Oberkörper im Türrahmen, seine Brauen waren zusammengezogen und seine Augen spiegelten Entgeisterung und Sorge wider.

Adnan

Mein Herz verkrampfte sich bei den gerade gehörten Worten. *Wer ist Gregor? Was war noch vorgefallen mit Lena?*
Ich dachte, sie und ihr Tagebuch hätten mir alles verraten.
„Was läuft hier? Bitte, Lena, rede mit mir!“ Flehend sah ich in ihr überraschtes Gesicht, auf dem ein Schatten huschte und trat näher.
„Wie lange stehst du schon hier?“, fragte sie angespannt und schaute mich vorwurfsvoll an.
Ich stand schon etwas länger hier. Ja, ich hatte die beiden belauscht, darauf war ich sicher nicht stolz, denn die Sache mit ihrem Tagebuch war genug Schnüffelei für ein ganzes Leben gewesen. Aber ich machte mir einfach Sorgen. Lena hatte so verzweifelt geklungen. Das konnte ich einfach nicht ignorieren.
„Ich gehe wieder zu Mike und lass euch beide mal allein“, presste Lucy hervor, tätschelte Lenas Schulter. „Du musst es nicht sagen, wenn du das nicht willst“, flüsterte sie ihr schnell beim Vorbeigehen zu.
Meine Ohren waren einfach zu gut, als dass ich diese Worte hätten überhören können.
Ich ließ Lucy ziehen, ehe ich wieder das Wort an Lena richtete. „Was brauchst du mir nicht zu sagen?“ Ich verschränkte beide Arme vor der Brust und sah sie fordernd an.
Lenas Gesicht wirkte wie eingefroren. Sie drehte sich weg von mir und zeichnete mit ihren Fingern kleine Kreise auf dem Tisch.
Ich setzte mich direkt gegenüber von ihr, suchte ihren

Blick. Doch sie starrte auf die Tischplatte und schwieg.
„Bitte rede mit mir, Lena“, sagte ich sanft, fast flüsternd.
Ihr Körper verspannte sich, beide Hände hatte sie zu Fäusten geballt, so dass ihre Fingerknöchel weiß hervortraten.
„Bitte nicht jetzt und auch nicht heute.“ Ihre Stimme war ein einziges kraftloses Flehen.
Was ist ihr noch Schlimmes widerfahren, was sie nicht einmal ihrem Tagebuch anvertrauen wollte? Warum scheint sie mir immer noch nicht voll und ganz zu vertrauen?
Ich schloss für einen kurzen Augenblick meine Augen, atmete tief durch. *Das führt zu nichts. Ich kann sie nicht zwingen, sich mir anzuvertrauen.*
„Gut. Lass uns zurück zu Mike und Lucy gehen“, antwortete ich resigniert und griff nach ihrer Hand, die eiskalt war und zitterte. Sanft umschloss ich sie mit meiner Hand.

Der restliche Abend verlief verhalten und ruhig. Wahrscheinlich hatte Lucy Mike zumindest gesteckt, dass wir eine kleine Auseinandersetzung hatten, denn er war stiller geworden und stellte auch keine Fragen.
Kein einziges Lächeln kam mehr über meine Lippen.
Lena versuchte mit ein paar lockeren Gesprächen über ihre zukünftige Arbeitsstelle, die gekippte Stimmung zu retten, fragte Lucy wegen ihres neuen Hilfsprojektes aus, doch das alles nützte nicht viel.
Der Abend war verdorben.
Richtig Appetit wollte sich bei mir auch nicht einstellen. Es fühlte sich an, als hätte ich eine Ladung Steine im Magen. Ich aß einen Happen vom Grillfleisch und nahm zwei Gabeln Salat. Wenigstens waren Mike und Lucy gute Futterverwerter, denn sonst wäre ich am Ende noch auf den ganzen Packungen Würstchen und Grillfackeln sitzen geblieben.
Immer wieder schaute ich zu Lena hinüber, die ein

unehrliches Lächeln aufsetzte und an ihrem Bratwürstchen knabberte. Ich konnte ihr Gespräch in der Küche einfach nicht vergessen. Wer war Gregor? Diese Frage ließ mich einfach nicht mehr los. So machte ich letztlich drei Kreuze, als der Abend vorbei war und Mike wieder nach Hause fuhr. Lucy zog sich schließlich gegen 23:00 Uhr auf ihr Zimmer zurück, nachdem sie uns beim Aufräumen geholfen hatte.
Den Gedanken, meine Schwester direkt auf Lenas Geheimnis anzusprechen, verwarf ich aus zwei Gründen recht schnell wieder. Erstens: Sie würde als ihre beste Freundin dichthalten, das hatte sie schon immer getan. Zweitens: Ich wollte es selbst von Lena hören.
Rastlos lief ich im Flur auf und ab. Die Unruhe trieb mich voran. Lena war im Bad, um sich frisch zu machen, wie sie vorhin gemeint hatte.
Ich muss mit ihr reden, sonst platze ich noch!
Endlich sprang die Tür auf. Lena kam in Seidenshorts und einem schwarzen Top herausspaziert. Unsere Blicke trafen sich. Ich konnte unmerklich erkennen, wie sie für den Bruchteil einer Sekunde zusammenzuckte, als würde sie sich fürchten.
„Ich werde dann mal schlafen gehen, ich bin müde“, sagte sie hastig und wollte gerade an mir vorbeilaufen.
„Bitte warte kurz“, bat ich und legte eine Hand auf ihre Schulter.
„Bitte, Adnan, lass es gut sein!“, sagte sie scharf und schüttelte meine Hand ab.
„Ich kann es aber nicht gut sein lassen! Ich hatte gedacht, es gäbe keine Geheimnisse mehr zwischen uns – und du vertraust mir. Auch Lucy weiß es. Nur ich werde wieder außen vorgelassen und steh da wie ein Trottel!“ Ich musste mein Temperament zügeln, denn meine Schwester schlief wahrscheinlich schon. Doch der Schmerz, der sich in mein Herzen fraß, ließ mich emotional werden. Und was passierte

mit mir, wenn ich emotional wurde? Meine Stimme klang hektisch, etwas lauter und mein Körper wurde immer unruhiger.
„So ist es nicht!" Lena formte ihre Augen zu kleinen Schlitzen und zog scharf die Luft ein.
„Wie denn dann? Wie kann ich das denn sonst auffassen?" Ich stemmte eine Hand in die Hüfte und sah sie zweifelnd an.
„Komm, wir gehen nochmal auf die Terrasse. Ich will Lucy in Ruhe schlafen lassen", flüsterte mir Lena zu und ging auch schon voran.
Ich folgte ihr mit einem unruhig klopfenden Herzen in der Brust. Der Himmel über uns war voller Sterne. Der Mond stand sichelförmig und hell über uns, die Luft war mild geworden. Eine wahre Wohltat zu der Hitze des vergangenen Tages. Bis auf die Solarlichter zu unseren Füßen, war es dunkel um uns herum.
Seufzend setzte sich Lena auf einen Sessel.
Ich nahm daneben Platz, sah sie auffordernd an. Ein Schweigen breitete sich aus, wie ein dünner, seidener Faden. Jeden Moment bereit, sich anzuspannen und zu reißen. Ich holte tief Luft. „Lena, du kannst mit mir wirklich über alles sprechen. Ich liebe dich! Was es auch ist, das dich so sehr zu belasten scheint, ich möchte es wissen, möchte dir helfen", beschwor ich sie und erkannte, dass ihre Augen glasig wurden und sie schluckte.
„Ich will dir doch überhaupt nichts verschweigen und schon gar nicht, weil ich dir nicht vertrauen würde", sagte Lena mit kratziger Stimme. Tränen liefen ihr Gesicht hinab. Sie machte eine Pause.
Ich kniete mich vor ihr auf dem Boden. Mit beiden Händen umfasste ich ihre Arme und rieb daran, denn sie zitterte wie Espenlaub.
„Ich will einfach nicht mehr über meine Vergangenheit

sprechen, nicht immer wieder alles aufwärmen und einfach nach vorn sehen." Durchdringend schaute Lena mich an. Sie sah so traurig und müde aus. „Du weißt, dass ich dich über alles liebe. Aber ich … habe Angst, was du darüber denkst. Ich will dich nicht verlieren", schluchzte Lena und vergrub das Gesicht in beiden Händen.
Ihre Verzweiflung versetzte mir einen Stich.
„Hey, Baby, du verlierst mich nicht, niemals! Bitte glaub mir das. Egal, was es ist, ich werde immer auf deiner Seite sein, versprochen!"
Ich setzte mich auf den Sessel zurück und zog sie auf meinen Schoß, gab ihr einen zärtlichen Kuss, in dem ich all meine Gefühle legte. Ich wollte, dass sie endlich begriff, wie sehr ich sie liebte und dass ich niemals zulassen würde, dass uns etwas trennte.

Nach etwa zwei verstrichenen Minuten ließ Lena von meinen Lippen ab und sah mich ernst an. Tief seufzte sie, ehe sie sprach. „Also gut. Gregor war ein guter Freund von Dennis. Ja, sogar sein bester." Sie räusperte sich, blickte mich unsicher an.
Ich nickte langsam, umschlang mit einer Hand ihre Taille. Dann redete sie weiter: „Gregor ist Anführer einer Sekte, die sich "Die aufgehende Sonne" nennt. Jedenfalls waren Dennis und auch sein Bruder Sektenmitglieder und … ich war es auch. Er hatte mich öfters zu Treffen mitgenommen. Anfangs fühlte ich mich ja auch wirklich verstanden von ihnen. Ich dachte …, ich dachte sie könnten mir in Hinblick auf meine Konzentrationsstörung helfen. Denn sie ließen die neuen Gruppenmitglieder Leistungsbögen ausfüllen, arbeiteten mit ihnen an ihren Schwächen, waren wie eine Familie. Ich …, ich war so dumm!" Lena begann abermals zu weinen, kletterte von meinem Schoß herunter und stellte sich mit dem Rücken abgewandt zu mir hin.

„Hey, du brauchst dich deswegen nicht zu schämen, wirklich nicht." Ich kam auf sie zu und umschloss ihren Bauch mit meinen Armen, hielt sie ganz fest. „Wo genau war diese Sekte?", wollte ich von ihr wissen und legte den Kopf auf ihre Schulter.

Lena schniefte. „In der Stadtmitte gibt es neben der Bücherei ein großes Bürogebäude. Dort hat "Die aufgehende Sonne" zwei Etagen gemietet."

„Haben sie dir in irgendeiner Form Leid oder Gewalt zugefügt?", stellte ich mit zusammengezogenem Magen meine nächste Frage.

Sie versteifte sich unter meinen Händen und nickte bloß.

„Ich will diesbezüglich aber jetzt nicht ins Detail gehen", stellte sie klar und fuhr fort. „Sie wollten mich ständig kontrollieren, über mein ganzes Leben bestimmen. Freizeitaktivitäten jeglicher Art waren untersagt. Auch verlangten sie "eine monatliche Spende" von mir. Jeder musste einen Teil seines Einkommens an "Die aufgehende Sonne" zahlen. Sie hatten mir sogar den Kontakt zu deiner Familie verboten. Ich sollte nur noch Dennis und der Sekte gehören. Ich hatte es mir jedoch nicht nehmen lassen und mich heimlich mit Lucy getroffen."

„Wie lange warst du Mitglied?"

„Ein paar Monate. Dennis hatte "Die aufgehende Sonne" für sich entdeckt und war anfangs ausgeglichen, zufrieden. Ich dachte wirklich, er würde mich von da an besser behandeln. Aber das war nur eine kurze Phase. Es dauerte nicht lange, dann war er sogar noch viel aggressiver als zuvor."

Langsam drehte ich Lena wieder zu mir um.

„Wie hast du es geschafft, aussteigen zu können?" Sanft streichelte ich ihre Wange und führte sie zurück zu der Sitzgruppe, wo ich mich erneut mit ihr hinsetzte.

„Das ist es ja, sie haben mich nicht aussteigen lassen." Lena fing erneut zu weinen an.

Ich griff augenblicklich nach ihrer Hand und hielt sie fest, streichelte mit den Daumen darüber.
„Schon als ich noch mit Dennis zusammen war, hatte ich irgendwann genug von Gregor und seinen Leuten. Doch Dennis verbot mir, auszusteigen. Auch Gregor, er …“
„Was hat er getan?“, wollte ich mit zugeschnürter Kehle wissen und legte ihren Kopf auf meine Schulter.
Lena atmete einmal tief durch. „Er hatte mich in meiner Arbeitsstelle besucht und mir gesagt, dass mir ein Ausstieg nicht bekommen, dass ich ihnen gehören würde. In der Nacht, als Dennis mich mal wieder verprügelt hatte und ich ihn überwältigen konnte, bin ich sofort abgehauen. Ich wusste nicht, wo ich hin sollte – außer zu deinen Eltern.“
Lena hielt kurz inne und schniefte. Dann hob sie ihren Kopf und sah wieder mich an. „Ich bin so wahnsinnig froh, dass keiner von Gregors Leuten das Haus deiner Eltern aufgesucht hat. Ich habe auch Anzeige gegen sie erstattet. Aber komischerweise …“
„Was?“, wollte ich wissen und blickte sie aufmerksam an.
„Ich habe nie wieder etwas von der Sekte gehört bis auf … bis auf gestern.“ Wieder machte Lena eine Pause, fügte dann hinzu: „Ich habe zufällig im Internet einen Artikel über sie gefunden. In der Öffentlichkeit bezeichnen sie sich als “Leistungstrainer“ und als “Motivationscoach“. Sie haben jetzt hier in der Stadtmitte ebenfalls einen Sitz. Schon damals hatte Gregor eine bundesweite Expansion geplant.“
Erneut stockte Lena. „Ich weiß nicht, ob das Zufall ist oder sie meinen Aufenthaltsort erfahren haben.“
Ich musste schlucken. Das, was sie mir da erzählt hatte, war starker Tobak gewesen. Das alles musste ich zuerst einmal verarbeiten. Ich konnte jedoch verstehen, warum Lena ihre Vergangenheit mit der Sekte in einer Schublade lassen wollte und ihre Angst vor meiner Reaktion auch.
„Ich glaube nicht, dass sie das alles nur wegen eines

Mitgliedes gemacht haben. Du solltest nochmal zur Polizei gehen und denen alles berichten, was du mir erzählt hast. Ich komme auch mit." Gespannt wartete ich ihre Reaktion ab.
Lena schien einen Moment über das Gesagte nachzudenken. „Ja", meinte sie dann zögerlich.
Wir schwiegen einen Moment. Nichts umgab uns außer Halbdunkelheit und dem Gezirpe von Grillen. Dann kletterte sie auf meinen Schoß, schlang einen Arm um meinen Nacken, wirkte unsicher wie ein kleines Kind.
„Was denkst du jetzt über mich?"
„Ich denke, dass diese Leute deine Situation und dich ausgenutzt haben, dass sie dich manipulieren und gefügig machen wollten. Das ist eine Masche. So machen es nahezu alle Sekten. Sie orientieren sich an den Schwächen und Ängsten der Leute, um ihren Vorteil daraus ziehen zu können. Du hast es doch noch rechtzeitig erkannt. Sie haben dich in Ruhe gelassen. Also war die Drohung von diesem Gregor Gott sei Dank nur heiße Luft gewesen, ein Versuch dich einzuschüchtern, nicht mehr. Es ist alles gut." Ich drückte sie ganz fest an meinen Körper und hoffte inständig, dass ich ihre Ängste und Zweifel vertrieben hatte.

Lena

Ich war so erleichtert darüber, Adnan endlich den letzten Teil meiner Vergangenheit erzählt zu haben. Es waren viele Schatten, die mich umgaben, doch die Sache mit der Sekte war der dunkelste von ihnen.
Adnan und ich lagen zusammen im Bett. Das Fenster war weit geöffnet und schickte einen kühlen Luftzug in unsere Richtung.
Mit dem Kopf lag ich auf seiner Brust und lauschte dem

gleichmäßigen und beruhigenden Takt seines Herzens. So viel Frieden und Geborgenheit gab er mir. Er brachte Verständnis für meine Vergangenheit auf, gab mir Zeit zum Heilen, ließ mich einfach ich sein. Ich betete dafür, dass wir immer zusammenbleiben würden. Nach unserem Gespräch von vorhin fühlte es sich das erste Mal so an, als wäre das tatsächlich möglich. Adnan hatte auch den letzten Teil meiner Vergangenheit akzeptiert, ohne an mir zu zweifeln. Er war da und würde es auch bleiben.
Ich setzte mich auf, legte meine Lippen auf die seinen, strich mit einer Hand über seine nackte, warme Brust und konnte spüren, wie er vor Erregung leicht erschauderte.
Meine Atmung beschleunigte sich. Eine unerträgliches Sehnsucht nach ihm erfasste mich. Ich ließ meine Hand weiter in seinen Schritt wandern, um ihn zu streicheln.
„Ich will mit dir schlafen", wisperte ich ihm zu und spürte plötzlich, wie die Ungeduld mein Herz immer heftiger auf und ab wippen ließ.
Adnan strich mit den Fingerknöcheln sanft über mein Gesicht. „Bist du sicher?"
„Ja."
Langsam setzte er sich auf und zog mir sachte das Top über den Kopf aus. Anschließend streifte ich mir die Shorts ab. Er drehte mich auf den Rücken, beugte sich über mich und küsste zuerst meinen Hals, dann mein Schlüsselbein. Vor Erregung begann mein ganzer Körper zu zittern. Ein Stöhnen entwich mir, als er mit der Zungenspitze über meine Brustwarze fuhr. Mit dem Finger drang er in mich ein und widmete sich meiner anderen Brust. Abermals stöhnte ich auf. Alles in mir pulsierte. Wie von selbst bäumte mein Oberkörper sich unter seinen Berührungen auf, die mich um den Verstand brachten. Schmerzhaftes Verlangen breitete sich in mir aus. Dann ließ Adnan von mir ab, um seine Shorts auszuziehen. Er zog etwas aus der Schublade hervor

– ein Kondom, wie ich annahm – und war gerade dabei, die Verpackung aufzureißen.
„Ist nicht nötig. Ich nehme die Pille", sagte ich schnell und zog ihn wieder zu mir hinüber. Beide Hände um seinen Nacken geschlungen, führte ich ihn zu meinen Lippen, küsste ihn intensiv und hingebungsvoll. Seine Zunge drang in meinen Mund und streichelte meine. Hitze erfasste meinen Körper. Ich löste meine Lippen von seinen, um ihn einen kurzen Moment im Halbdunklen betrachten zu können, zog dann das Zopfgummi aus seinen Haaren.
Er ist so wunderschön.
Ich lächelte stumm in mich hinein und fuhr mit beiden Händen durch sein Haar. Abermals führte ich ihn zu mir nach unten. Seine heißen Lippen drückten sich erneut auf meinen und wurden von Sekunde zu Sekunde immer fordernder. Ich spürte ihn schließlich in mir und stöhnte unter seinen Bewegungen auf. Ich hielt mich an seinen Schultern fest und merkte, wie alle Sorgen und Ängste plötzlich von mir abfielen. Das Einzige, was mir kurz durch den Kopf ging war: *Warum haben wir das nicht eher gemacht? Wovor hatte ich eigentlich solche Angst? Es ist wunderschön.*
Ich ließ mich fallen, wir waren komplett eins.

***

Ich öffnete langsam die Augen. Sonnenstrahlen fielen aus dem Fenster und kitzelten meine Nase.
War das gestern Nacht wirklich passiert oder nur ein Traum?
Zärtlich schlang Adnan eine Hand um meinen Bauch und zog mich in seine Arme. Ich spürte seine Erregung.
„Die letzte Nacht war wunderschön", flüsterte er mir sanft zu.
Nein, es war kein Traum!
Ich musste grinsen und drehte mein Gesicht in seine

Richtung. „Ja, das war sie."
Seine Augen glommen fiebrig auf, seine Lippen waren leicht geschwungen. Ich presste meine darauf. Verlangen stieg abermals in mir auf. Dann bedeckte ich seine Brust mit kleinen, sanften Küssen und konnte merken, wie seine Atmung immer flacher wurde. Ich spürte seine Ungeduld, als er mich entschieden auf die Seite drehte, meinen Nacken küsste, dann kurz innehielt.
„Ich liebe dich, Lena Höfer, und ich werde nie genug von dir bekommen", sagte er mit rauer Stimme und drang dann in mich ein.
Augenblicklich schloss ich die Augen und gab mich ihm erneut hin.

Keiner von uns wollte aufstehen, denn wir waren viel zu träge. Am liebsten hätte ich mit ihm heute das Bett nicht verlassen, viel zu schön war es, mit Adnan engumschlungen zu liegen. Doch ich hörte Schritte im Flur. Lucy. Wir konnten sie nicht allein da abhängen lassen. Später würde sie nach Duisburg abreisen. Mittlerweile zeigte die Digitaluhr auf Adnans Nachttisch 10:02 Uhr an.
Widerwillig rafften wir uns kurzerhand auf, schlüpften in unsere Kleidung und gingen in die Küche. Dort saß Lucy bereits auf einen Stuhl und grinste uns breit und wissend an, so schien es jedenfalls.
„Sind wir wohl zu laut gewesen?", flüsterte mir Adnan ins Ohr.
Ich zuckte bloß mit den Schultern und lief auf meine Freundin zu.
„Guten Morgen!", sagte ich gähnend und strubbelte meine Haare.
„Guten Morgen, ihr zwei!"
Immer noch ging dieses fette Grinsen nicht aus ihrem Gesicht. Na ja, Lucys Zimmer war nebenan und die Wände

waren auch nicht die dicksten ...
„Moin, wie hast du geschlafen?", wollte Adnan wissen und baute sich hinter seiner Schwester auf, beide Hände umschlangen die Rücklehne ihres Stuhls.
„Ausgezeichnet, bis auf ein paar nächtliche Geräusche."
Verlegen kratzte ich mir den Hinterkopf. Ich schaute zu Adnan hinüber, der eine Augenbraue nach oben zog und mir einen Blick zuwarf, der wohl so viel sagen sollte, wie: „Wir waren wohl doch zu laut."
Lucy fuhr fort: „Ja, ich hatte mein Fenster ganz weit geöffnet. Da hört man halt so einiges. Ich vermute, es sind zwei liebestolle Eichhörnchen gewesen", sagte sie kichernd, drehte sich dann zu ihrem Bruder um.
Adnan warf ihr einen strafenden Blick zu und zog ruckartig den Stuhl nach hinten. Lachend quiekte Lucy auf. Augenblicklich stellte er die Stuhlbeine auf dem Boden zurück, legte eine Hand auf die Schulter seiner Schwester und küsste liebevoll ihre Wange.
„Was möchtet ihr essen?", fragte er und fuhr mit einer Hand in sein Haar, das wie gewohnt akkurat auf seinem Kopf geknotet war.
„Ein paar Pancakes wären nicht schlecht."
Ich nickte zustimmend.
„Kommt sofort." Dann sah er wieder mich an und deutete mit der Nasenspitze auf den Stuhl neben Lucy. „Setz dich, Lena. Ich mach das schon."
„Ich bereite dann schon mal Kaffee für uns alle zu", schlug ich vor und steuerte auch schon die Kaffeemaschine an.

Adnan

Den Nachmittag verbrachte ich mit Lena und Lucy in einem Park und anschließend auf der Terrasse. Die Luft war erneut drückend und schwül draußen, so dass keiner von uns sonderliche Lust hatte, sich weit vom Fleck zu bewegen. Ich hatte die Sonnenliegen aus dem Keller geholt. So lagen wir unter dem Schatten des großen Sonnenschirms ausgestreckt da und entspannten. Das tat gut. Zwischendurch ging ich immer mal wieder in die Küche, um Getränke zu holen und ließ mir damit viel Zeit, denn ich wusste, dass Lena und meine Schwester ihren Girlstalk abhalten wollten. Das ging natürlich nicht im Beisein eines Mannes. Ich vermutete, dass Lena ihrer Freundin unter anderen erzählen wollte, dass ich jetzt über die Sekte Bescheid wusste. Wie viel sie schlussendlich von uns beiden verraten würde oder schon hatte, wusste ich nicht. Es war schon irgendwie komisch für mich, dass sie mit meiner Schwester über ihr Liebesleben plauderte. Denn dazu gehörte ich jetzt. Aber sicher war Lucy nicht scharf auf irgendwelche Details. Welche Schwester würde schon gern hören, wie ihr Bruder so im Bett ist? Der Gedanke war zu abstrus …

Gegen frühen Abend machte sich Lucy dann auf den Weg zu meinen Eltern. Ich würde bereits morgen nachkommen.
„Du hast kaum was gegessen? Willst du nicht vielleicht jetzt eine meiner Enchiladas probieren?“, fragte ich Lena, die sich eine Flasche Wasser aus dem Kühlschrank holte und diese zuerst über ihre Stirn und anschließend über ihre Brust abrollte und dabei aufschnaufte, bevor sie trank.
Wow, das war verdammt sexy!
„Nein, danke. Ich habe bei der Wärme einfach keinen Appetit.“ Sie stellte die Flasche zurück in den Kühlschrank, kam auf mich zugelaufen und schmiegte sich mit einem tiefen Atemzug in meine Arme.
Immer noch war ich berauscht von unserer Liebesnacht und auch den Zärtlichkeiten des Morgens. Ich legte eine

Hand an ihre Taille. Ein zufriedenes Brummen verließ meinen Mund, mein Griff um sie wurde fester. „Du machst mich sehr glücklich, weißt du das eigentlich?" Ich löste mich von ihr, denn ich musste jetzt in ihre Augen schauen. Das Blau darin wurde dunkel. Ich sah Begehren darin aufflammen.
Lena blinzelte kurz auf und ein Lächeln huschte über ihr Gesicht. „Du machst mich auch glücklich. Ich habe mir das schon so lange gewünscht", raunte sie mir zu, legte beide Hände an meine Wange und stellte sich auf Zehenspitzen, um mir einen Kuss geben zu können.
Ich hielt sie an den Hüften fest und ließ meine Zunge in ihren Mund gleiten. Sie atmete entspannt in mich hinein. Ich spürte ihren süßlichen Atem. Mich befiel erneut eine unbändige Sehnsucht nach ihr, obwohl sie doch direkt bei mir war. Es konnte mir nie nah genug sein. Ich wollte sie überall spüren. Es war schon verrückt, warum ich das in all den Jahren, in denen wir uns schon kannten, nie so empfunden hatte. Lena war immer eine gute Freundin gewesen. Doch für mich war sie mittlerweile zum Mittelpunkt meines Lebens geworden. Ich hatte mich niemals zuvor so sehr zu einer Frau hingezogen gefühlt. Auch der Sex war unbeschreiblich gut, wie ich es noch nie erlebt hatte.
„Ich werde eben kurz unter die Dusche springen", nuschelte sie an meinen Lippen und machte sich von mir frei. „Wenn du willst, können wir ja danach noch ein bisschen spazieren gehen. Es ist sicherlich nicht mehr ganz so heiß draußen", schlug sie mit einem Augenzwinkern vor. Es war so schön, sie endlich unbefangen und glücklich zu erleben!
„Ja, gern", erwiderte ich und ließ sie ziehen.

Lena

Ich lächelte stumm in mich hinein, während ich den Wasserhahn aufdrehte und mir eine kleine Ladung Wasser ins

Gesicht warf. Mir war so heiß und das nicht bloß wegen den immer noch hohen Temperaturen draußen, sondern auch, weil Adnan ebenfalls für viele Hitzewellen bei mir gesorgt hatte. Seine Berührungen machten mich wuschig und fiebrig. Ich hatte sowas noch nie erlebt.

Bereits am folgenden Tag würde er zu seinen Eltern fahren. Ich vermisste ihn jetzt schon!

Schnell streifte ich mir die Kleidung vom Körper, stieg in die Duschkabine und drehte das Wasser auf. Als ich zu meinem Duschgel greifen wollte, spürte ich plötzlich eine Hand, die sich um meine Hüfte legte.

Ich erschauderte, drehte mich um. Adnan stand hinter mir und drückte mich gegen seinen nackten Körper. Ich konnte seine Erektion fühlen.

Bei mir kribbelte es überall, meine Beine begannen zu zittern. Schnell schnappte er sich das Duschgel, seifte sanft meinen Rücken ein und massierte ihn hingebungsvoll. Dann wanderte seine Hand weiter nach unten zu meinem Po. Auch diesen massierte er ausgiebig. In meinem Unterleib begann es zu ziehen und zu prickeln. Hitze und Feuchtigkeit umgaben uns wie in einem Treibhaus. Ich spürte seinen Kopf auf meiner Schulter, sein Atem brach sich auf meiner Haut.

„Kommt das deiner Dusch-Fantasie nahe?“, flüsterte er rau und sinnlich in mein Ohr.

Ich schnappte nach Luft und nickte bloß, denn seine Hände kneteten gerade meine Brüste durch. Es war mittlerweile unbeschreiblich heiß in der Kabine. Meine Beine knickten vor Erregung ein. Er hielt mich unter den Armen fest, zog mich nach oben, drehte mich zu sich um.

„Aufpassen, mein Schatz“, raunte er mir zu. Seine Augen blitzten mich voller Lust an und ließen mich augenblicklich noch schwächer werden. Dann drückte Adnan seine glühenden Lippen auf meinen Mund. Ich hatte das Gefühl, dass

ich schmelzen würde. Nie zuvor hatte ich mich sinnlicher in seiner Gegenwart gefühlt als in diesem Moment.
„Halte dich an meinem Nacken fest“, hörte ich ihn noch gedämpft sagen, nachdem er von meinen Lippen abgelassen hatte und mit einer Hand meinen Schenkel entlangfuhr. Hitze jagte durch meinen Körper. Unaufhörlich pulsierte es in mir. Ich war wie in einem Rausch gefangen, schlang beide Arme um seinen Nacken und überließ ihm die volle Kontrolle.

***

Auf einem großen Badehandtuch lagen wir mitten auf dem Wohnzimmerboden, nackt und ineinander verschlungen. Dort war definitiv der kühlste Ort in der ganzen Wohnung. Durch die abgedunkelten Fenster drang nur sehr wenig Tageslicht durch die Lamellen.
Ich atmete glücklich und zufrieden ein und aus, verschränkte unsere Hände miteinander.
„Lena?“, sagte Adnan mit sanfter Stimme und drückte meine Hand leicht.
„Ja?“
„Wenn du die nächsten Tage nicht alleine bleiben willst, reicht ein Wort von dir aus, und ich bleibe hier.“
„Und was ist mit deinen Eltern?“, fragte ich und rutschte mit dem Kopf weiter nach oben und lag somit auf seiner Schulter.
„Die würden es sicher verstehen, wenn du nach allem, was du hinter dir hast, nicht allein sein willst.“
„Ich möchte aber, dass du fährst. Deine Eltern freuen sich bereits auf dich. Sie haben dich seit über einem halben Jahr nicht mehr zu Gesicht bekommen.“
Adnan seufzte und strich mir mit einem Finger über die Wange. „Gut.“

Ein langes Schweigen folgte. Irgendwie wollte ich momentan nicht sprechen, sondern einfach zusammen mit ihm hier liegen, sonst nichts.
Gerade als ich schon am wegdämmern war, sagte Adnan: „Lena?“ Seine Stimme klang eindringlich und ein wenig Sorge schwang darin mit.
„Hm?“
„Machst du dir noch Gedanken wegen der Sekte?“
„Nicht mehr, wenn ich ehrlich bin. Ich denke, du hast recht. Wenn Gregor mir meinen Weggang verübelt hätte, dann hätte er es mich längst wissen lassen. Außerdem können sie überhaupt nicht ahnen, dass ich hier in Berlin bin. Von wem denn auch?“
„Eben! Du kannst dieses Kapitel getrost abschließen. Wir beide blicken jetzt nur noch nach vorne“, sprach er in heiterem Tonfall und drückte mir einen Kuss aufs Haar.
Ich lächelte und schlief nur wenige Minuten darauf ein.

***

Am nächsten Morgen wachte ich im Schlafzimmer auf.
Adnan muss mich ins Bett getragen haben.
Ich rieb mir die Augen und tastete mit einer Hand die andere Bettseite ab. Das Laken neben mir war kalt und leer. Die Digitaluhr zeigte 06:22 Uhr an. Träge stieg ich aus dem Bett, schnappte mir meinen Bademantel und tapste barfuß den langen Flur entlang.
In einem türkisfarbenen Hemd und schwarzen Jeans lief mir Adnan bestens gelaunt entgegen. „Guten Morgen! Das ist ein gutes Timing. Gerade wollte ich dich wecken.“ Er zog mich ganz nah zu sich heran und gab mir einen zärtlichen Kuss. „Komm, wir gehen auf die Terrasse frühstücken. Ich habe schon alles gedeckt.“ Dabei griff er nach meiner Hand.
Uns am Tisch gegenübersitzend, lauschten wir dem

lieblichen Klang von Vogelgezwitscher. Zu diesen frühen Morgenstunden war es noch angenehm und relativ kühl draußen. Die Hitze würde gegen Mittag wieder einsetzen, so viel hatte der Wetterbericht bereits verraten.
„Ich bin ein bisschen nervös wegen meines Jobs“, verriet ich und biss in den Toast.
„Schatz, das ist normal. Du brauchst dir aber wirklich keine Sorgen zu machen. Deine Konzentration ist enorm besser geworden. Du hast wirklich große Fortschritte gemacht.“
Adnan lächelte mich überzeugend an und nippte an seinem Kaffeebecher. „Ich bringe dich gleich noch zur Arbeit und fahre dann los.“
Ein bitterer Schmerz durchzog mich. Ich wusste, wenn ich von der Arbeit wieder nach Hause kommen würde, wäre Adnan hunderte Kilometer von mir entfernt. Der Gedanke daran bereitete mir Unbehagen. In all den Monaten, in denen ich bereits bei ihm lebte, war er so gut wie jeden Tag an meiner Seite gewesen. Die Tatsache darüber, dass es anders werden würde, versetzte mir einen Stich. Erst in diesen Augenblick wurde es mir richtig bewusst. Entschieden schob ich all meine Bedenken dennoch beiseite und beschloss, mir nichts vor Adnan anmerken zu lassen. Er sollte nicht beunruhigt sein und so unbefangen wie möglich seine Reise nach Duisburg antreten können.

Duisburg

Adnan

Nach einer sechsstündigen Autofahrt, die mich dank Klimaanlage nicht hatte auslaufen lassen, erreichte ich gegen 14:00 Uhr mein Elternhaus.
Euphorie und Unruhe befiel mich, als ich die Tür aufschloss.

Ich konnte es kaum noch erwarten, Mama wiederzusehen.
„Adnan, mein Junge!“, rief sie mir freudestrahlend entgegen, kaum hatte ich den Flur betreten. Sofort schloss ich sie in meine Arme.
„Mama, ich habe dich so vermisst.“ Ganz fest drückte ich sie an mich.
„Komm, Schatz! Lass uns ins Wohnzimmer gehen. Ich habe Eistee gemacht.“
Dort saßen bereits mein Vater und Lucy. Er stand augenblicklich auf, als er mich erspäht hatte. Seine Augen strahlten mich an, und ein Lächeln breitete sich auf seinem Gesicht aus. „Mein Sohn, komm her!“
Schnell ließ ich den Abstand zwischen uns verschwinden und spürte seine feste Umarmung. Liebevoll strich er mir über den Nacken, wie er es schon gemacht hatte, seit ich ein kleiner Junge war. Sein vertrauter Geruch nach Moschus und Gewürzen stieg mir in die Nase und weckte weitere Kindheitserinnerungen in mir. Ich musste plötzlich daran denken, als ich an meinem siebten Geburtstag vom Fahrrad gefallen war und mir das Knie aufgeschlagen hatte. Papa hatte mich in den Arm genommen und gesagt: „Das ist bloß ein Kratzer, mein Junge und wird schnell verheilen. Du wirst noch oft hinfallen und auch wieder aufstehen. Es ist Teil deines Lebens.“ Dieser Satz von ihm hatte mich durch mein ganzes Leben begleitet, mir immer wieder Kraft gegeben. Erleichtert seufzte ich auf und fühlte mich so unbeschwert wie damals.
Ich setzte mich schließlich neben meiner Schwester auf der Couch, gab ihr zur Begrüßung einen Kuss auf die Wange.
„Wie geht es Lena?“, flüsterte sie mir schnell zu.
„Gut soweit, denke ich. Ich werde sie nach ihrer ersten Schicht anrufen“, gab ich zur Antwort.
„So, hier ist Eistee für alle“, sagte meine Mutter, stellte das Tablett mit den Gläsern auf dem Tisch ab und nahm dann

im Sessel Platz.
Mein Vater saß direkt zwischen uns, griff als erstes nach einem Glas und nahm einen kräftigen Schluck daraus. „Was eine Hitze, nicht wahr?“ Mit dem Finger fuhr er sich über den Schnäuzer und sah dann wieder mich an. „So, Junge, jetzt erzähl mal! Du und Lena seid also jetzt ein Paar?“ Papas Augen erstrahlten hell.
Ich erkannte Freude und Stolz darin.
„Da konnte wohl jemand nicht länger schweigen“, sagte ich lachend und stieß Lucy spielerisch in die Rippen.
„Hey! Ich weiß, du wolltest es selbst erzählen, aber ich konnte einfach nicht mehr länger abwarten“, rechtfertigte sich meine Schwester und tätschelte versöhnlich meine Schulter.
„Schon gut.
„Was sagst du dazu, Mama?“ Ich bemerkte ein warmes Lächeln auf ihrem Gesicht.
„Ach, mein Schatz, ich freue mich wahnsinnig für euch beiden. Für mich war und ist Lena immer wie eine zweite Tochter gewesen.“

In der nächsten Stunde erzählte ich meiner Familie, wie lange Lena und ich schon ein Paar waren, ließ den Teil mit dem Tagebuch und den anfänglichen Missverständnissen aus, erzählte außerdem von meiner Arbeit und wie es mir sonst in den letzten Monaten ergangen war.
Lucy zog sich später mit Mama im Garten zurück. Papa wollte ebenfalls mit einem guten Buch zum Schmökern dazustoßen, und ich legte mich ein Weilchen in meinem alten Jugendzimmer aufs Ohr. Die Hitze und die lange Fahrt hatten doch sehr geschlaucht.
Abends griff ich dann zum Telefon, um Lena anzurufen. Ich hatte schon solche Sehnsucht nach ihr. Schade, dass sie nicht dabei sein kann, dachte ich und fragte mich

außerdem, wie ich es weitere vier Tage ohne sie aushalten würde.
Nach dem zweiten Klingeln nahm Lena schließlich mit einem „Hallo" ab.
„Hey, Baby, wie war die Arbeit?"
„Es war ein guter erster Arbeitstag würde ich sagen, ohne kleine oder große Komplikationen. Mein Chef ist echt nett."
„Das freut mich für dich." Ich legte mich ins Bett zurück, eine Hand unter meinen Kopf gelegt. „Ich wäre jetzt so gern bei dir."
„Wir sehen uns in ein paar Tagen wieder, ich kanns kaum erwarten. Wie geht es deinen Eltern? Hast du ihnen von uns …"
„Ich wollte, aber Lucy war schneller. Sie freuen sich sehr für uns. Das nächste Mal wollen sie, dass wir sie zusammen besuchen, haben sie gesagt."
„Oh ja, sehr gern. Wir werden demnächst ein paar Urlaubstage abstimmen, dann klappt das schon", sagte sie mit einem fröhlichen Klang in der Stimme.
Wir redeten noch eine Weile über meine Eltern und tauschten ein paar alte Erinnerungen aus, bis wir schließlich mit einem „Ich liebe dich" unser Telefonat beendeten.
Den Abend verbrachte ich mit meiner Familie im Garten. Meine Mutter hatte mein Lieblingsessen Schmoreintopf mit Gemüse gekocht. Endlich setzte der Hunger wieder bei mir ein. So genoss ich das gute Essen und das Beisammensein mit meinen Lieben.

***

Am nächsten Tag fand ein großes Familientreffen statt. Ich sah meine Tante wieder, die Schwester meiner Mutter und lernte ihren neuen Mann kennen. Von Vaters Seite kamen außerdem noch meine Tante und Onkel, sowie meine zwei

Cousinen und drei Cousins und dessen Kinder. Eine Party mit Musik und gegrilltem Essen wurde abends im Garten abgehalten. Die Temperaturen waren nach dem nächtlichen Regenschauer gesunken und lagen nur noch bei 24 Grad, was schon sehr angenehm war.
Heimlich stahl ich mich schließlich von meiner Wiedersehensfeier ins Haus, denn ich wollte Lenas Stimme hören, wissen, wie ihr zweiter Arbeitstag verlaufen war. Das letzte Mal hatten wir in ihrer Mittagspause telefoniert, was mir bereits wie eine Ewigkeit vorkam.
Ich ließ mich in der Küche auf einem Stuhl nieder und wählte ihre Nummer. Doch nach dem siebten Klingeln ging sie noch immer nicht dran, sondern ihre Mailbox.
Hm, vielleicht ist sie unter der Dusche, einkaufen oder sowas …
Nach einer Stunde rief ich erneut an. Wieder nichts. Ich versuchte es auf dem Festnetztelefon. Immer noch nichts.
Eigenartig. Es ist jetzt 20:00 Uhr. Normalerweise ist sie um diese Zeit zuhause. Selbst wenn sie ausgegangen wäre, hätte sie doch ihr Handy mitgenommen, oder?
Mein Magen begann eigenartig zu grummeln. Hoffentlich war alles in Ordnung! Die Sorge um sie ließ mich den ganzen restlichen Abend nicht los. Auch meine Schwester hatte ihr eine Nachricht geschickt, die unbeantwortet blieb, wie sie mir erzählt hatte.

Nachdem alle Gäste wieder nach Hause gegangen waren, versuchte ich nochmal, sie anzurufen. Wieder meldete sich nur die Mailbox zu Wort. Sie musste das Handy ausgeschaltet haben oder der Akku war leer …
Oder war etwas anderes vorgefallen? Diese Frage beschäftigte mich die ganze Nacht, denn ich konnte kein Auge zu tun.
Am nächsten Morgen hörte ich wieder bloß die bekannte

Ansage ihrer Mailbox. Am Festnetz wurde auch nicht abgenommen. Mehr und mehr bekam ich es mit der Angst zu tun. Vormittags rief ich sogar in ihrer Arbeitsstelle an, aber leider bekam ich aus Datenschutzgründen keine Auskunft. *Mist!*

Ich hinterließ Mike eine Nachricht mit der Bitte, sich einmal schlau zu machen. Immerhin kannte er den Chef. Erst am Nachmittag rief er mich schließlich zurück.

„Hey, Adnan, ich habe mit Thomas gesprochen."

„Und?"

„Lena hat heute Morgen gekündigt."

„Was?" Ein kalter Blitz fuhr durch meinen Körper. Ich konnte es einfach nicht fassen. Sie hatte diese Stelle so sehr gewollt!

„Hat sie vielleicht einen Grund genannt? Ist vielleicht irgendetwas Besonderes vorgefallen?", wollte ich mit zusammengebissenen Zähnen wissen.

„Nein, Thomas war bisher sehr zufrieden gewesen mit Lena. Es gab keine besonderen Vorkommnisse."

„Das verstehe ich einfach nicht! Das verstehe ich nicht."

Mike seufzte. „Bestimmt wird sie sich bald bei dir melden und dir den Grund verraten. Ich muss wieder zurück an die Arbeit. Halt mich auf dem Laufenden, ja?"

„Ja, das mach ich. Danke, Mike."

„Keine Ursache, bis dann."

„Ja, bis dann."

Irgendetwas stimmte hier nicht! Das alles passte nicht zu Lena. Sie hätte sich längst bei mir gemeldet. Irgendetwas Schlimmes musste vorgefallen sein.

„Was ist mit Lena?", wollte Lucy von mir wissen, nachdem sie mein Zimmer betreten hatte. Mit krausgezogener Stirn setzte sie sich zu mir aufs Bett.

„Rede schon, Adnan!"

„Sie hat einfach mir nichts dir nichts ihren Job gekündigt

und beantwortet nach wie vor keine einzige Nachricht von mir.“ Niedergeschlagen vergrub ich das Gesicht in meinen Händen.
„Hey, bestimmt hat sie einen guten Grund gehabt. Lena wird sich sicher bald bei uns melden. Vielleicht braucht sie noch Zeit“, versuchte meine Schwester mich zu trösten und legte eine Hand auf meine Schulter.
„Ich kann definitiv nicht mehr lange warten. Ich werde verrückt vor Sorge. Wenn sie sich bis morgen früh nicht gemeldet hat, fahre ich zurück nach Berlin.“

***

Die aufgehende Sonne

Auch am nächsten Morgen hatte sich nichts getan, die Ungewissheit blieb. Die Sorge, was wohl mit Lena los war, hatte mich auch diese Nacht über kaum ein Auge zu tun lassen.
Gegen 09:00 Uhr morgens fuhr ich los, verabschiedete mich von meinen Eltern und Lucy, die Verständnis für meine Lage hatten. Meine Schwester hätte mich gern begleiten wollen, musste aber leider diesen Abend schon am Flughafen sein, um ihre Rückreise anzutreten. Während ich über die Autobahn jagte, kamen mir die wildesten Theorien. Ich stellte mir vor, dass sie so eine Panikattacke von damals erlitten hatte oder, dass in ihrer Arbeitsstelle doch etwas vorgefallen war, das sonst keiner wusste. Warum konnte sie mich nicht anrufen? Lena hatte mir doch alles über ihren Zustand erzählt.
Nach jedem verstrichenen Kilometer wuchs meine Angst. Ich sehnte den Augenblick herbei, endlich meine Wohnung

betreten zu können und für sie da zu sein.

Hastig drehte ich schließlich den Schlüssel im Türschloss und betrat den Flur meiner Wohnung.
„Lena? Bist du da?"
Keine Antwort.
Ich steuerte das Wohnzimmer an, dann die Küche und das Schlafzimmer.
Keine Spur von ihr.
Ich drückte mit pochendem Herzen die Klinke ihrer Zimmertür herunter. Ein Schrecken fuhr durch meine Glieder. Ihre Kleider, die sonst immer am Schrank hingen, ihre Schuhe, alles war weg. Das Bett war unberührt. Ich öffnete den Kleiderschrank, die Schubladen. Sie waren leer. Nicht einmal der kleinste Krümmel war noch von ihr zu finden, so als wäre sie nie hier gewesen.
Es war, als hätte mir jemand einen Speer in mein Herz gebohrt. Schließlich erspähte ich einen Zettel auf der Fensterbank. Mit zitternden Händen griff ich nach dem Stück Papier und begann zu lesen.
Lieber Adnan,
ich danke dir für alles, aber ich kann so nicht weitermachen. Das ist nicht das Leben, das ich führen möchte. Auch das mit uns war ein Fehler. Ich möchte nicht mehr mit dir zusammen sein. Ich fange ganz neu an. Bitte suche nicht nach mir.
Lena

Ich spürte das Blut in meinen Ohren rauschen. Für einen Augenblick wurde mir ganz schwarz vor Augen. Noch immer fassungslos schüttelte ich den Kopf und ließ den Zettel zu Boden gleiten. „Das glaube ich einfach nicht! Das kann

nicht wahr sein!“
Abermals versuchte ich sie über Handy zu erreichen. Diesmal bekam ich folgende Ansage: „Die von Ihnen gewählte Nummer ist nicht vergeben.“
„Scheiße, das glaube ich einfach nicht! Sie hat eine andere Nummer, nur wegen mir ...“
Kraftlos ließ ich mich auf das Bett fallen. Für die nächste halbe Stunde war ich unfähig, mich zu bewegen. Wie erstarrt war ich. Das Klingeln meines Handys riss mich dann aus der Starre. Ein kleiner Hoffnungsschimmer, dass sie es war, breitete sich in mir aus. Doch nur Lucy meldete sich. Ich erzählte ihr von Lenas Brief.
„Was?“ Ihre Stimme klang schrill und ungehalten. „Das passt nicht zu ihr. Das ... das glaub ich einfach nicht.“
„Ich habe es auch nicht glauben können, aber es ist eindeutig ihre Handschrift“, sagte ich mit belegter Stimme und schloss die Augen. Ich hatte das Gefühl, mein Kopf würde zerspringen.
„Aber ...“
„Lucy, bitte, ich kann gerade nicht weiter diskutieren.“ Keine Kraft schien mehr in mir zu sein. „Gibst du mir bitte Bescheid, wenn sie sich bei dir meldet?“
„Ja, natürlich. Adnan, ich wünschte, ich könnte dir irgendwie helfen.“
„Das kannst du leider nicht. Wir reden morgen weiter, okay?“
„Ja, bis morgen.“
Ohne noch etwas darauf zu erwidern, legte ich auf, ließ mein Smartphone unachtsam zu Boden fallen. Alles war mir egal, nichts machte mehr einen Sinn. Ich ließ unsere vergangenen Wochen Revue passieren, dachte an unsere zärtlichen Momente, die wir erst vor kurzer Zeit gehabt hatten. Wir waren doch glücklich! Ich wusste, dass sie mich geliebt hatte, schon allein aus ihren Tagebucheinträgen

heraus. Unser letzter gemeinsamer Abend, ihre Berührungen, ihre Küsse. Das alles war echt! Was in Gottes Namen war nur in sie gefahren? Wo steckte sie überhaupt? Sicherlich konnte sie auf die Schnelle nicht an eine Wohnung gekommen sein. All diese Fragen wirbelten unaufhörlich in meinem Kopf umher. Ich fühlte mich wie in einem viel zu schnellen, nicht anhalten wollenden Karussell gefangen.

Nach gerade einmal zwei Stunden Schlaf ging ich am nächsten Morgen duschen. Unweigerlich musste ich an unseren Moment unter der Dusche denken und ein heftiger Schmerz durchzuckte mich. Eilig stieg ich aus der Duschkabine, trocknete mich ab und zog mir ein frisches Hemd und Jeans an. Immer noch dröhnte mein Kopf wie ein Presslufthammer. Dringend brauchte ich einen Kaffee. Ich ging in die Küche, schmiss den Laptop an. Während die Kaffeemaschine ihren Dienst verrichtete, durchforstete ich das Netz nach Artikeln über "Die aufgehende Sonne". Vielleicht hatte diese Sekte ja psychisch doch mehr bei Lena kaputt gemacht als ich gedacht hatte. Ich suchte einfach nur verzweifelt nach möglichen Gründen für ihr Verhalten. Das war mein einziger Anhaltspunkt aus ihrer Vergangenheit. Irgendetwas in mir trieb mich. Ich konnte einfach nicht loslassen, konnte mich damit nicht abfinden.

"Die aufgehende Sonne" ist ein Gemeinde- und Leistungszentrum, das mit euch zusammen an euren Schwächen und an euren Träumen arbeiten möchte. Wir sind eine große Gemeinschaft, die über viel Wissen verfügt und sich gegenseitig unterstützen und helfen will. Lasst euch coachen und aufbauen! Wir sind für euch da!

Schnaubend schnappte ich mir den Kaffeebecher und nahm einen großen Schluck. *Was ein blödes Gewäsch!*

Vielleicht sollte ich dieser "Aufgehenden Sonne" mal einen kleinen Besuch abstatten, überlegte ich. Ich wusste zwar auch nicht, was das bringen sollte, aber eine Stimme in mir trieb mich an. So schnappte ich mir meine Autoschlüssel und fuhr zum Stadtzentrum.

***

Wie im Artikel beschrieben, hatte "Die aufgehende Sonne" einen beachtlich großen Gebäudekomplex gemietet, der sich in der Innenstadt neben ein paar Bürogebäuden, einem Kiosk und einer Eisdiele erstreckte.
Der Himmel war bewölkt. Es war bedeutend kühler geworden. Sonnenstrahlen, die sich durch die Wolken gekämpft hatten, ließen das imposante Gebäude hell erstrahlen und funkeln.
Entschlossen lief ich an einer Schar Berliner Touristen vorbei und näherte mich dem Center. Ein Kerl mit Cappy und Jeansjacke kam auf mich zugelaufen, grinste mich breit an.
„Guten Morgen! Hier ist eine herzliche Einladung unseres Leistungscenters. Wir sind erst vor Kurzem hierhergezogen. Wenn du Interesse hast, schau einfach mal vorbei!"
Er drückte mir einen Zettel in die Hand, den ich nickend entgegennahm. Auf ihm stand in etwa dasselbe wie in dem Artikel, den ich aus dem Netz gefischt hatte. Ich faltete das Papier zusammen und stopfte es in meine Hosentasche. Entschieden steuerte ich den Eingang, dessen Türen sich mir augenblicklich öffneten, an. Der Boden war graumeliert, die Wände kalkweiß. Breite, schwarze Treppenstufen führten empor. In der Ecke links gab es einen Fahrstuhl. Tief durchatmend betätigte ich den Knopf, woraufhin sich binnen weniger Sekunden die Pforten öffneten. Auf einer Anzeigentafel waren die einzelnen Etagen aufgeführt.
Ebene 1 Anmeldung

Ebene 2 Leistungscenter
Ebene 3 Trainingscenter
Ebene 4 Projektraum
Ebene 5 Speisesaal
Ebene 6 Unterkünfte
Die sind ja bestens ausgestattet, dachte ich schnaubend und drückte die 1 für die Anmeldung.
Wie haben die das alles nur so schnell einrichten können?
Blitzschnell stieg der Fahrstuhl mit mir nach oben.
Mein Unbehagen wuchs nach jeder verstrichenen Sekunde.
Die Tore öffneten sich, ich erreichte einen weißen Korridor. Schwarze Blumenhocker standen links und rechts vor mir mit lila Orchideen darauf. Der Duft von ätherischen Ölen stieg mir in die Nase. Panflöten-Musik erreichte meine Ohren. Ich blickte nach oben zu den Lautsprecherboxen, die überall an der Decke angebracht waren und aus denen die Musik strömte. Es war kühl hier drin.
Um das alles hier einzurichten, die Räume zu klimatisieren, mussten diese Sektenmitglieder wirklich viel Geld an die Seite geschaffen haben.
Ich durchlief einen hallenartigen Flur aus weißem Marmor, der von kleinen, integrierten LED-Lämpchen beleuchtet wurde. Tageslicht, das am anderen Ende zu sehen war und auf dem Boden tanzte, verriet mir, dass ich den nächsten Raum fast erreicht hatte. Eine Hand schob ich in meine Hosentasche und lief angespannt und mit großen Schritten auf das Licht zu.
Doch als ich die Anmeldungstheke erreicht hatte, traf mich der Schlag. Lena saß an der Anmeldung.
Unsere Blicke trafen sich. Gift schien durch meinen Körper zu strömen und mich zu lähmen.
Ich schluckte und merkte den Puls hart in meinem Hals zucken. „Lena, was machst du hier? Was soll das Ganze?"
Ungläubig trat ich näher, ohne meinen Blick von ihr zu

lösen.
Ihre Gesichtszüge waren glatt. Sie sah blass aus, blasser als sonst, sagte kein Wort.
Mit beiden Händen hielt ich mich an der Theke fest, sah sie durchdringend an. „Ich verstehe das alles nicht. Bitte erkläre, warum du plötzlich alles mit uns wegwirfst, dein Zuhause verlässt für das hier!“ Ich seufzte auf und schüttelte den Kopf.
„Ich habe dir alles in meinem Brief geschrieben. Bitte geh jetzt!“, erklang eine kalte, ausdruckslose Stimme aus ihrem Mund, die nicht ihr gehören konnte.
„Ich fasse es einfach nicht! Lena, was genau ist passiert? Wir waren doch glücklich ...“ Meine Kehle wurde ganz eng, alles in mir drin brannte schmerzhaft.
Scheinbar ungerührt blickte sie durch mich hindurch, als wäre ich Luft.
Ich beugte mich noch ein Stück zu ihr nach vorne, griff nach ihrer Hand.
Augenblicklich wich Lena zurück.
„Was ist hier los?“ Wirst du gezwungen, hier zu arbeiten?“ Meine Stimme wurde leiser. Einen Kontrollblick, ob wir noch allein waren oder sich uns irgendeine Person genähert hatte, warf ich schnell über meine Schulter, ehe ich mich wieder Lena zuwandte, die mittlerweile teilnahmslos auf die Tischplatte starrte.
Ich stieß Luft aus. „Hey, Liebling, es ist niemand hier. Wir können offen reden.“
Sie holte tief Atem. „Du willst offen reden?“ Mit Augen zu Schlitzen verformt schaute sie mich düster an. „Das mit uns war eine Lüge. Diese ganzen Tagebucheinträge, vergiss das einfach. Ich war geistig umnachtet, hatte bloß Halt gesucht. Aber diesen Halt, diese Unterstützung kann ich nur von meiner Gemeinschaft bekommen. Ich will keine Beziehung mit dir. War das jetzt deutlich genug?“, sagte sie grob und

wandte schnell den Blick wieder von mir ab.
Ich schüttelte den Kopf. „Das glaube ich dir nicht."
„Geh! Geh endlich!" Ihre Stimme wurde lauter, ungehaltener.
„Erst, wenn du mir ins Gesicht sagst, dass du mich nicht mehr liebst. Du sollst mir dabei in die Augen schauen", forderte ich sie mit zusammengezogenem Magen auf und fixierte sie weiterhin.
„Ich rufe jetzt die Security!", kündigte sie an, tippte eine Nummer in ihr Telefon ein und hielt es sich ans Ohr. „Ja, Ebene 1 hier. Eine Person macht mir hier Schwierigkeiten. Ich brauche Hilfe."
„Eine Person?", wiederholte ich ungläubig und legte die Stirn in Falten.
Ohne mich eines weiteren Blickes zu würdigen, legte Lena auf. Keine Regung zeichnete sich auf ihrem Gesicht ab.
Ich versuchte noch ein paar Mal, wenigstens einen Satz aus ihr herauszubekommen. Vergeblich. Stur starrte sie an die Wand.
Ein stämmiger Mann mit Sonnenbrille und grauer Uniform näherte sich mir schließlich. „Mein Herr, verlassen Sie bitte unser Center!"
„Einen Scheiß werde ich! Ich gehe nicht ohne meine Freundin."
„Kennen Sie den Mann?", fragte der Angestellte Lena.
„Nein. Er belästigt mich."
Der Typ fasste mich daraufhin grob am Arm und schleifte mich nach draußen. Ich leistete zwar keinen Widerstand, bewegte mich allerdings auch nicht vom Fleck. Ich war wie betäubt. Es war, als hätte Lena mir ein Messer ins Herz gejagt.
„Lenaaa!", rief ich ihr noch verzweifelt nach, ehe der Gorilla mich in den Fahrstuhl gezogen hatte.

Lena

Ich straffte die Schultern, atmete tief durch, ehe ich an die Tür des Höchsten klopfte. So wurde Gregor von der Gemeinschaft genannt. Der Höchste in unserer Rangordnung. Er hatte "Die aufgehende Sonne" vor sieben Jahren gegründet. Neben ihm, im selben Rang, gab es eine bisher beschauliche Anzahl von Männern und Frauen, die alle Stufen und sämtliche Schulungen, Prüfungen und Lehrgänge durchlaufen hatten. Sie konnten Mitglieder unter ihnen schulen und wurden dafür sogar gut bezahlt. Außerdem übernahmen sie andere wichtige Aufgaben zum Wohle der Gemeinschaft, die ich allerdings nicht alle kannte. Ich wusste bloß, dass Gregor ausgesprochen ambitioniert war, seine Gemeinschaft weiterhin wachsen zu lassen. Leute wurden auf der Straße von Gregors obersten Rängen angesprochen. Durch ihre vielen Schulungen wussten sie, wie man das am besten tat, um nicht zu aufdringlich zu erscheinen. Sie hatten ein Gespür für die Menschen, die empfänglich für eine Mitgliedschaft in der Gemeinschaft waren. Diese wurden dann von ihnen in Gespräche verwickelt und mussten geködert werden. "Die aufgehende Sonne" machte sich die Sorgen, Probleme, Wünsche und Träume zunutze, um eine Mitgliedschaft schmackhaft zu machen.
Unbehagen stieg in mir auf.
Nervös biss ich mir auf die Lippe und hörte ein „Trete ein, mein Kind!"
Ich pustete Luft durch meine Nasenlöcher, drückte die Türklinke herunter und merkte wie schwitzig meine Hände doch waren.
„Du wolltest mich sprechen", sagte ich so gefasst wie möglich und hoffte, dass Gregor meine Angst nicht witterte.
Er saß hinter einem protzigen, cognacfarbigen Schreibtisch mit Verzierungen an den Seiten, die einen Sonnenaufgang darstellten. Er trug ein weißes Hemd aus Leinen mit einer

aufgehenden Sonne darauf, das Logo der Gemeinde. Düster blickten seine dunkelgrauen Augen mich an, als ich näher an die Schreibtischkante rückte. Zwei Leibwächter waren links und rechts von ihm postiert.
„Geht nach draußen vor die Tür, meine Söhne und haltet dort für mich die Stellung“, befahl er und machte eine Handbewegung, als wolle er eine Fliege verscheuchen. Die stämmigen Männer marschierten schnurstracks hinaus. Ein süffisantes Grinsen malte sich auf Gregors Gesicht ab, dann wandte er sich mir zu.
„Mir ist zu Ohren gekommen, dass der Mann, der dich uns stahl, in unserem Gebäude war und auch, dass er dich uns erneut wegnehmen wollte.“ Gregors Augen verengten sich. Unnachgiebig sah er mich an, fuhr sich dann mit einer Hand durch sein dunkelblondes Haar. „Rede endlich!“, ließ mich seine Stimme zusammenzucken, die plötzlich schneidend geworden war.
„Das ... das ist nur ein dummes Missverständnis. Er ... er kommt nicht wieder. Ich habe dafür gesorgt.“ Das Herz schlug mir bis zum Hals, so dass ich kaum mehr schlucken konnte.
Gregor lachte auf. „So, hast du das?“ Er erhob sich, lief auf mich zu und legte eine Hand auf meine Wange. „Du weißt, du bist jemand anderem versprochen. Große Verantwortung wurde dir und auch ihm auferlegt. Denn du bist eine der wenigen Auserwählten, die einen Nachkömmling für die Gemeinde zeugen soll. Wir werden hier Wurzeln schlagen, groß und mächtig werden.“
„Ich habe meinen Auftrag nicht vergessen, Höchster.“
Unerwartet holte Gregor aus und ohrfeigte mich so heftig, dass ich leicht zurücktaumelte und mir daraufhin die brennende Wange rieb.
„Du hast dich uns schon einmal widersetzt. Wage es kein zweites Mal!“, drohte er mit einem Beben in der Stimme,

fixierte und umkreiste mich wie ein gefährliches Raubtier. „All das, was du bist, bist du nur durch uns. All das, was du einmal werden wirst, wirst du nur durch uns sein. Vergiss das nie!"
Ich nickte und senkte schnell den Blick.
Gregor packte mich am Kinn. Sein Griff war hart und unnachgiebig. Ich hatte das Gefühl, er wolle meinen Kiefer zerdrücken. Angestrengt unterdrückte ich ein Wimmern. *Keine Schwäche zeigen!*
Doch dann lockerte er seinen Griff, schob mein Kinn nach oben, so dass ich ihn ansehen musste.
„Dann wäre ja alles geklärt. So und nun übernimmt ein Neuankömmling deine Arbeit am Empfang. Du gehst jetzt auf Ebene 3. Wenn du gewissenhaft an dir arbeitest, kannst du nächsten Monat einen höheren Rang erzielen", meinte er und ließ endlich von mir ab.
„Sehr wohl", entgegnete ich und verließ sein Büro.

***

Ich hasste dieses Trainingscenter, ich hasste, was sie mit mir machten, aber ich durfte nicht dagegen ankämpfen. Es hatte keinen Sinn. Wenn ich von Rang 1 auf Rang 2 aufsteigen wollte, musste ich an mir arbeiten. Denn wenn ich es nicht tat, würde ich zwei Tage lang eingesperrt werden. Die ersten Tage, als ich hierhergebracht worden war, hatte ich schon hinter dicken Mauern ohne Fenster verbringen müssen. Es war die Hölle gewesen.

Ich liege gerade auf der Couch und schalte durch das Fernsehprogramm. Unentschlossen greife ich zu meinem Teebecher, der auf dem Wohnzimmertisch ruht und nippe daran. Ein Klingeln an der Tür lässt mich plötzlich innehalten. Wer kann das wohl sein? Es ist bereits 19:00 Uhr durch …

Langsam erhebe ich mich und betätige die Sprechanlage im Flur. „Hallo? Wer ist denn da?“

„Eine Blumenlieferung für Frau Höfer von Herrn Faizan!“, höre ich einen Paketboten sagen. Blumen? Adnan! Wie süß von ihm. Entschieden öffne ich. Binnen Sekunden klopft es an der Wohnungstür. Ich werfe einen Kontrollblick durch den Spion. Der Kopf des Boten ist hinter einem üppigen Rosenstrauß verborgen. Mit einem Lächeln auf den Lippen schließe ich die Wohnungstür auf. Der Mann offenbart sein Gesicht, indem er den Strauß nach unten hält. Mir gefriert das Blut in den Adern, als ich Gregor erkenne.

„Hallo, Lena! So sieht man sich wieder.“ Er grinst breit und lacht daraufhin selbstgefällig auf.

Der Puls zuckt hart in meinem Hals. Blanke Panik befällt mich. Schnell will ich die Tür wieder zustoßen, doch es ist zu spät. Gregor hat bereits einen Fuß in die Wohnung gesetzt und schiebt sich mit aller Kraft erfolgreich hinein. Mit einer Hand packt er mich im Nacken und drückt mich mit voller Wucht nach unten.

„Wenn du es wagst, auch nur einen Piep zu machen, breche ich dir das Genick“, zischt er mir zu.

Dann bemerke ich einen weiteren Mann aus seiner Gefolgschaft, der hervortritt. Ehe ich mich versehen kann, drückt dieser Kerl ein Tuch auf meinem Mund und ich verliere wenige Sekunden darauf das Bewusstsein …

Als ich wieder aufwache, liege ich auf dem Boden eines kalten, leeren Raums, ohne Fenster. Es ist stockdunkel. Mein Herz verkrampft sich mehr und mehr. Meine Kehle ist so eng, dass ich nicht mehr schlucken kann, geschweige denn schreien. Was würde das auch bringen? Sie haben mich und lassen mich nie wieder frei … Adnan!

Ich seufzte tief, ehe ich mich auf den Stuhl setzte. Gegenüber von mir saß Michael, Rang 6, die Vorstufe für den höchsten Rang der Gemeinschaft. Hat man ihn erreicht, so ist man weise und würdig, ein repräsentatives Mitglied der Gemeinde zu sein.

„So, Rang 1“, sprach mich Rang 6 an, holte einen Stapel Papiere aus seiner Schreibtischschublade hervor und legte diese auf den Tisch.

„Fangen wir an. Wann ist “Die aufgehende Sonne“ entstanden?“

„2015“, sagte ich wie aus der Pistole geschossen.

„Wie viele Center gibt es bereits deutschlandweit?“

„Es gibt zurzeit 11 Center.“

„Wo genau?“

„In Duisburg, Essen, Bochum, Düsseldorf, Köln, Berlin, Magdeburg, Münster, Dresden, Hamburg und Stuttgart.“

„Nenne unsere Gebote.“

„Du sollst dem Höchsten immer unterwürfig sein. Du darfst keiner Konfession angehören außer unserer. Jeder muss der Gemeinde monatlich 300,00 Euro seines Einkommens übergeben. Freundschaften außerhalb unserer Gemeinde sind untersagt. Unsere Gemeinde hat für dich die höchste Priorität“, zählte ich alle Regeln auf, die ich kannte.

„Sehr gut, Rang 1“, lobte er mich und nickte. „Nun werden wir noch etwas an deiner Koordination und Konzentration arbeiten.“

In mir zog sich krampfhaft alles zusammen. Damals schon wollten sie mit diesen Methoden erreichen, dass ich konzentrierter und somit leistungsfähiger für die Gemeinde werden würde. Unruhig schnaufte ich vor mich hin. Doch ich hatte keine Wahl, musste gehorchen. Wir durchliefen den angrenzenden Korridor, der in einem weiteren Raum mündete. Er erinnerte an eine Turnhalle und enthielt angespannte Seile an den Wänden zum Balancieren und Stangen, die sehr hoch lagen und mit denen man versucht war, gegen Höhenangst anzukämpfen. In der hintersten Ecke

gab es einen kleinen schwarzen Tisch an dem ich mich schließlich setzen musste. Michael musterte mich skeptisch.
Alles in mir drin schrie ganz laut. Ich wollte raus hier, ganz schnell raus.
„So, Rang 1, du weißt sicher noch, was jetzt kommt."
Ich schluckte, zog meine Bluse aus und musste stillhalten, während er Elektroden an meinem Oberkörper befestigte. Angstschweiß legte sich auf meine Stirn. Meine Knie begannen zu zittern.
„Buchstabiere bitte Eichhörnchen rückwärts."
Ich holte tief Luft. „N E H C N R Ö H H C I E", sagte ich sehr langsam und bedacht.
„Sehr gut", lobte mich Rang 6 daraufhin.
„Jetzt bitte Prophylaktisch!"
„H C S I K A" Ich stockte, wollte noch einmal vor vorne beginnen.
Doch Michael unterbrach mich. „Zu spät."
„Nein, ich weiß es doch, bitte!"
Ohne Vorwarnung drückte er einen Knopf. Mein Körper begann schmerzhaft von den Stromschlägen zu krampfen. Ich wollte lieber tot sein, als diese Tortur weiter über mich ergehen zu lassen. Er sagte noch weitere fünf Wörter auf, von denen ich zwei von ihnen nicht richtig buchstabiert hatte, was schmerzhafte weitere Stromschläge für mich bedeutete.
„Weiter geht's mit der nächsten Station", sagte Rang 6, ohne mir die kleinste Verschnaufpause zu geben.
Ich musste ein langes Hanfseil entlangbalancieren. Leider fiel ich, kaum hatte ich die Mitte erreicht, auf die blaue Turnmatte.
„Nächste Strafe, Rang 1."
„Nein, bitte nicht", entwich es mir.
„Keine Widerrede! Ab ins Eiswasser."

Tränen stiegen mir in die Augen. Wenn ich nicht gehorchte, würde er Gewalt anwenden. Also nickte ich und folgte ihm zu einem dicken, großen Tank. Ich musste mich komplett vor ihm entblößen und in den Behälter steigen, in dem ich stehen konnte. Es war so entwürdigend. Wie tausende Nadeln stach es mir am ganzen Körper.
Ohne Vorwarnung drückte Michael meinen Kopf unter Wasser.
Bei Kräften versuchte ich ruhig zu bleiben, denn nur so würde ich es schaffen, länger die Luft anhalten zu können. Doch es gelang mir nicht. Mein Herz raste unaufhörlich. Die Angst legte sich wie ein Leichentuch um meinen Körper. Ich wollte atmen, begann wild zu zappeln und zu strampeln. Gegen seinen stählernen Griff kam ich nicht an und hatte so das Gefühl, gleich zu ertrinken.
Erst als schon Wasser in meinen Mund strömte, zog er mich endlich nach oben.
Ich keuchte und japste, war froh darüber, dass meine Lungen wieder Sauerstoff aufnehmen konnten. Gerade als ich aus dem Tank steigen wollte, hielt er mich mit einer Hand zurück.
„Nicht so schnell! Erst wenn du die nächste Frage richtig beantwortest, kannst du hier raus“, befahl Rang 6.
„Übermorgen in einer Woche ist zwei Tage vor Dienstag. Vorgestern war ...?“
Unruhig schnaufte ich vor mich hin.
Ich habe keine Konzentration mehr!
Zu lange überlegte ich. Ehe ich überhaupt meinen Mund öffnen konnte, wurde ich erneut in das Eiswasser gedrückt.
„Welcher Tag war vorgestern, wenn der Tag nach übermorgen zwei Tage vor Samstag liegt?“, stellte Michael auch schon seine nächste Frage, kaum war ich wieder zu Atem gekommen.
„Ähm, Freitag.“

„Falsch. Samstag."
Wieder landete mein Kopf im Eiswasser.
So ging es noch ein paar Mal hin und her. Ich hatte es nicht geschafft, auch nur eine der Fragen richtig zu beantworten. Das war mir schon damals nicht gelungen. Mit meiner Konzentration war es ohnehin nicht zum Besten bestellt. Doch zusammen mit diesem ganzen Druck, der auf mich einwirkte, hatte ich nicht die geringste Chance. Sie hielten es für eine effektive Methode, aber es war bloß Gehirnwäsche. Endlich bekam ich von Rang 6 ein Handtuch in die Hand gedrückt, durfte mich abtrocknen und anziehen. Michael glotzte mich beim Anziehen unentwegt an. Seine Augen wirkten lüstern. Ekel befiel mich.
„Deine schlechte Leistung wird unserem Höchsten aber gar nicht erfreuen", meinte er gehässig und schnalzte mit der Zunge.
Rasch knöpfte ich meine Bluse zu. Ich wollte nur noch hier raus. Müde und geschlaucht war ich.
„Rang 1", rief mir Michael beim Rausgehen hinterher.
Widerwillig drehte ich mich um.
„Nach dem Essen sitzt du wieder am Empfang, und morgen um dieselbe Zeit wiederholen wir das hier nochmal. Ich erwarte von dir, dass es dann reibungsloser klappt."
Stumm nickend verließ den Raum.

Adnan

Betrübt sah ich in mein leeres Glas. „Noch einen", sagte ich und stemmte beide Hände unter mein Kinn.
„Du hast schon vier Gläser intus, mein Freund", sagte Mike und klopfte mir mit einer Hand auf mein Knie. Ich war an diesem Abend zu ihm gegangen, um mir meinen Kummer von der Seele zu reden.

Tiefer rutschte ich in die Sitzpolsterung seiner Couch und sah meinen Freund auffordernd an. „Noch einen!“
Mike seufzte resigniert, packte den Hals der Whiskey-Flasche und befüllte mein Glas.
„Hey, Mann, leg mal einen Gang zurück!“
„Einen Gang zurück?“, wiederholte ich ungehalten und rieb mir die Stirn, ehe ich das Glas auf Ex leerte. „Sie hat mich für eine abstruse Sekte verlassen! Ich kann das alles immer noch nicht glauben!“
„Ich ehrlich gesagt auch nicht“, erwiderte Mike heiser und nahm mir mein Glas aus den Händen. „Also, du sagtest, dass Lena dir nur wenige Tage zuvor erzählt hat, dass sie diese Sekte verlassen hatte.“
„Ja ...“ Ich vergrub das Gesicht in meinen Händen.
„Haben sie ihr denn dann nachgestellt?“
„Lena sagte nein, aber ...“
„Aber was?“ Mike legte mitfühlend einen Arm auf meine Schulter.
„Es ist alles merkwürdig. Ich meine, diese Sekte “Die aufgehende Sonne“ hat hier ganz in ihrer Nähe ein neues Center eröffnet. Kann das alles wirklich Zufall sein?“
„Puh, ich denke schon, Mann! Dass sie so einen Aufwand für eine einzige Person betreiben, halte ich für sehr unwahrscheinlich.“
Ich sah Mike an, dessen Griff um mich fester wurde.
„Sie hat mir zum Schluss nicht ins Gesicht sagen können, dass sie mich nicht mehr liebt! Die einzig logische Erklärung ist, dass sie von dieser Sekte zu all dem hier gezwungen wurde.“
Er seufzte. „Das denke ich auch. Dennoch wissen wir nicht genau, was in ihr vor sich geht. Aber was willst du machen?“
„Ich muss die Polizei einschalten.“
Er lachte auf. „Die Polizei? Adnan, denk bitte logisch, ich weiß, du kannst das! Lena ist scheinbar aus freien Stücken

zur Sekte zurückgekehrt. Sie wurde nicht entführt oder sowas. Jedenfalls deutet nichts darauf hin."
Ich schnappte mir die Whiskey-Flasche und hielt sie mir an den Mund.
„Hey!", rief Mike und nahm mir nach einem vollen Schluck die Flasche wieder ab.
„Ich werde morgen trotzdem zur Polizei gehen. Vielleicht gibt es ja Anzeigen, Beschwerden oder besondere Vorkommnisse in Bezug auf "Die aufgehende Sonne". Es kann jedenfalls nicht schaden, der Polizei einen Hinweis zu geben, damit sie da eventuell mal nachforschen können."
„Das ist wirklich keine schlechte Idee", warf Mike ein und stand auf. „So, mein Lieber! Du schläfst heute hier auf der Couch. Ich hole dir Bettzeug und morgen sehen wir weiter."

***

Die Nacht über hatte ich wie ein Stein geschlafen. Whiskey sei Dank! Doch von ausgeruht konnte keine Rede sein, denn der Kater bereitete mir heftige Kopfschmerzen. Dennoch hatte ich neben meinem Vorhaben, heute zur Polizei zu gehen, einen weiteren Plan entwickelt.
In Unterhosen lief ich durch Mikes Wohnung, die um einiges kleiner als meine war. Sie besaß einen untrennbaren Raum für Wohnzimmer und Küche. Ich suchte zum Pinkeln das Badezimmer auf, sprang schnell unter die Dusche und zog mich an. Dann klopfte ich an seine Zimmertür. „Alter, bist du wach? Kann ich reinkommen?"
„Jetzt bin ich wach. Komm rein!", brummte er.
Mike lag immer noch ein wenig schläfrig in seinem Bett, die Decke bis zum Hals gezogen. Lediglich seine roten Haare blitzten hervor.
Ich setzte mich auf die Bettkante.
„Also?" Mike klang nach wie vor genervt, setzte sich auf und

blickte auf seine Smartwatch. „Alter, es ist erst kurz nach sieben! Musst du mir das an meinem freien Vormittag antun?"
„Es tut mir leid, wirklich." Verlegen kratzte ich mir den Hinterkopf.
„Also, warum hast du mich geweckt?"
„Ich habe eine Bitte. Kannst du vielleicht vor deinem Dienst im Center vorbeifahren und Lena den hier geben?" Ich hielt ihm einen handgeschriebenen Zettel unter die Nase.
Sofort riss er mir diesen aus der Hand und begann laut vorzulesen.

Lena,
ich muss mit dir sprechen, ein letztes Mal. Danach werde ich auch nicht mehr kommen und dich in Ruhe lassen, wenn das wirklich dein Wunsch ist. Bitte komme heute Abend um 21:00 Uhr zu den Parkplätzen des Centers. Dort warte ich auf dich.
Adnan

„Tzzz ...", machte Mike und faltete den Zettel wieder zusammen. „Du musst damit rechnen, dass sie nicht auftaucht."
„Ich weiß, aber ich muss es versuchen. Ich muss noch einmal in Ruhe mit ihr sprechen", beharrte ich und drehte den Zipfel von Mikes Bettdecke zwischen Daumen und Zeigefinger hin und her.
„Gut, auf die Gefahr, dass sie mich auch noch rausschmeißen lässt, drück ich ihr den Zettel in die Hand."
„Danke, Mann!"
Ich klopfte meinem Freund auf die Schulter und spürte einen kleinen Funken Hoffnung in mir aufsteigen.
„Sie wohnt also im Center bei dieser Sekte?" Mike zog eine Braue nach oben.

„Ich nehme es zumindest an. Sie vermitteln dort nämlich Unterkünfte."

Grüblerisch rieb Mike mit der Hand über seine Bartstoppeln. Dann ließ er sich wieder zurück ins Bett fallen. „So, du hast, was du wolltest. Jetzt lass mich bitte weiterschlafen, okay?" Er zog sich die Decke bis über den Kopf und rollte sich einmal auf die andere Seite.

„Ja, ich werde jetzt gehen. Danke für alles."

„Ja, ja", grummelte er und streckte ein Fuß aus der Bettdecke. „Pass bitte auf dich auf, Adnan!"

***

Wie ein Tiger im Käfig lief ich den Parkplatz, der mittlerweile bis auf drei Autos komplett leer war, auf und ab. Es war 20:55 Uhr. Ich hoffte inständig, dass Lena auftauchen würde. Der Polizei hatte ich alles, was ich wusste über diese Sekte mitgeteilt. Doch es gab in ihrem System keine Einträge. Weder Beschwerden noch Anzeigen wurden dokumentiert. Der Schuppen machte einen sauberen Eindruck, jedenfalls konnte man ihnen bisher nichts nachweisen.

Die Sonne war bereits untergegangen. Autogeräusche ein paar Straßen weiter streiften meine Ohren. Beide Hände hatte ich in die Hosentaschen gestopft und spürte plötzlich Euphorie, die mich durchzuckte. *Lena!* Ich erkannte, wie sie sich mir von weitem näherte. Sie trug einen langen Rock und eine graue Bluse mit Krageneinsatz. Mit verschränkten Armen vor dem Körper stand sie schließlich vor mir. Ich bemerkte eine Sonne, die auf ihrer Bluse gestickt war, zweifelsohne ein Logo, ein Zeichen der Dazugehörigkeit. Lenas Miene war nach wie vor unergründlich.

„Du bist wirklich gekommen!" Mühsam unterdrückte ich den Drang, sie zu berühren. Ich wollte mich zunächst langsam an sie herantasten, konnte das Risiko, sie unter Druck

zu setzen oder gar zu verscheuchen nicht eingehen.
„Ja, Mike hat mir deine Nachricht gegeben. Ich bitte dich noch einmal, hier nicht mehr aufzukreuzen. Das mit uns ist aus, kapier das endlich und suche mich kein zweites Mal auf", zischte sie mir zu. Auf ihrer Stirn hatte sich eine Falte gebildet. Doch ich erkannte ein Flackern in ihren Augen. Wenigstens eine Regung!
„Ich versteh die Welt nicht mehr, Lena! Was ist vorgefallen, als ich weg war? Irgendetwas muss passiert sein. Gib mir wenigstens eine Erklärung für das Ganze hier!" Auffordernd sah ich sie an.
Unruhig kratzte sie sich das Kinn, wirkte mit einem Mal so verloren. Vorsichtig legte ich eine Hand auf ihre Schulter.
„Bitte lass das!"
Ihre Worte fraßen sich wie Termiten in mein Herz.
„Ich liebe dich!"
„Nicht so laut", wandte sie mit einem Finger auf den Lippen ein und sah mich ernst an.
Ich kam näher und erkannte, wie sich ihr Brustkorb schnell hob und senkte. Dann trat sie zwei Schritte zurück als wäre ich irgendein aufdringlicher Fremder.
„Als du fort warst, konnte ich über alles in Ruhe nachdenken und habe erkannt, dass ich den falschen Weg eingeschlagen habe. Ich gehöre hierher. Sie sind wirklich gut zu mir und wie eine Familie."
„Du gehörst zu mir und zu meiner Familie!" Meine Stimme wurde temperamentvoll.
„Ich gehe jetzt. Leb wohl!"
„Nein, warte!" Ich hielt Lenas Arm fest, gerade als sie sich von mir fortbewegte.
Sie zuckte zusammen.
„Sag mir endlich ins Gesicht, dass du mich nicht mehr liebst! Dann, schwöre ich dir, werde ich nicht mehr wiederkommen."

Ruhig sah ich Lena an, die meinen Blick scheinbar zögerlich erwiderte. Ihre Unterlippe zitterte. Dann formten ihre Lippen das erste Wort: „Ich …"
Sie holte tief Atem. „Ich liebe … Ich liebe …", stammelte sie und wurde dabei immer leiser.
„Dich", vervollständigte ich den meiner Meinung nach richtigen Satz, zog sie in meine Arme und küsste sie leidenschaftlich. Lena erwiderte den Kuss, schlang beide Arme um meinen Nacken. Pure Erlösung und wahrhaftiges Glück fühlte ich in diesem Augenblick. Meine Zunge drang ungeduldig in ihren Mund und streichelte ihre.
Nach einer Weile löste sie sich von mir und sah mich mit großen Augen an. „Adnan, das hätten wir nicht tun sollen!"

Lena

Ich schluckte schwer. Noch immer war ich von unserem Kuss berauscht, geradezu benebelt. Leider hatte ich meine Maske fallen lassen. Mir war es unendlich schwergefallen, Adnan davon zu überzeugen, dass ich ihn nicht mehr lieben würde. Vor allem hatte ich den Schmerz gespürt, den ich ihm zugefügt hatte. Doch ich hatte keine andere Wahl gehabt!
„Lena, bitte sag mir endlich, was diese Typen mit dir gemacht haben. Ich werde dir helfen!"
Er sah so verzweifelt und zugleich kämpferisch aus, dass es mir die Tränen in die Augen trieb.
„Du kannst mir nicht helfen, aber ich dir. Ich muss dafür sorgen, dass du in Sicherheit bist, verstehst du?"
Adnan schüttelte verwirrt den Kopf. „Du willst mich vor der Sekte beschützen?"
„Ja, genau. Gregor hatte einen Tracker in meinem Handy einbauen lassen. Er wusste die ganze Zeit über, wo ich war.

Sie hatten den besten Zeitpunkt abgepasst, als du weggefahren bist. Ein Center wollten sie zwar sowieso in Berlin eröffnen, aber das alles genau zu diesem Zeitpunkt war geplant gewesen."
Unsicher sah ich mich um. Niemand war zu meiner Erleichterung weit und breit zu sehen gewesen. Viel Zeit blieb mir nicht. Sicher suchte man schon nach mir.
„Also hat Gregor dich aufgesucht?"
Ich nickte. „Es klingelte an einem Abend an der Tür, ich machte unachtsam auf und dann war er auch schon in der Wohnung, hat mich zu ihnen gebracht. Er hat mir klar machen wollen, dass ein Ausstieg aus der Sekte nicht vereinbar wäre und dass ich zu ihnen gehören würde. Für immer. Dann hat er gemeint, wenn ich nicht bei ihnen bleiben würde, dann würden ..."
„Was, mein Schatz?" Adnan zog mich in seine Arme und rieb mit beiden Händen über meinen zitternden Körper.
„Wenn ich nicht tue, was sie sagen, töten sie dich, hat Gregor gesagt." Tränen liefen mir die Wange hinab. Ich schaffte einen kleinen Abstand zwischen uns, sah Adnan flehend und schniefend an. „Ich will nicht, dass dir etwas geschieht. Sie sind gefährlich."
Mit dem Daumen strich er mir eine Träne aus dem Gesicht. „Ich werde nicht zulassen, dass uns irgendwelche Psychopathen trennen, hörst du!" Entschlossenheit lag in seinem Blick. „Warum bist du nicht zur Polizei gegangen?"
Ich schnaubte. „Gregor hat überall seine Netzwerke gesponnen und besitzt in zig Städten seine Handlanger, sogar bei der Polizei. Das Risiko war mir zu groß", stellte ich mit einem Kloß im Hals klar und strich ihm mit einer Hand über seine Schläfe.
„Dann lass uns jetzt zur Polizei gehen!"
Mein Hals wurde ganz trocken. „Das geht nicht. Wir haben keine Chance. Hast du mir nicht zugehört? Es sind zu viele

Verbündete, die Gregor besitzt. Bitte glaube mir doch!"
„Ja, hör auf sie, Adnan!", ertönte plötzlich Gregors Stimme. Mit rasendem Herzen drehte ich mich um und stellte fest, dass er direkt hinter uns stand. Ein höhnisches Grinsen breitete sich auf seinem Gesicht aus. Mit einer Hand fuhr er sich durch die Haare und schnalzte mit der Zunge.
„Du bist also Gregor!", sagte Adnan durch die Zähne sprechend.
„Ganz recht!" Überlegenheit spiegelte sich wie gewohnt in seinem Blick wider, wie auch grenzenlose Arroganz.
„Wenn Sie wissen, was gut für Sie ist, Herr Doktor, dann sehen Sie zu, dass Sie Land gewinnen!"
Entschieden schüttelte Adnan den Kopf.
„Hmm", machte Gregor. „Scheiß Kanacke", stieß er hervor und pfiff dann schrill auf Zeige- und Mittelfinger.
Ehe ich mich versah, kamen seine zwei Leibwächter herbeigeeilt und packten Adnan, hielten ihn fest.
„Pfoten weg!", knurrte er und riss sich von einem von ihnen los. Doch der nächste griff hastig in seine Gesäßtasche und drückte ihm eine kleine Nadel in den Hals, woraufhin er in sich zusammensackte.
„Nein", schrie ich panisch und lief auf Adnan zu, der bewegungslos am Boden lag. Mein Herz überschlug sich und es fühlte sich so an, als ob mein Brustkorb jeden Moment zerbersten würde. Ich kniete mich zu ihm nach unten und hob behutsam seinen Kopf auf meinen Schoß, fühlte seinen Gott sei Dank noch vorhandenen Puls.
„Er wurde betäubt. Was schlussendlich mit ihm geschieht, wird noch entschieden", hörte ich Gregor mit fester Stimme sagen.
Durch einen Schleier aus Tränen sah ich zu ihm auf. „Bitte, tut ihm nichts!"

Adnan

Ich blinzelte, öffnete langsam meine Augen. In meinem Schädel hämmerte es wie bekloppt. Es fühlte sich so an, als wäre ich unter einen fahrenden Laster geraten. Jeder einzelne Knochen in mir schien sich schmerzend zu Wort zu melden. Ich lag ausgestreckt auf einer Art Pritsche. Langsam hob ich den Kopf an. Der Raum, in dem ich mich befand war an den Wänden und der Decke weiß und wirkte steril. Abseits befanden sich ein paar Schränke, ebenfalls weiß. Auf einem von ihnen war ein rotes Kreuz abgebildet. Hocker und Drehstuhl waren davor platziert. *Das sieht aus wie eine Art Behandlungszimmer*.

Als ich aufstehen wollte, merkte ich, dass man meine Hände und Füße an die Liege gebunden hatte.

Schöner Mist! Wo ist Lena? Wo genau bin ich überhaupt?

Unruhig riss ich an den Stricken herum, ohne sie lockern zu können.

„Scheiße!" Ich kniff die Augen zusammen. Diese verdammten Kopfschmerzen! Noch einmal ließ ich meinen Blick durch den Raum schweifen. Noch nicht einmal Fenster gab es hier. Ich vermutete, dass ich mich in einem Keller befand. Urplötzlich hörte ich, wie die Türklinke heruntergedrückt wurde. Noch einmal hob ich den Kopf an und traute meinen Augen kaum. Es war Lena!

Sie bedachte mich mit einem sorgenvollen Blick, schloss schnell die Tür hinter sich und sprintete auf mich zu. „Oh mein Gott! Bist du in Ordnung?", fragte sie mit zitternder Stimme und begann an meinen Fesseln zu knibbeln.

„Mir geht's gut. Mach dir keine Gedanken", erwiderte ich und merkte, wie die erste Fessel sich lockerte. „Wie bist du hierhergekommen? Sie haben dich doch nicht einfach zu mir gehen lassen!" Ich runzelte die Stirn und hatte endlich meine Hände frei.

„Ich bin im Raum nebenan aufgewacht. Sie hatten mich

auch betäubt, aber nicht gefesselt.“
„Irgendetwas stimmt hier nicht“, warf ich ein, machte mich von den Fußfesseln frei und stand auf.
Warm und intensiv flutete mich ihr Blick, während sie mir eine Hand auf die Wange legte. „Es tut mir so leid!“
„Dir muss gar nichts leidtun.“ Ich gab ihr einen sanften Kuss und nahm ihre Hand. „Komm, wir müssen hier raus!“
„Zu spät“, meldete sich eine Stimme zu Wort, während die Tür aufsprang.
Ein Mann mit braunem Igelhaarschnitt, weißem Gewand und Leinenhose betrat den Raum.
„Andreas!“, rief Lena erschrocken aus.
„Nein, der bin ich nicht“, antwortete der Typ mit tiefer Stimme und kam ein paar Schritte näher.
„Dennis?“, fragte Lena ungläubig und führte ihre zitternde Hand mit meiner zusammen.
Ich hielt sie ganz fest.
„Ganz recht, mein Engel. Schön, dass du dich noch an mich erinnerst. Denn ich dachte schon, du hättest mich vergessen.“ Ein bösartiges Grinsen legte sich auf sein Gesicht.
„Wie … wie?“
„Wie, wie“, äffte Dennis sie nach und lachte auf. „Als ob ich wegen dir Selbstmord begehen würde! Du kleine Schlampe hast dich diesem Typen da an den Hals geworfen“, geiferte Dennis und warf mir einen angewiderten Blick zu.
„Du Mistkerl hast sie unterdrückt, geschlagen und in diesen ganzen kranken Mist hier mit reingezogen!“, schrie ich und ballte eine Hand zur Faust. Grenzenlose Wut tobte in mir. „Ich lasse nicht zu, dass du noch einmal in ihre Nähe kommst!“
Dennis lachte auf und kam einen weiteren Schritt näher. „Du kannst mich sicher nicht aufhalten.“
„Es wird alles gut“, flüsterte ich Lena schnell zu, ehe ich mich wieder Dennis zuwandte. „Wie hast du´s gemacht?

Sag schon! Wie kann man offiziell für tot gehalten werden?"
„So schwer war das wirklich nicht", antwortete Dennis und kratzte sich die Nase, kam erneut einen Schritt näher. „Gregor hat mir und Andreas eine große Zukunft in der Gemeinde versprochen. Doch nur einer von uns würde es an seiner Seite schaffen. Gregor wollte definitiv nur einen aus unserer Familie. Deswegen musste mein lieber Zwillingsbruder leider ins Gras beißen. Somit habe ich gleich zwei Fliegen mit einer Klappe geschlagen. Die Leiche in meiner Wohnung wurde zweifelsohne als Dennis Mucha identifiziert. Den Rest hat ein Verbündeter in der Pathologie erledigt und schriftlich bestätigt, dass es sich wirklich um mich handelt. Ihr wart in Sicherheit gewiegt, wurdet leichtsinniger. Jetzt steht niemand mehr mir und meiner verdienten Position im Weg."
Ich wusste zwar, dass Dennis einen Bruder hatte, doch Lena hatte nicht erwähnt, dass sie Zwillinge waren.
„Du bist ja krank! Wie konnte ich nur jemals so bescheuert gewesen sein, mich auf dich einzulassen?", stieß Lena keuchend hervor.
Noch immer hielt ich ihre Hand fest. Niemals würde ich zulassen, dass dieses miese Schwein sie noch einmal anrührte!
Dennis schnaubte verächtlich. Böse funkelte er erst sie, dann mich an. Ein Äderchen hatte sich auf seiner Stirn abgezeichnet und seine Haut hatte einen rötlichen Farbton angenommen. „Du gehörst mir und zwar nur mir! Mir und unserer Gemeinde."
„Hör auf mit dem Scheiß! Lena wollte nie eine Zukunft in dieser Gemeinde, wie du sie nennst, haben. So etwas kann man nicht erzwingen."
„Fresse, du Kanacke!", brüllte Dennis. Seine Augen verformten sich zu kleinen Schlitzen. Er kam weitere Schritte näher. „Ihr beide geht nirgendwo hin." Dennis schnappte sich

einen Hocker und positionierte ihn direkt vor der Tür. Ohne sein Augenmerk von uns zu lösen, ließ er sich darauf nieder und schlug ein Bein über das andere.
„Dennis, bitte lass ihn gehen. Ich bleibe auch bei dir."
Ich schüttelte heftig den Kopf. „Ohne dich geh ich nirgendwo hin", stellte ich klar und sah Lena an. Ihre Augen waren rotunterlaufen. Grenzenlose Angst und Verzweiflung lagen darin.
„Schau an! Er will überhaupt nicht weg. Da hast du`s!"
Wieder schaute ich auf Dennis, der mir einen angriffslustigen Blick zuwarf und die Lippen zusammenkniff.
„So, mit dem da hast du also gefickt, du kleine Schlampe. Ich hätte dir sogar das verziehen, wenn du dich nicht noch ein zweites Mal gegen meine Gemeinde gestellt hättest."
Das war genug für mich. Ich lief auf diesen gestörten Typen zu und schlug ihm meine Faust ins Gesicht. Er wehrte sich überhaupt nicht. „Das wollte ich schon die ganze Zeit tun, du Dreckschwein!"
Dennis fasste sich scheinbar unbekümmert an die blutige Lippe und lachte auf, als ob ich ihm gerade einen Witz erzählt hätte.
Diese Arroganz machte mich nur noch wütender. Ich packte ihn am Kragen, zog ihn zu mir nach oben und schleuderte ihn gegen die Wand. Stöhnend blieb er am Boden liegen. Gerade kam ich in Fahrt. Seine Tracht Prügel war noch nicht beendet.
„Hör auf, Mann", stieß er gepresst hervor, als ich mit einer erhobenen Faust auf ihn zukam.
„Ihr kommt hier beide nicht mehr lebend raus, ob du mich nun totschlägst oder nicht."
„Du miese Ratte", entwich es mir. Langsam stellte sich Dennis wieder auf und sah mich erneut mit diesem überlegenen Blick an. „Was habt ihr vor?", wollte ich wissen und packte ihn erneut am Kragen.

Er grinste breit. Seine Augen hatten etwas Diabolisches angenommen.
Er fühlt sich immer noch überlegen. Mit Gregors Leuten im Rücken ist das auch kein Wunder. Ich frage mich, warum er bisher niemanden hinzugerufen hat.
Ich sah zu Lena hinüber, die ratlos den Kopf schüttelte und ihren Körper mit beiden Armen umschlang. Von der einen auf die andere Sekunde sackte sie dann bewusstlos zu Boden. Das Herz hämmerte hart gegen meine Rippen, während ich auf sie zu rannte. Ich kniete mich, hob ihren Kopf an, fühlte ihren Puls, der nur noch sehr schwach zu fühlen war. Der Schweiß brach mir aus.
„Was hast du mit ihr gemacht, du verdammtes Stück Scheiße?“, brüllte ich ihm entgegen und sah zu diesem niederträchtigen Wichser hinüber, der ein triumphierendes Lachen von sich gab.
„Gregor hat ihr ein kleines Gift verabreicht. In den nächsten Minuten wird ihr Herz einfach aufhören zu schlagen. Du kannst in Ruhe dabei zusehen. Danach bist du der Nächste.“
Unaufhörlich schnell hämmerte mein Herz. Tief versuchte ich durchzuatmen, mich zumindest halbwegs wieder zu fangen. Denn ich musste versuchen, einen kühlen Kopf zu bewahren.
Ich strich über ihre kalten Oberarme. „Lena, hörst du mich?“
„Hmm“, machte sie bloß und japste.
Noch nie in meinem ganzen Leben hatte ich solche Angst verspürt. „Lena, mein Schatz“, flüsterte ich ihr zu und streichelte ihren Kopf.
„Ich kann meine Beine nicht mehr bewegen“, nuschelte sie ein wenig unverständlich. *Das Gift hat sie gelähmt.*
„Ganz ruhig. Ich bin bei dir, ganz ruhig.“ Was Besseres war mir in diesem Augenblick nicht eingefallen, aber diese Worte verließen wie von selbst meinen Mund. Mein ganzer

Körper verkrampfte sich.
„So, dann lass ich euch zwei Turteltauben mal alleine und hole Gregor“, sagte Dennis spöttisch, ging zur Tür hinaus und schloss hinter sich ab.
„Lena, Lena!“ Ich schüttelte sie leicht, denn sie war im Begriff das Bewusstsein erneut zu verlieren. „Hey, Liebling, hör mir zu. Ich hatte mein Handy laufen, bevor Gregor mich hatte betäuben lassen. Mike hat alles aufgezeichnet und sicher längst die Polizei informiert. Sie werden jeden Moment hier sein, hörst du?“
Lena schloss die Augen.
„Lena, bitte, bleib bei mir!“, flehte ich sie an, küsste ihren Mund, ihre Stirn. Alles hätte ich dafür gegeben, jetzt die Zeit anhalten zu können. Doch sie lief erbarmungslos weiter.
Erneut sprang die Tür auf, und Dennis durchschritt mit Gregor das Zimmer.
„Dr. Faizan“, sagte er in einem herablassenden Tonfall und musterte mich mit zusammengezogenen Brauen. „Haben Sie sich schon von Ihrer Freundin verabschiedet?“
„Sie krankes Schwein! Was haben Sie ihr für ein Gift verabreicht?“ Mein Griff um Lena wurde fester, ich fühlte erneut nach ihrem Puls. *Noch schwächer.*
Die Zeit zerrann mir buchstäblich zwischen den Fingern. Ich musste etwas tun, nur was und wie?
Gregor grinste selbstzufrieden und lief hinüber zu den Schränken, zog eine Ampulle heraus. „Tetrodotoxin. Ist Ihnen das geläufig, Herr Doktor?“
„Es ist das Gift eines Kugelfisches.“
„Exakt“, antwortete Gregor und warf die Ampulle hinüber zu Dennis, der sie selbstsicher auffing. „Das ist nun dein Moment. Du darfst ihn töten.“
Er nickte, ging auf Gregor zu, der mittlerweile eine Spritze vorbereitet hatte, die Dennis in die Ampulle stach und aufzog.

„Wissen Sie, Herr Doktor, ich habe selbst einige Jahre Medizin studiert, ehe ich meine wahre Bestimmung gefunden habe“, säuselte Gregor, setzte sich auf den Drehstuhl und rollte damit auf uns zu. „Tetrodotoxin wird, wie Sie wahrscheinlich selbst wissen, in geringer Dosierung für Krebstherapien verwendet. Doch in großen Mengen führt es recht schnell zu einer Atemlähmung und dann zum Tod. Durch eine Injektion wie in Ihrem Fall, wird es nur wenige Minuten brauchen.“ Amüsiert sah er zu Lena hinüber. „Rang 1, das geschieht mit unwürdigen Verrätern und außerdem bezweifle ich, dass du es jemals bis in die oberen Ränge geschafft hättest.“

Hm, Lena kann keine Injektion von dem Gift bekommen haben, sonst wäre sie längst tot. Wahrscheinlich hat Gregor ihr das Zeug ins Trinken gemischt. Dies dürfte allerdings schon etwas länger zurückliegen. Das heißt, ich habe wenigsten etwas mehr Zeit. Es muss mir irgendwie gelingen, Gregor hinzuhalten, bis die Polizei eintrifft.

„Na los, Rang 6, dein Part“, sagte Gregor und nickte Dennis zu.

Dieser kam langsam auf mich zu, wie auch Gregor.

„Wie hast du es bei deinem Bruder gemacht?“, fragte ich ihn unverblümt.

Dennis hielt in seiner Bewegung inne. „Das war viel leichter als die Sache jetzt hier mit dir.“

Gregor duckte sich zu mir nach unten und hielt meine Oberarme fest. Dennoch versuchte ich, weiterhin Neugierde bei Dennis vorzutäuschen, sah interessiert zu ihm auf.

„Ich musste ihn bloß in meine Wohnung einladen, hab zu ihm gemeint, wir hätten noch was zu klären. Dann mischte ich ihm recht viel Betäubungsmittel in den Wein und musste nur noch abwarten, bis er endlich einschläft. Dann habe ich alles nach einem Selbstmord aussehen lassen. Niemand hat irgendetwas in Frage gestellt. Die Situation war

klar: Der arme verlassene Dennis hat sich umgebracht, weil seine Freundin abgehauen ist. Er konnte sich ein Leben ohne sie einfach nicht mehr vorstellen", sprach er theatralisch.
Typisch Narzisst, die kann man bei ihrem Ego packen.
„Aber wie hast du es geschafft, Lena zu finden?"
„Rang 6, er schindet bloß Zeit. Tu es endlich!", befahl Gregor.
„Sofort, Oberster", erwiderte Dennis beschwichtigend und fuhr fort: „Ich habe es geschafft, ihr Handy zu tracken und wusste somit die ganze Zeit über, wo sie war. Ich brauchte bloß noch den perfekten Zeitpunkt abpass..."
„Du wagst es, dich mir zu widersetzen?" Gregors Stimme bebte vor Groll und Zorn.
„Oberster, bitte, ich ...", stammelte Dennis.
Doch Gregor holte mit einer Hand aus und schlug ihm mitten ins Gesicht. Vom Schlag taumelte Dennis leicht zurück. Ein Klirren war zu hören, während die Spritze zu Boden fiel. Ich fühlte abermals nach Lenas sehr, sehr schwachem Puls und schüttelte ihre Oberarme, denn sie war im Begriff, wegzudämmern. Dabei beobachtete ich, wie Gregor und Dennis sich prügelten.
„Ich habe nicht nur einmal bewiesen, dass ich würdig genug bin, eine Gemeinde zu leiten!", brüllte Dennis.
„Du wirst niemals eine Gemeinde leiten! Oder hast du vielleicht vor, mich umzubringen?" Gregor lachte laut und höhnisch auf. „Ich bin nicht dein dummer Bruder. Du wirst nie an mich herankommen können."
Mit einem Satz schnappte sich Gregor die Spritze, jagte sie Dennis in den Hals und drückte den Kolben herunter. „Du bist also auch nur ein Verräter, Nummer 6."
Mit weitaufgerissenen Augen fasste sich Dennis an die Einstichstelle am Hals, begann zu taumeln, sackte dann kraftlos in sich zusammen.

„Nun zu Ihnen, Herr Doktor. Dann werde ich wohl noch eine weitere Spritze vorbereiten müssen“, meinte er und erhob sich mit einem selbstgefälligen Grinsen im Gesicht.
„Keine Bewegung!“, hörte ich eine laute Stimme.
Ich blickte auf. Im Raum standen plötzlich vier Polizisten mit Waffen, die sie entschlossen auf Gregor und Dennis richteten.
„Das Gebäude ist umstellt. Ergeben Sie sich und leisten Sie keinen Widerstand“, sprach einer von ihnen mit fester Stimme und sah zu Gregor, der eine Injektionsampulle in den Händen hielt.
Dennis lag bereits zusammengerollt und stöhnend vor Schmerzen auf dem Boden.
Einer der Polizisten rief über Funk Rettungswagen und Notarzt, während ein anderer sich langsam Gregor näherte. Dieser verzog keine Miene, hielt die Flasche noch immer in seinen Händen, führte sie schließlich entschlossen an seinen Lippen und trank. „Ihr bekommt mich nicht! Ich bin ein Herrscher und werde mich euch niemals unterwerfen."
Schnell kam der Polizist auf Gregor zugelaufen, verschränkte seine Arme hinter dem Rücken und legte ihm Handschellen an. „Der Notarzt ist schon unterwegs. Du wirst für eine lange Zeit im Gefängnis bleiben und dich den Gesetzen dort beugen müssen, so viel steht fest!“
Über Funk gab er Entwarnung.
Einer der Polizisten wandte sich mir und Lena zu.
„Es ist vorbei“, sagte er und klopfte mir auf die Schulter. Sein anderer Kollege schaute nach Dennis, der bewegungslos dalag.
„Er hat keinen Puls mehr“, sagte er an seine Kollegen gewandt.
Lena begann zu krampfen und zu zittern.
Ich hielt sie fest in meinen Armen. „Ich lass dich nicht gehen, mein Schatz! Hörst du?“

Ich wusste, dass jede weitere verstrichene Minute, in der kein Arzt auftauchte, ihren Tod bedeuten konnte. Tränen sammelten sich in meinen Augen. Ich küsste ihre Lippen, strich über ihre mittlerweile kalte Wange. „Ich liebe dich. Bitte verlass mich nicht!"

Ich bekam wie im Zeitraffer mit, wie Lena schließlich von den Sanitätern auf eine Trage gehoben wurde. „Meine Freundin wurde mit Tetrodotoxin vergiftet. Ihr Puls ist nur noch ganz schwach. Bitte beeilen Sie sich!", teilte ich hastig mit. Alles in mir war wie gelähmt und tobte zugleich wie ein tosender Sturm. Der kalte Schweiß brach mir aus. Ich lief neben Lena her, die von den Sanitätern nach draußen geschoben wurde. Unentwegt sagte ich: „Ich bin bei dir, mein Schatz. Du schaffst das!" Blaulicht und Polizeieskorte bekam ich bloß aus den Augenwinkeln zu sehen, zu sehr war ich auf sie fixiert und stieg dann schließlich mit ihr zusammen in den Krankenwagen ein.

Epilog

Lena

Ich ließ beide Beine im Wasser baumeln. Mondlicht spiegelte sich weiß und mystisch darin. Meine Hände ruhten entspannt auf dem Beckenrand. Während ich meine Beine einzog und wieder ausstreckte, verfolgte ich die immer größer werdenden Kreise, die dabei entstanden und sich nach und nach bis zum Ende des Pools zogen. Das hatte etwas sehr Beruhigendes.
„Lena?“
Ich blickte Adnan an, der direkt neben mir saß. Seine samtigen Augen blinzelten verschmitzt. Ich schenkte ihm ein Lächeln und legte meine Hand auf seine, rückte näher an ihn heran.
„Wie hat dir die Party gefallen?“, wollte er wissen und schaute hinauf in den sternenbehangenen Nachthimmel, atmete tief ein und aus, dann sah er wieder zu mir herüber. Sein Blick flutete mich. Ich spürte Glück und Frieden in mir aufsteigen und lehnte den Kopf mit geschlossenen Augen an seine Schulter.
„Es war die allerbeste Geburtstagsparty, die ich je hatte, wirklich“, antwortete ich wahrheitsgemäß.
Wie früher hatte ich meinen Geburtstag bei den Faizans verbracht. Neben Lucy und seinen Eltern war sogar Mike dabei gewesen.
Nur gab es inzwischen natürlich einen Unterschied in Vergleich zu damals: Adnan und ich hatten die Familie als Paar besucht und als solches auch gefeiert. Nach all dem, was vor fast einem Jahr passiert war, hatte ich es kaum für möglich gehalten. Doch Gregor war verhaftet worden, Dennis tot und die Sekte existierte nicht mehr.
Seit zehn Monaten arbeitete ich bei einer Energietechnik-

Firma als Bürokauffrau und brauchte das Ritalin nicht mehr, da meine Konzentration große Fortschritte gemacht hatte.
Mit meinem Therapeuten hatte ich eine Vielzahl von Konzentrationstechniken ausgearbeitete, die ich regelmäßig anwenden konnte. Endlich fühlte ich mich beruflich sicher und stabil.
„Das freut mich“, meinte Adnan und ließ seine Füße über das Wasser schweben.
Ich zog mein Zopfgummi strammer, fasste an meinen noch recht kurzen Pferdeschwanz und warf einen Blick durch den Garten.
Solarleuchten, die in der Wiese steckten, umkreisten uns, beleuchteten uns mit ihrem goldenen Schein. Das Zirpen von Grillen war zu hören. Im Haus war es dunkel, nirgends brannte noch Licht. Seine Familie schlief wahrscheinlich schon tief und fest. Doch Adnan und ich waren als einzige nach der Feier nicht reingegangen, hatten zusammen die angenehm kühle Nacht erleben wollen.
Urplötzlich griff er nach meinem Arm und zog mich mit sich ins Wasser. Einen kleinen Aufschrei konnte ich nicht unterdrücken, tauchte unter und schnell wieder auf. „Du Spinner“, sagte ich und schwamm neben ihm her.
Herausfordernd blitze er mich an.
„Du weißt, für dich bin ich gern ein Spinner.“
Ich schoss mit einer Hand eine Ladung Wasser in sein Gesicht und sah zu, wie er auflachte und sich schüttelte. Angeheitert kletterte ich auf seinen Rücken, und er schwamm ein paar Bahnen mit mir. Beide Hände um seinen Hals geschlungen atmete ich tief ein.
„Ich liebe dich“, flüsterte ich dicht an sein Ohr gepresst.
Er hielt inne. „Ich liebe dich“, antwortete er und betonte dabei das letzte Wort stark.
Ich kletterte wieder runter und wanderte direkt in seine

Arme. Ganz fest hielt er mich. Ich spürte seinen Herzschlag und lächelte stumm und zufrieden in mich hinein.
„Lust auf eine Runde Basketball?", raunte er mir zu.
„Es ist mitten in der Nacht – und wir sind klatschnass." Langsam löste ich mich aus der Umarmung und warf ihm einen amüsierten wie ungläubigen Blick zu.
„Wir haben genug Solarlichter, das reicht schon. Außerdem ist Sommer. Oder hast du Angst vor einer Niederlange?" Angriffslustig ließ er eine Braue nach oben schnellen.
Entschieden schüttelte ich den Kopf.
„Dann los!"
„Warte, eine Sache noch", wandte ich ein und sah Adnan dabei tief in die Augen, die euphorisch zu flackern begannen.
„Welche?"
Mit beiden Händen hielt ich sein Gesicht fest und führte unsere Lippen zu einem innigen Kuss zusammen ...

Danksagung

Von ganzem Herzen möchte ich Danke sagen, an:

Manuela Klumpjan, die beste Verlegerin, die man sich nur wünschen kann. Danke, dass du an mich und an meine Geschichten glaubst. Danke, dass du mit mir zusammenarbeitest, diesen Weg mit mir zusammen gehst und danke, dass wir ein Team sind. Es macht ja so einen großen Spaß mit dir!

Nina Sock: Vielen herzlichen Dank für dein Lektorat. Ich habe so viel dazugelernt, und es hat mir solche Freude bereitet. Du bist toll. Danke, dass wir so ein gutes Team sind!

Ein gebürtiges Dankeschön an Michael Frädrich für die grandiose und geniale Covergestaltung. Der erste Blick auf ein Buch ist entscheidend. Du weckst das erste Interesse des Lesers. Von deiner Gestaltung bin ich stets begeistert, und du triffst immer wieder genau meinen Geschmack.

Gefion Clausen und Stephanie Fischer: Danke, dass ihr mir stets Hilfe, Motivation und Inspiration gewesen seid!

Ein außerordentliches Dankeschön geht natürlich an meine Leser. Ich freue mich über das Interesse an meiner Geschichte. Es bedeutet mir ausgesprochen viel, dass ihr diesen Roman gelesen habt!
Ich würde mich sehr über eine Rezension auf Amazon freuen. Bitte unterstützt mich doch gerne.

Widmung

Dieser Roman ist euch da draußen gewidmet. All jene, die sich folgenden Spruch immer und immer wieder anhören mussten: „Reiß dich mal zusammen! Konzentrier dich doch! Das kann ja wohl nicht so schwer sein …“

Diese Leute haben keine Ahnung, wie ihr euch fühlt! Sie wissen nicht, was es bedeutet, sich nicht immer konzentrieren zu können, den Faden zu verlieren …

Viele von ihnen spielen es runter, tun es ab als Interessenlosigkeit oder Faulheit. Diese Menschen haben keine Ahnung, was in uns vorgeht und wie schwer es manchmal sein kann, den Faden festzuhalten.

Nachwort

Die Geschichte von Lena bedeutet mir sehr, sehr viel, denn obwohl die beiden Protagonisten fiktiv sind, erzähle ich hier von einem Leben mit ADHS. Ich selbst bin betroffen. Anfangs hatte ich nicht verstanden, warum alles manchmal "so schnell an mir vorbeizieht", warum es mir hin und wieder schwerfällt, mich auf bestimmte Dinge zu konzentrieren. Eine ganze Weile fühlte ich mich wie abgeschnitten und einfach nur unverstanden. Doch im Laufe der Zeit las ich viel über ADHS und verstand mich dadurch selbst besser. Ich arbeitete an mir und hatte mehr Geduld mit mir selbst. Das hat mir sehr geholfen – und mittlerweile sehe ich es locker. Ich bin manchmal verpeilt und nehme es mit Humor. Es ist jedenfalls etwas, das man im Griff kriegen kann.

ADHS wird oft verkannt und nicht ernst genommen. Anders wie bei Kindern, wo sich dieses Leiden durch Hyperaktivität bemerkbar macht, ist es bei Erwachsenen nicht so offensichtlich zu erkennen. Ein Leben im Alltag und in der Arbeit kann zur Herausforderung werden. Daher ist es wichtig, das Problem zu erkennen und daran zu arbeiten.

Hinweis

Die Hauptfiguren, sowie sämtliche Charaktere und Handlungen in dieser Geschichte sind frei erfunden.

Über die Autorin

Christiane Fischer wurde 1986 in Gelsenkirchen geboren und lebt mit ihrer Tochter und ihrem Mann in Essen.
Sie ist gelernte Einzelhandelskauffrau.
Seit der Schulzeit verfasst sie Kurzgeschichten. Durch das Schreiben von Märchen und Fabeln erhielt sie ein erstes Gespür für Charakterentwicklungen, Plot-Strukturen und Prämissen.
Von 2017 bis 2020 trat Christiane regelmäßig mit ihren Texten auf Poetryslams auf wie zum Beispiel bei „WortLautRuhr", „Dachstudio-Slam" oder „Reim in Flammen".
Sie wollte ihre Ansichten zu dieser Gesellschaft offenlegen und zeigen, dass es in Ordnung ist, Macken, Zweifel und Ängste zu haben. In all der Zeit hat Christiane jedoch ihr eigentliches Ziel nie aus den Augen verloren: das Romanschreiben. Sie möchte Geschichten schreiben, bei denen der Leser mit den Protagonisten
mitfiebert. Leidenschaftlich gern verfasst sie Liebesgeschichten und sieht es dabei als Herausforderung an, über Themen zu schreiben, über die in der Regel eher geschwiegen wird wie Diskriminierung, Ausgrenzung oder Traumata.

Facebook: Christiane Fischer
Instagram: christiane_schreibt

Von ihr bereits im EPV erschienen:

3 Herzen in einer Brust

Tabata leidet an einer dissoziativen Persönlichkeitsstörung. Gleich 3 Persönlichkeiten gestalten ihr Leben, was ihren Alltag nicht gerade einfacher macht. Denn die Welt da draußen soll davon nichts mitbekommen.

Alles läuft gut, sogar die neue Arbeit in einem Club macht ihr ausgesprochen viel Spaß. Sie scheint endlich den Absprung geschafft zu haben. Doch dann taucht Jakob auf, der Sohn ihres Chefs.

Ein Blick in seine smaragdgrünen Augen genügt, um ihr Herz höher schlagen zu lassen. Doch hat so eine Liebe eine Chance? Werden ihre anderen Persönlichkeiten ihn akzeptieren und wie reagiert Jakob selbst darauf, wenn er von ihrer Krankheit erfährt?

Unerwartet muss sie sich ihrer Vergangenheit stellen ...

Paperback, Format 13,5 x 21 cm, 264 Seiten
April 2022
ISBN: 978-3-96174-104-5
VK: 11,95 €

Handicap-Liebe
Marie wittert den Durchbruch als Redakteurin. Dafür muss es ihr nur gelingen, den ehemaligen Spitzensportler Lars Franke zu einem Interview zu bewegen. Doch seit der Leichtathletik-Profi mit Querschnittslähmung im Rollstuhl sitzt, verweigert er der Presse jeden Kontakt. Aufgeben war jedoch noch nie eine Stärke von Marie. So wählt sie einen ungewöhnlichen Weg, um mit Lars in Kontakt zu kommen. Dass dieser dabei auch ihr Herz berührt, war so nun wirklich nicht geplant.
Es beginnt eine emotionale Zeit, die neben Spannung und Aufregung auch tiefe Einblicke in das Leben eines Rollstuhlfahrers offenbart.

Format 14 x 20 cm, 276 Buchseiten, Paperback
ISBN: 978-3-96174-096-3
November 2021
VK: 11,95 €